KB119105

서순분 서범주 투쟁하면서 친해진 친자매의 관계성이 흥미로웠다. 가족이라서 당연히 가까운 게
아니라, 신념과 선택의 일치로 인해 동지의 관계로 가까워졌다는 사실을 표현했다. 자매가 '우리
집'에서 같이 자랐다가, 동지로 만나 '또 다른 우리 집'에서 함께 생활했다는 사실도 재미있다.

이진희 큰딸이 끓여놓은 감자탕이 자리한 식탁을 상상하며, 이진희 님을 포함한 가족 네 명의 수저를 놓았다. 그중에서도 이진희 님의 수저에는 수저받침을 놓아서, 자녀들의 든든한 지지와 응원을 표현했다.

정은자 청와대에서 노숙농성을 하며 '구르프'를 말고 '모닝커피'를 마시는 정은자 님의 유쾌한 모습을 표현했다. '투쟁하는 노동자'를 말할 때면 흔히 비장한, 죽을 각오를 다지는 결연의 모습을 떠올린다. 그러나 정은자 님의 이야기를 통해 수다스럽고 때론 다정하며 호쾌한 '투쟁가'들의 얼굴을 마주할 수 있다.

이은자 수납원 일이 '아줌마'에게 '좋은 일자리'라고 말하면서도 '왠지 씁쓸'하다고 덧붙이는 이은자 님의 목소리는 현시대 여성들이 겪는 노동환경에 의문을 갖게 한다. 주어진 시간을 알뜰하게 쓰는 것도 모자라, 없는 시간까지 누르고 늘려서 만들어 내야 하는 '어머니'와 '여성'의 삶을 상징적으로 표현했다

미진 비장애인이 중심인 사회에서 '한쪽 눈이 안 보인다'는 말의 맥락은 꽤나 협소하다. 그러나 미진 님은 장애등록을 하게 되면서 우연히 톨게이트에 입사했고, 투쟁을 통해 세상을 보는 '확장된 야'를 얻게 되었다. 강미진 님의 넓어진 시각과 세계관을 '눈'을 통해 표현했다.

박정숙 높은 층의 화장실에 자주 갈 수 없어 물도 마시지 않고 자리를 지켰다는 박정숙 님. 기꺼이 마시지 못했던 한 잔의 물을 주제로, 장애여성이라는 이유로 궂은일에서 먼저 스러지고 녹아 없어지는 것이 아니라 제일 가장자리에서, 맨 밑에서 동료들을 든든하게 뒷받침하는 장애인 당사자의 모습을 그리고자 했다.

기명심 남한이라는 낯선 땅에서 '잘한 선택'을 통해 소중한 동료를 만나고, 함께하는 힘을 경험했다는 기명심 님. 투쟁을 통해 몰랐던 것을 알게 되고, 동료들과 당당하게 말하며, 거침없이 '우르르 올라가'는 기명심 님의 해방의 순간을 상상했다.

백해정 '폐쇄적'이고 '일이 탈출'인 삶에서 '나 자신을 위한 삶'으로 나아간 백해정 님의 결단과 용기, 솔직한 고백이 멋있다. 퇴직 전날 동료들과 함께 보냈다는 뜻깊은 시간을 상상하며, 독자들과 함께 백해정 님의 투쟁과 정년퇴직을 축하하고 싶었다.

최교일 투쟁을 '인생의 전환점'이자 세상을 새롭게 보게 하는 계기였노라 이야기한 최교일 님.
톨게이트가 그저 무수한 차들이 통과할 뿐인 맥락 없는 장소가 아니라, 한 사람의 세계관을 흔들어 놓은
사건의 장소였다는 걸 표현했다.

김경남 현재까지도 끈끈하게 관계를 이어오고 있는 청북지회 조합원 '14명'을 상징하는 '14장'의 종이를 그리고, 그 안에 톨게이트 투쟁의 슬로건을 새겨 넣었다. 이를 촬영하는 김경남 님의 뒷모습에 지회장으로서 조합원들을 아끼고 지지하는 마음이 드러난다. 손에 든 휴대전화 속 이미지는 직접고용 이후 청북지회 조합원들과 모여서 찍었다는 단체사진이다.

명화 '별난 아이'였던 유년 시절, 노동조합 집행부이기에 어쩌면 더 외로웠을 순간들, 그럼에도 구하고 동료로서 동지들을 존중하며 굳건히 믿고 나아갔을 투쟁의 시간을 '세 명의 도명화'를 통해 현했다. 노조 집행부의 역할을 맡은 도명화 님이 아닌, 다양한 맥락의 도명화 님을 구현하고자 했다.

캐노피에 매달린 말들

일러두기

— 본문의 맞춤법은 국립국어원 표준국어대사전의 용례를 따랐다. 다만,
 구술자들의 입말을 살리기 위해 사투리와 비표준어를 활용한 경우가 있다.

— 구술자의 일부는 가명을 사용했으며 각 장 앞에 이를 밝혔다.

— 구술 기록 내의 괄호는 기록자가 필요에 따라 삽입한 경우이다.

— 단행본에는 겹화살괄호《 》를, 그 외 논문, 영화, 노래, 매체명에는
 홑화살괄호〈 〉를, 기사명에는 큰따옴표" "를 사용했다.

캐노피에 매달린 말들

톨게이트 투쟁 그 후, 불안정노동의 실제

☞ 기선, 랑희, 슬기, 이호연, 타리, 희정, 전주희 글

☞ 치명타 그림

한겨레출판

출구는 여전히 싸우는 사람들의
말과 내력과 기록 속에 있다

부당한 힘에 맞서 한 사람이 저항을 시작할 때, 그 저항은 시간과 생사와 한계와 성패를 넘어 항구적인 인간 선언이다. 취약함을 노리는 비열한 자들의 모욕과 보복에 맞서 "우리들의 취약함"을 연결해 저항할 때, 그 투쟁은 항구적으로 혁명적이다.

　톨게이트에서 밥을 벌던 여자들이, 새벽을 열며 지붕 위로 올라갔다. 미쳤다. 독한 년. 겁 없는 여자들. 원룸에서 나를 마주함. 이혼보다 급한 투쟁. 피부에 착착 감기는 연대. 누구 하나 떼어놓고 가지 않겠다. 가오 빠지지 않게. 배신은 죽어도 싫다. 세상을 보는 눈이 달라졌다. 모든 게 새롭다. 아, 그 희열… 그 여자들의 말이다. 노동운동과 진보정치의 전망이 보이지 않는 지금, 출구는 여전히 싸우는 사람들의 말과 내력과 기록 속에 있다.

　최현숙(구술생애사 작가, 소설가)

나부끼는 몸들이 지나는
곳마다 맺히는 말들

2020년 1월 마지막 날, 김천의 한국도로공사 본사 마당에 수백 명의 톨게이트 여성노동자들이 노래와 함께 서로의 몸을 부대끼며 춤을 추는 광경이 펼쳐졌다. 점점 원을 그리며 춤추던 그들은 이내 고속도로를 달려 청와대로 향하는 길거리에 도착했다. 그곳에서 광화문에 천막을 치고 곳곳을 누비며 싸우던 수백 명의 동료들을 만나 또 한 번의 군무를 함께 이어갔다. 투쟁 내내 울리던 '우리가 옳다'는 외침을 창공에 새기는 것도 잊지 않았다. 7개월 동안 펼친 치열한 싸움을 한 매듭 짓는 시간, 마지막 순서는 톨게이트의 캐노피, 본사의 로비, 청와대로 향하는 길목에 나뉘어 투쟁의 깃발과 함께 나부끼던 몸들이 서로에게 달려가 만나서는 한껏 쌓인 것을 풀고 돌아가는 것이었다. 그렇게 혈관에 피가 돌 듯 그들은 전국 곳곳에 있는 자신들의 삶터로 향했다. 그렇게 이제 어떤 노동의 자리에서 어떤 권리를 지키며 살아갈 것인가 찾아나가는 제2의 투쟁이 시작된 것이다.

　이 기록이 시작된 것은 이쯤이다. 98일간의 고공농성, 145일간의 본사 점거농성 그리고 매일 바리케이드와 방패를 앞세운 경찰에 의해 그들에게만 막혀 있는 곳으로 향하는 그들의 싸움은 많은 주목을 받으며 알려졌으나 싸움의 순간들이 치열하게 이어지기에 미처 전하지 못한 이야기가 있다고 믿는 이들이 모였다. 지금의 그들을 있게 한, 저마다 지닌 세상 단 하나뿐인 면모와 이에 연결된 삶과 노동의 이야기, 싸우며 다시 맺는 관계에 대해 그이들의 목소리로 기록하고 싶었다.

싸우는 몸들이 여는 정치의 장

2019년 6월 30일, 서울 톨게이트 캐노피에 42인의 노동자들이 '기만적인 자회사 전환 거부, 직접고용 쟁취'를 외치며 올라섰다. 고공농성에 들어가면서 알려지기 시작한 톨게이트 비정규직 노동자 1,500여 명의 국가를 향한 직접고용 요구 투쟁은 7월 1일의 500인 청와대 집단농성, 9월 9일의 500인 본사 점거농성, 11월 광화문과 민주당 의원실 점거농성 돌입과 2020년 1월, 무기한 단식에 이르기까지 7개월 동안 '조건 없는 전원 직접고용'이란 요구를 걸고 거침없이 싸우는 모습으로 세상의 주목을 받게 된다. 무더위 속 고속도로 톨게이트의 지붕인 캐노피와 도로공사 본사 로비라는 트인 공간에 몸을 고정하고 물리적인 강제해산 같은 물리적인 위협에도 물러서지 않고 버티는 그들을 지켜보게 되었다. 한가위 명절을 앞두고 강제해산을 위한 공권력 침탈이 임박해졌다. 그러자 서로를 엮고 온몸으로 저항하는 노동자들과 그들을 지지하며 연대하는 이들, 사회 여론에 밀려 정부의 해산 시도가 무산되기도 했다. 극한의 투쟁에도 흐르는 일상, 그 속에서 부단히 토론하며 엮어내는 그들의 이야기가 있었다. 그렇게 세상을 향해 쏘아 올린 노동자의 말들이 다른 이들의 일상에 속속 도착하기 시작했다. 이들이 거부하는 간접고용 비정규직의 삶과 노동의 불안정성을 더 가까이 알게 되거나, 그 책임의 출처를 물으며 가리키는 곳으로 고개를 돌리기도 했다. 정부가 공공부문 정규직화의 해법이라고 내놓은 자회사 정책에 대해서도 들여다보게 되었다(관련해서는 이 책의 마지막 장인 전주희의 해제에 이 싸움의 의의와 함께 정리되어 있다). 마침내 그들은 한국도로공사, 정부의 직접고용 의무를 사회적으로 확인하고 일터로 돌아갔다.

살 만한 삶, 인간적인 노동을 정치의 최전선으로

싸우는 몸들이 거리에, 일터에, 공공의 장소에 출현할 때, 사회는 이들을 목격함과 동시에 목소리를 듣게 된다. 그 목소리들은 자신들을 불안정한 상태에 이르게 한 것들을 고발하고 그 책임을 묻는다. 고통을 호소하며 시정을 바라는 것인가 싶지만 가만히 들여다보면 대안을 제시하거나 그것의 실현을 요구한다는 것을 누구든지 알 수 있다. 그렇게 책임의 출처를 묻자 다양한 공방이 시작된다. 무엇이 그들을 불안정하게 만들었는가, 어떻게 하면 더는 그렇게 살지 않을 수 있는가, 그런 질문들에 어떤 권력관계가 얽혀 있는지를 확인하게 된다. 굳건히 믿고 있던 제도와 사회규범에 물음표를 붙여보기도 한다. 이렇게 정치의 장이 열리면 싸우는 몸들과 함께 우리는 살 만한 삶으로 나아갈 기회와 가능성을 획득하게 된다.

톨게이트 여성노동자들이 자신의 노동을 돌아보며 옳다고 생각하는 것들을 말하기 시작했을 때 싸움이 시작되었다. 이들은 자기들의 노동이 어떤 노동조건하에서 이뤄지고 있는지부터 말했다. 원하는 일을 지속할 수 있는 고용안정, 적정한 노동의 대가와 환경을 비롯해 노동삼권과 같은 기본권까지도 간접고용이란 틀에선 불가능하다고 했다. 이들은 또한 자신이 노동과 삶을 어떻게 연결하고 있으며, 이 노동을 통해 사람들과 어떤 관계를 맺고 있는지를 이야기했다. 이윤 추구를 위한 효율성을 기준으로 대체되고 폐기 가능한 존재로 여겨지는 것, 그리고 그렇게 살아가는 것을 운명으로 받아들일 수 없다고. 이들이 투쟁 동안 계속해서 외친 '우리가 옳다'는 구호는 이렇게 자신의 노동에 대해 생각하는 바를 말할 수 있고 이에 따른 변화도 가능한 노동, 즉 인간적인 노동(decent work)과 이것을 실현할 수 있는 사회제도, 인간적인 노동체계를 불러오고 있다.

단결한 힘만큼이나 수많은 '나'들

'톨게이트 여성노동자'라는 정체성으로 간접고용 비정규직 여성의 노동과 권리를 한목소리로 단호하게 이야기하며 싸우지만, 이를 체화한 저마다의 정체성과 살아온 역사는 모두 다르다. 성, 나이, 장애 여부, 출신 지역, 이주 경험, 혼인 여부, 가족형태 등 각자의 삶과 몸에서 떼어낼 수 없는 다양한 면모들이 있다. 이 책의 11장에 걸쳐 들려오는 노동자 13명의 목소리에는 비정규직이자, 여성, 중년, 장애인, 북한이탈주민, 한부모가족이라는 다양한 정체성으로 살아온 이들의 삶의 모양과, 일터, 투쟁의 현장에서 맺어온 관계의 모양들이 겹겹이 담겨있다. 공공부문 일자리조차 사회적 소수자에게 적나라한 노동의 위계를 드러내고, 그렇게 고착화된 불평등의 구조 안에서 싸움의 한복판으로 자리를 잡기까지, 이들은 어떤 불온한 순간들을 마주하고 견뎌왔을까. 자신들의 정체성이 곧 경계가되고 차별과 불안정한 삶의 이유가 되었던 노동자들, 이들이세상을 향해 "'조건 없는', '전원' 직접고용!"을 힘주어 요구했을 때, 자신들 사이의 경계들을 어떻게 안고 나아갔을까.

노동과 삶의 현장에서 맺는 평등의 감각

간접고용-직접고용, 원청-하청과 같은 고용형태와 구조가 사람을 비정규직-정규직 노동자로 나눈다. 뿐만 아니라 이를 통해 비정규직 노동자의 불안정한 노동과 삶 그리고 사회·경제적 차별을 정당화하는 이 사회에서, 자신의 불평등한 사회적신분과 제도에 맞선 고된 투쟁이었다. 톨게이트 여성노동자들은 끝까지 당당하게 싸운 자신과 '우리'가 자랑스럽다고 말한다. 7개월의 투쟁 기간은 1,000명이 넘는 톨게이트 여성노동자들의 집단행동과 공동생활으로 이뤄졌다. 함께 먹고 자고 일상을 꾸리며 싸워야 했던 농성, 투쟁의 현장에서는 일상을 영위하는 데 필요한 만큼만의 생활자원을 확보하고 각자 역할을 맡아가며 생활해야만 했다. 농성 지원 물품과 음식이 담겼던 박스가 옷장과 수납함이 되었고 필요한 공간을 나누는 울타리가 되었다. 김천 농성장에선 투쟁하다 뜯긴 옷을 담당하는 수선집이 생겼고 약국도 열렸다. 고공농성장에서는 동료들의 머리카락을 다듬는 미용사도 생겼고 동료의 배설물을 담당하는 이도 생겼다. 일터에서처럼 일의 효율성을 따지며 경쟁할 필요는 없었다. 하루 종일 마주 보거나 다 함께 결정하는 것이 일상이니, 동료들이 지닌 각양각색의 면면을 알게 되고 일상과 투쟁에서 역할을 나누고 바꿔가는 관계를 경험했다. 이들의 집단 긍지, 멋짐의 실체는 완벽한 사람들이 만나 이뤄진 것도, 한정된 공간에서 보낸 집단생활의 시간만으로 이뤄진 것도 아니었다. 일터에서 장애가 있는 동료 노동자가 안전하게 일할 수 있도록 일터의 공간 구조를 바꿀 것을 요구했던 것처럼, 누군가의 다름을 나와는 다른 생활 조건과 관계가 필요하다는 것으로 인식하고, 서로 의지하면서 사는 것은 당연하니 일상의 불편과 부족을 개인의 능력과 책임보다는 이를 집단에서 어떻게 바꾸고 채울 것인가를 먼저 묻는 감각에서 시작했다. 보편적 권리의 보장은 이렇게 구성되어야 한다. 이로부터 저마다 자신의 다름을 긍정하고 동료에게 기꺼이 의지하는 순간, 또 의지할수록 나 역시 다른 이에게도 의지가 되는 사람임을 깨닫는 순간에 존엄과 평등의 감각을 맺을 수 있다. 지금도 투쟁하는 이들의 또 다른 모습과 목소리는 이어지고 있다.

누군가는 이렇게 이야기한다. "저기, '불온한' 사람들이 떼 지어 자신들의 '소유'도 아닌 자리를 차지하고서는 교통 혼잡과 업무에 지장을 초래하고 '감히' 길거리의 자동차 경적보다 큰 소음을 내며 '말하고 있다'. "삶은 끝없는 '경쟁'이란 '절대 진리'를 어기며 타인의 기회를 뺏는 이기적인 사람들이라고. 나눌 파이의 크기가 정해져 있는 이 경쟁에서 자를 수 있는 파이의 개수만큼의 등수 안에 들지 못하거나, 더 작게 자를 '자격'이나 '능력'이 없으면 몸과 관계의 허기 정도는 '감내'해야 한다고. 그런 '개인의 책임'을 다른 이에게 떠넘기며 '모두의 재산'인 세금을 축낼 순 없다고. 남성, 한국 출생, 비장애인, 이성애'정상'가족이 아니면 그 정도 취급은 당연한 것이라고. 그로 인한 피해나 취약함을 '증명'하면 죽지는 않을 만큼 '구제'해 주는 정부와 사회의 '따뜻함'을 고마워하는 것이 어떻겠느냐고. 버티고 극복하면서 '언젠가' 시작할 수도 있는 '사회적 합의'를 기다리라고. 그렇게 떼쓰면 경제불안, 사회불안이 온다고. 이러다 '국가경쟁력' 떨어지면 대체 어쩔 거냐고. 심지어 불온한 세력도 아닌 그에 홀린 이들, '비정상'이라 부르며 이 자리에서 당장 비켜 보이지 않는 곳으로 가라 소리치고 손가락질하며. 이게 다 민주주의이고 다들 이렇게 살아간다고.

다시, 2020년 1월 31일, 톨게이트 여성노동자들이 춤추며 그린 원을 돌아본다.

삶의 자리에서 밀려나거나 그 불안을 지녀본 사람들이라면, 누가 지금 자리하지 못하고 있는지, 이 자리가 누군가를 밀어내고 마련된 건 아닌지 살피고 감지하게 된다. 누구나 마주 보고 말할 수 있어야 한다는 그이들이 춤을 출 때, 서로를 보기 위해 끊임없이 크고 작게 찌그러지고 펴지는 원을 만든다. 누구든 언제든 손잡을 수 있는 거리가, 맞은편에 자리한 사람의 목소리를 들을 수 있을 만큼의 거리가 원의 크기와 개수를 결정했다. 민주주의와 공존의 조건은 이런 것 아니겠는가.

책 속에 담은 목소리가 잘 전해지면 좋겠다. 이야기에 실린 삶의 결을 따라가다 보면 질문에 응답하고 싶어지고, 그들이 제안하는 변화의 가능성을 기대하게 된다. 그 말들이 이어지기를 바라며 기록했다. 각 장의 끝마다 이어지는 아웃트로는 해설이 아니라, 구술자들의 이야기 중 모두 옮길 수는 없었으나 놓치지 않았으면 하는 사실들이나 실현 의무가 있는 국가의 제도, 혹은 구조적 현실을 정리해 두거나 이어 말하기를 위한 질문들로 구성된 '잇는 말'이다. 인간다운 삶과 공존을 위해 싸우는 이들이 더 아찔한 위태로움에 몸을 맡기거나 목숨을 내걸지 않더라도 당신의 이야기를 귀 기울이며 기다리는 사람들이 있다고 굳게 믿을 수 있게 되기를 바란다. 바라는 것만 많은 이 만남에 기꺼이 함께 해준 서순분, 서범주, 이진희, 정은자, 이은자, 강미진, 박정숙, 이명심, 백해정, 최교일, 김경남, 도명화, 박순향 13인의 노동자들에게 깊은 감사와 연대의 마음을 전한다. 우리의 만남과 기록에 필요한 인식이 조금이라도 도

톰해질 수 있었던 것은 주훈, 권용희, 류은숙, 김도준, 김혜진을 비롯한 많은 활동가와 동료들 덕분이다. 기록의 과정을 지켜보며 힘을 나눠준 김진숙, 김일란, 차별금지법제정연대 전략조직팀 그리고 흔쾌히 기록의 앞뒤를 채워준 최현숙과 전주희, 더 많은 이들과 이야기를 나눌 수 있도록 길을 내준 한겨레 편집팀의 원아연, 허유진, 목소리와 얼굴에 색을 더해준 이기준 디자이너, 구술 기록 활동이 가능하게 지원해 준 4·9통일평화재단에도 감사드린다.

2023년 10월
톨게이트여성노동자 구술기록팀을 대표하여 기선 씀

우리는 업그레이드 된 '아줌마'

☞ 구술, 서순분·서범주   ☞ 글, 슬기

1장

안전하지 않은 일터를 바꿔가는 자매의 기록

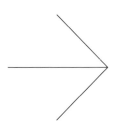

서순분 님과 서범주 님을 만난 것은 연말 연초의 겨울날이었다. 서범주 님이 근무하고 있는 지사에서 만나기로 했는데, 대중교통으로 가기에는 접근성이 떨어졌다. 지하철에서 버스로 갈아타고, 내려서 인적 없는 길을 한참 걸어가야 했다. 차가 없으면 다니기 힘들겠구나 싶었다. 그렇게 도착한 대기실에서 김밥, 주먹밥, 김장 김치, 순대, 탕수육, 샐러드, 샌드위치, 딸기, 생율 등을 먹으며 이야기를 나눴다. 심지어 인터뷰를 끝내고 돌아갈 때 음식을 싸주셔서 바리바리 들고나오기까지 했다. 어두운 밤 따뜻한 아랫목에서 연신 어서 먹으라는 말을 들으며, 두 분의 이야기를 홀린 듯이 들으면서, 실제로 가보지 못한 톨게이트 투쟁 현장의 모습을 상상했다. "우리 다 아줌마들이라 그래, 아줌마들이라" "먹는 데서 인심 난다고. 같이 먹으면서 힘내서 싸우고 막 이러는 거야"라며 음식을 준비하고, 잘라주고, 발라주고, 먹기 편하게 챙겨주는 모습에서, 투쟁 때 이야기를 하면 막 신난다는 들뜬 음성에서, 투쟁의 힘을 느꼈다.

서순분 님은 고등학교 졸업 후, 한국전력공사에서 10년 넘게 일했다. 결혼하고 아이들을 낳고 기르면서 일을 그만두었다가(그 사이에도 파트타임으로 일을 했었다), 2000년 10월부터 매송영업소에서 일을 시작해서 2019년 6월 해고될 때까지 다녔다. 대법 판결 이후 대관령지사로 발령받아 1년 4개월을 근무하고 정년퇴직했고, 현재는 민자고속도로 톨게이트에서 경력직 촉탁으로 일하고 있다. 서범주 님은 자녀들 학교 뒷바라지를 하면서 2011년부터 2017년까지 송탄영업소에서 근무했다. 건강이 안 좋아져서 잠시 쉬었다가, 2018년에 청북영업소에서 다시 일을 시작한 지 1년 만에 직접고용을 택하고 해고당했다. 투쟁 끝에 복귀하여 현재는 지사에서 현장지원직으로 일하고 있다.

두 사람은 일곱 살 차이가 나는 자매이다. 함께 투쟁할 때는 아무도 두 사람이 자매인 줄 몰랐지만, 알고 보면 눈매와 목소리가 비슷하고, 글씨체도 닮았다. 우연찮은 기회에 두 분을 함께 만나게 되었는데, 서로가 서로를 인정하고 칭찬하는 모습에서, 투쟁의 의미를 공유하는 모습에서, 친자매이면서 동지로서의 자매애를 느낄 수 있었다. 그리고 시부모님을 모시고 자식들을 키우면서 자기 삶을 꾸려갔던 경험이 투쟁의 과정에서 함께 잘 싸우는 힘이 되었음을, 신났던 투쟁의 경험이 지금의 자리에서 부당한 일에 문제를 제기하며 당당해지는 힘이 되고 있음을 알 수 있었다.

자매, 일의 시작

범주   언니도 너무 투쟁 열심히 했고, 나도 그래요. 물 불을 안 가리는 스타일이거든. 그런데 우리가 자매인 것을 아무도 몰랐어요. "저 언니가 내 언니다" 굳이 말을 하지는 않았으니까.

순분   얘는 얘대로, 나는 나대로, 각자 자기의 위치에서 싸운 거지. 투쟁하면서 다 '언니, 동생' 하고 지냈으니까 친언니인 줄 몰랐겠지. 그런데 자매라고 해서 같이 한 것이 아니라, 생각과 목적이 같으니까 자연스럽게 그렇게 된 거예요. 우리는 투쟁하면서 친해졌어요. 그전에는 애들 키우고 시어머니, 시아버지 챙기고 서로 살기가 바쁘니까, 그렇게 가깝게 지내지는 않았어요.

상고 졸업하고 한국전력공사에 다녔었어요. 대법원 판결 받고 들어갈 때, 같은 공사라고 경력으로 인정이 되더라고요. 한전을 한 13년 정도 다니다가, 애가 셋인데 어디 맡기고 그럴 데가 없으니까 그만뒀지. 그러다가 애들이 초등학교 들어가면서 경제적인 이유로 생활 전선에 뛰어든 거죠. 가로수, 벼룩시장, 교차로 같은 정보지에서 '급구' 이런 걸 보고 (도로공사에) 들어갔어요. 나이 제한이 있었는데 39세 이하인가 그랬어요. 그때 내가 한국 나이로 40살이었는데, 만으로 해서 들어갔어.

범주　　나도 광고지 보고 들어갔는데, '기혼자 가능' 이렇게 쓰여 있었던 것 같아요. 애들이 고등학교 다닐 때, 애들 학교 보내고 나니까 시간이 많아서 일을 시작하게 되었어요. 그런데 웃긴 게, 나는 그전부터도 좀 아프고 그랬으니까, 이런 이야기를 하고 다녔어. 나는 어디서 표 받는 일 하고 싶다고. 그 주차 들어가고 그러면 표 받는 거 있잖아. 그거 지나갈 때마다 저런 일 했으면 좋겠다 싶었는데, 광고지를 본 거지. 전화해 보니까 뭐 통행료 받는 거래. 그래서 들어가게 된 거예요. 우리 언니는 이미 오래전부터 매송영업소에서 일하고 있었어요. 그런데 내가 언니한테 상의한 것은 아니야. 서로 지역도 다르니까. 나는 나대로 알아보고 들어간 거죠. 근데 들어가서도 언니한테 말을 안 한 거야. 수습 기간도 있고, 뭐도 있고 해서. 나중에 수습이 끝나고 나서 언니한테, "언니 내가 이래서 저래서 송탄영업소 들어갔어" 하니까 깜짝 놀라는 거지. 자기랑 똑같은 일을, 내가 다른 지역에서….

순분　　아니, 나중에 얘기했어. "언니, 이런 데가 있는데, 들어가도 되냐?" 그래서 들어가라 그랬지. 놀면 뭐 하냐, 가서 일해라. 그리고 거기는 가서 근무해 보니까 3교대지만 8시간만 근무하면 야근이고 뭐도 없고 그냥 딱 끝나는 거예요. 우리 아줌마들한테는 너무 단순하고 좋아. 부스 안에서 돈만 딱 받고, 딱 시간 마감 하고 그러면 끝이야. (웃음) 그러니까 그냥 적극 추천. 그냥 다니라

25

고. 그리고 공사니까 월급 밀릴 일이 없어. 제일 좋은 게 그거야. 월급이 한~번도 밀린 적이 없어요. 아줌마들한 테는 괜찮은 직장이에요. 시간 조절할 수 있고, 뭐 급하면 서로 근무도 바꿀 수 있으니까. 그렇게 두 가지가 좋았던 것 같네. 그런데 월급은 최저시급이었어요. 최저시급이 올라가면 월급이 올라가는 거죠. 호봉 이런 건 없었지. 어저께 온 사람이나 10년 근무한 사람이나 똑~같아. 아주 평등하게. (웃음)

안전하지 않은 일터

순분　우리같이 오래 다닌 사람은 약간 한이 있어. 톨게이트 모니터링이라는 게 있었어요. 고객들 오면 "안녕하십니까" 인사하고 이런 거, 저런 거 평가해서 안 좋으면 또 잘라. 핑계가 좋아. 모니터링 평가단이 있어가지고 굽신굽신해야 해. 정작 고객한테가 아니라 모니터링 요원한테 잘 보이기 위해서 하는 거야. 이걸로도 많이 잘렸어요.

범주　계약은 1년 단위로 했는데, 보통 외주사 사장이 3~5년씩 하니까, 특별한 일 없으면 쭉 갔던 것 같아요. 자기네가 계약서 만들어서 서명하라고 하고, 서명하면 계속 일하는 거죠. 그런데 그냥 막 자르기도 했어요. 전에 같이 일하던 사람 한 명은 나랑 같이 야근을 했는데, 다음 날 아침에 문자가 온 거야. 미안하지만 그만둬야겠다 뭐 이런 식으로. 걔는 그렇게 하루아침에 날벼락처럼 통보받았어, 야근하고.

순분   하긴… 우리도 그랬어요. 이제 해가 바뀌잖아? 1월 근무표에 내 이름이 없어, 그러면 잘린 거야. 2000년대 초반, 그때는 핸드폰도 없던 시절이야. 다음 달 근무표에 내 이름이 안 올라왔으면, 그냥 자연스럽게 내일 안 나오는 거지. 그야말로 인사나 말도 없이. 오죽하면 우리끼리 한 얘기가 있어요. 그 사람이 안 보인다, 그럼 그냥 잘린 거야. 사장이 그만두라면 그만두고, 이런 걸 당연하게 받아들이고, 뭐 소리를 낼 줄 몰랐어. 너 그만둬라 그러면 나 왜 그만둬야 되냐 이런 걸 물어보지 못했어, 그때는.

범주   나 송탄에 있을 때, 같이 일했던 사람들이 잘렸어요. 나라에서 주는 지원금 받으려고 장애인이랑 탈북민을 뽑으면서. 그런데 일곱 명을 자르고, 장애인 세 명, 탈북민 세 명, 총 여섯 명만 뽑은 거야. 채용인원을 줄이면 용역 계약을 연장해 주는 것이 있었거든. 영업소 계약이 연장되는 거지.① 사람을 안 뽑으면 노동자가 힘든 건

---

① 도로공사 영업소는 많은 경우 도로공사를 퇴직한 사람들이 수의계약을 통해 영업권을 받아 운영해 왔다(2008년 국정감사에서는 외주영업소의 93%가 도로공사 퇴직자들에 의해 운영된 것으로 밝혀지기도 했다). 그리고 해마다 위탁수수료를 산정하여 도로공사와

데. 보통 사장이 바뀌어도 그냥 고용승계를 하는데, 이 사장은 무슨 대기업 면접 보듯이 채용 공고를 내고 절차를 아주 복잡하게… 그래서 자기소개서 쓰고 대기해서 면접 보고 그랬잖아. 그리고 그다음 날 문자가 왔어. 같이 일하게 된 사람, 아닌 사람. 그때 일곱 명이 해고됐지.

순분　　그런데 우리는 장애인이나 탈북민은 없었어.

범주　　우리도 없었다가 그 사장이 오면서… 자기 친구들이 벌써 다른 지방에서 다 그렇게 하고 있으니까 그런 거지. 영업소끼리 사람을 돌려가면서, 여기 계약 기간 끝나면 저기로 보내고 그렇게 해왔던 거야. 그만두게 하고 다시 들어가게 하고, 그런 식으로 했다고 그러더라고. 나는 사람들 자른 거에 굉장히 화가 나서 뒤에서 욕하고 그랬지. 그리고 장애인을 고용하면 사장은 잇속을 차리지만 우리는 힘들어요. 일하는 환경은 비장애인에 맞춰져 있는데, 장애인들을 무조건 뽑기만 하고 환경은 그대로니까. 그러면 그 사람이 못하는 걸 다 우리가 해야 하는 거지.

각 영업소가 위탁운영 계약을 하는데, 차량 통행량과 직원의 임금 등을 고려하여 비용을 산출하고 계약 금액을 협상한다. 이때 금액을 줄이면 영업소 운영 용역 계약을 연장해 주었다. 영업소 운영 계약은 1차에 한해 연장이 가능하고 수의계약으로 계약 기간이 끝나면 공개입찰을 통해 운영권을 받는 경우도 있어서, 영업소 사장들이 운영권을 연장하기 위한 여러 조치들을 취했을 것으로 예상할 수 있다.

순분   안전 문제도 있어요. 사실은 방금 전에도 내일 연장 (근무) 나오라고 전화가 왔어. 난 거기 늘 불안했거든. 우리 차로가 이렇게 3개가 있는데, 왼쪽이 하이패스고, 가운데가 우리가 돈 받는 데예요. 오른쪽도 원래 돈 받는 데였어. 근데 얼마 전에 오른쪽 차로를 하이패스 차로로 만든 거야. 그리고 우리 근무자를 가운데에 앉혀놓은 거지. 그러면 양쪽에 하이패스 차량이 다니는데, 이게 엄청 위험하잖아. 이건 사람을 먼저 생각하는 게 아니지. 누가 봐도 위험한 상황이잖아. 무슨 조건을 따져서 그렇게 했겠지만, 우리의 근무환경, 안전을 생각하면 너무 말도 안 되는 일이에요. 지금 내가 일하는 곳은 민자 구간이라 도로공사에서 따 와서 자기네가 따로 운영을 하는 건데, 내가 보기에는 위험하더라고. 전에 동생이 근무하던 곳도 이런 구조였는데, 그때 내가 거기 그만두라고 그랬었어. 세상에, 차가 지나가면 이 부스가 흔들흔들해. 그리고 운전자들이 졸음운전이라거나 전화 받는다거나 무슨 다른 생각 하면서 어물어물하다 그냥 박는 일이 많아. 어떤 때는 안전 보호막 설치해 놓은 거를 막 올라타기도 하고. 운전 미숙한 사람들이 브레이크를 서서히 밟아야 하는데 잘못해서 액셀을 밟으면 차가 붕 떠서 안전 보호막까지 올라타는 거지.

아까도 화물차가 부스를 박았다고 전화 온 거예요. 그래서 유리 파편이 다 튀고… 차로가 3개인데 가운데에 부스가 있으니 양쪽에서 쌩쌩 달리면 때려 박는 거 일도 아니에요. 부스가 되게 약해요. 그냥 일반 차가 박아도 이 부스가 흔들리고 밀려나는데, 화물차, 덤프트럭 같은 것이 들이받으면 안에 있던 사람은 찌그러져서 죽어. 오늘 들이받힌 부스에 있던 사람이 내일 아침 근무인데 지금 병원에 입원해 있으니까, 내일 쉬는 날인 나한테 연장 나오라고 하는 거죠. 내가 언젠가 그런 일이 일어날 줄 알았어요. 우리 안전 이런 건 안중에도 없어.

이렇게 위험한데, 장애인을 쓴다고 하니까 더 걱정되지. 우리도 늘 긴장하고 다니는데. 그리고 원래 지하도로 다니게 되어 있는데, 지하도에서 부스로 올라오는 통로에 하이패스 카메라, 제어 장치, 이런 구조물이 다 있어요. 그래서 부스로 들어가려면 완전히 무슨 유격훈련을 해야 해. 구조물 피해서 기어 들어가야 하는데 너무 열악해요. 그런데 장애인을 고용한다고 하면은….

범주　　우리도 장애인 뽑았을 때 남자 세 명이었는데, 의족을 사용하는 분이 있었어요. 아니 그런데 그 사람을 입구에다가, 지금 화물차 막 왔다 갔다 하는 그 입구에다 근무시킨다고 앉혀놓은 거예요. 입구는 더군다나 막 뛰어가서 단속해야 하고 높이도 다 자로 재야 되고 하는데, 우리가 막 뛰어다녀도 바쁜데, 이 사람이 어떻게 하냐고. 밤에는 잘 보이지도 않아서 더 위험해. 그래서 그때 엄청 힘들었어요.

순분　사장은 그냥 고용하면 돼요. 그러면 솔직한 이야기로 그 옆에서 일하는 우리가 그 사람 역할까지 다 해야 돼. 다 보조해 줘야 하고. 그래야 그 사람들이 근무를 할 수 있으니까. 가만히 사무실에 앉아 있는 사람들은 괜찮아요. 그런데 현장에서는 직접 뛰고, 차량 단속하려고 큰 장비 가지고 다니고 하려면 몸이 불편하지 않아도 힘들어요. 사장이 너무 이기적이고 일하는 사람들을 생각하지 않는 거지. 그렇게 뽑을 거면 근무할 수 있는 환경을 만들고서 해야 하는데, 그런 것은 하나도 안 하고.

범주　맨날 안전을 외치기는 하는데, 그냥 사람만 뽑아 놓으면 끝이야. 그냥 알아서 굴러가겠거니 하는 거지. 영업소에서는 더했어요. 사고가 나도 산재 처리도 안 해주려고 하고. 산재 처리하면 자기네들 점수 깎이고 나중에 재계약을 못 하니까. 그래도 지금은 노조가 있어서 나은데, 공사도 평가에서 점수를 낮게 받으니까 싫어해요. 지금도 지사마다 산재 처리 가지고 싸운다고 그러더라고요. 해준다, 안 해준다, 네 잘못이다, 아니다 이러면서.

당당하고 즐겁게 투쟁!

순분　정말 억울한 일도 당했어요. 예전에 근무하고 있는데 소장이 부르는 거예요. 그래서 갔더니 뭐라고 이

말 저 말을 하는데 한참 들어보니까 그만두라는 소리인 거야. 막 빙글빙글 돌려서 그만두라는 소리를 희한하게 하는데, 듣다 보니 나도 헷갈려서 말을 딱 끊었어. "소장님, 잠깐만요. 지금 무슨 말씀하시는 거예요? 저 그만두라는 말이에요?" 그랬더니 알아서 하시래. 그러니까 소장 마음대로 다 자르고 그냥 자기네끼리 이렇게 저렇게 해먹으려고 하는 거야. 그래서 내가 딱 정색을 했어. "아, 그래요? 알겠습니다." 그랬더니 소장이 더 당황하는 거야. 사정하고 이래야 하는데 내가 알겠다 그러고 딱 자르니까. 그런데 이유가 뭐냐고는 물어봤어. 그랬더니 주머니에다가 손을 넣고 다니고… 뭐 말 같지도 않은 트집을 잡는 거예요. 원래 지하도로 다녀야 하는데, 우리가 급하니까 그냥 위로 건너다니고 그러기도 하는데, 그것도 이야기하고, 한 네다섯 가지를 걸더라고. 그래서 내가 일단 알겠고, 그러면 제가 언제까지 나와야 되냐고 물었더니, 사장이 또 당황한 거야. 내가 너무 세게 나가니까. 또 발을 막 빼. 그러더니 뭐 열흘 근신을 때리는 거예요. 그때도 알았다고 그랬어. 그랬더니 같이 갔던 서무가 더 당황해가지고 "아휴, 소장님. 열흘은 너무 많고 일주일로 줄여주세요." 그래서 일주일로 해놓고, 또 자기가 뒤가 켕기는지, 그냥 집에 있으면 뭐 하냐고 나오래. 그래서 그거는 내가 알아서 하겠다고 그랬어. 그리고 쳐다도 안 보고 그냥 나왔어.

그때 진짜 다시 안 나가려고 했어요. 그런데 너무 억

울한 거야. 내가 뭐를 잘못했는데? 내가 부정을 저지르거나, 일을 잘못해서 민원을 야기하거나 그런 것도 아닌데. 너무 억울해가지고 같이 근무하다 그만둔 언니한테 이야기하니까 미쳤냐고, 네가 왜 안 나가냐고, 일주일 있다가 당당하게 나가라고. 그래서 내가 용기를 얻었어. 일주일 있다가 옷 딱 다려 입고 나갔어. 월요일에 딱 나가서 소장실 문을 두드리고 "소장님, 저 출근했습니다" 그랬더니 "어, 어, 어, 그래 잘 왔어" 이러는 거예요. 근데 그 사람이 지금도 도로공사 간부급으로 있어. 자회사 가라고 회유하러 올 때도, 나 없을 때만 오더라고. 나 있을 때 왔으면 내가 한마디 하려고 그랬어. 그때도 나를 못 잘라서 안달이더니 또 자르려고 그러냐, 그렇게 자회사가 좋으면 네가 가라 그러려고 했는데, 못 마주쳐서 못 했지. 그런데 이 사람이 톨게이트 지나다니면서 마주쳐도 아는 척을 안 하더라고. 자기가 구린 게 있으니까 그렇지. 내가 이렇게 당당하게 살아남은 사람이야. 나중에는 내가 그랬어. 소장도 무섭지 않고, 아무도 안 무섭다고. 왜? 그 사람들은 1년 있다가 발령 나서 갈 사람들이야. 나는 여기 20년 다닐 사람이야. 나는 주인 의식 가지고 일하는 사람이야. 누가 와도 나는 당당하다 그랬어요.

이런 것이 투쟁에 많은 영향을 줬을 거라고 생각해요. 사람들이 외주사 사장들한테 당하고 억눌리고 했던 것들이. 꼭 정규직을 가야 한다 뭐 이런 것보다도, 그 억눌렸던 것들이 우리를 함께 싸우게 만들었던 것 같고, 투쟁을 통해 뭔가를 이루어 냈을 때 보상받는 기분도 들었던 것 같아. 나는 특히 그런 마음이 더 강했던 것 같아요. 그렇지 않으면 이렇게 열심히 투쟁 안 했지. 자회사로 가면 계약도 1년 더 연장해 주고 월급도 30퍼센트 더 주고 한다는데, 똑같은 일을 하는 조건이면 그렇게 하지. 그런데 그동안 억눌린 것이 많아서… 그리고 투쟁하면서 알게 된 것이 너무 많으니까 그렇게 못 하죠. 투쟁하기 시작하면서 전국에서 온 사람들을 다 만나보게 됐잖아요. 다른 지역에서 그렇게 많이 당하고 있을 줄 몰랐어. 우리는 그래도 수도권이라 양호했는데, 지방은 너무하더라고. 도로공사 퇴직한 사람들이 하나씩 외주사를 맡아서 갑질을 하고 쥐락펴락하고 그러니…. 우리 투쟁은 도로공사 한번 당해봐라 이거야. "우리는 갈 수 있어!" 이거지.

범주 우리는 그냥 그렇게 무지하게, 맨날 그렇게 당하고 산 거야. 월급 따박따박 주는 거에 그냥 안주하고. 늦게 주는 법은 없으니 그거에 감사했던 거죠. 예전에 서산에서 영업소마다 이렇게 자료를 돌리고 다녔어요. 관심 있는 사람 와라 그랬는데, 그때는 노조 가입 이런 생각을 못 해서 그냥 버리고 그랬지.

순분 이후에 노조에 가입하고 하면서 정보 공유가 되니까 사람들이 이건 아니다, 라는 것을 알게 되고 깨이게 되었지. 그러다 보니까 사장들도 이제 더 이상 우리가 부려먹을, 눌러먹을 상대가 아니구나 알게 되고.

범주　그래도 그때 왜 그렇게 많이 자회사로 넘어갔냐면, 도로공사 가면 너희가 할 일이 없다, 거기 가면 청소시킨다 그랬어. 겁을 너무 많이 줘서 아줌마들이 망설였어요. 그런데 우리가 그때 당시 6,700명이었는데, 왜 자회사 6,700명은 가능한데 정규직 6,700명은 가능하지 않냐? 말이 되는 소리냐? 그리고 자회사 설립도 안 했는데 어떻게 너희가 임금을 30퍼센트 올려주고 그런 것을 말할 수 있느냐? 말도 안 되는 소리 하지도 말아라 그랬지. 자기네가 설립자도 아니면서. 그래서 우리가 거기서 의심을 하게 되고, 뭔가 있구나 싶으면서, 이거는 죽어도 직고(직접고용) 가야 되는 거라고 생각했지.

순분　난 투쟁도 별로 안 했어. 대법 판결이 그렇게 바로 날 줄 몰랐거든요. 하긴 우리가 그렇게 해고될 줄도 몰랐지. 설마 도로공사가 우리 다 자르겠어? 이랬었거든. 그런데 딱 얄짤없으니까. 그야말로 이제 죽기 살기로 투쟁을 하게 된 거지. 그리고 그게 아니었으면 또 그렇게 전국적으로 우리 톨게이트 식구들을 다 만날 기회가 없었잖아요. 우리는 회사 소속감도 없고 그랬는데, 다 해고시키는 바람에 모이고, 진짜 똘똘 뭉치고, 그야말로 전국구로 투쟁하고 그랬죠. 그래서 전국에 있는 사람들 다 만

35

난 거지. 너무 좋았어요, 진짜로.

여자들끼리 몰려 있으니까 재미도 있었어. 우리가 본사 점거 했잖아요. 종이박스로 집 짓고, 꽃도 이렇게 해놓고, 사진도 걸어놓고. 너무 웃긴 거야. 그 안에 상점도 있고 약국도 있고 수선집도 있고 그랬어요. 그리고 2층, 3층 올라가는 계단은 다 빨랫줄이고, 그 와중에도 다 씻고 옷도 빨고… 또 운동하는 사람은 4층인가 그 로비에서 돌고. 요가하는 사람은 자기 나름대로 매트 가져다가 한구석에서 요가 열심히 하고. 나름대로 공간 활용을 잘했다고 그럴까. 진짜 재미있었어.

범주 집에서도 투쟁을 응원해 줬어요. 우리 신랑은 당연히 직고지 그러면서 갔다 오라고 그러고. 우리 어머니도 그렇고. 우리 식구들이 김천에 있을 때 면회도 왔었어요. 면회라니까 이상하지만.

순분 우리 신랑은 이혼한댔어요. 왜냐하면 투쟁하러 나가면 열흘이고 안 들어오니까. 집에 시부모님도 계시고. 이혼하자고 그러길래 내가 뭐라고 했는지 알아요? 기다리라고 했어. 나 지금 바쁘다. 일단 내가 바쁜 것부터 해놓고 이혼하겠다고 그랬어. 이혼이 무서운 게 아니었거든요. 우리 남편은 계속 그런 거예요. 계란으로 바위치기라고. 도로공사가 끄떡이나 하겠냐고 그랬어요. 우리 신랑도 약간 보수적인 게 있어. 여자가 어딜, 이런 게 있더라고. 그래서 나는 끄떡을 할지 안 할지는 해보지도 않고 어떻게 아냐, 나는 끝까지 하겠다 그랬어. 우리 신랑은 내가 휩쓸려서 하는 것처럼 이야기를 하더라고. 그래서 내가 이거는 내 일이다 그랬어. 다른 사람들이 가서 가는 게 아니라, 내 이름이 올라가 있다. 나는 지금 대법 판결만 놓고 있다. 지금 고법까지 우리가 이기고 가는 마당이고. 그리고 계란으로 바위 치면 물론 계란이 깨지지, 바위는 안 깨져. 난 곧 정년퇴임이야. 다른 사람이 뭐 어쩌고 해서 하는 거면, 내가 미쳤다고 그렇게 하겠냐고. 그리고 난 알지도 못해, 투쟁도 해본 적 없어. 하나도 모르지만, 난 내 일이기 때문에 한다고 그랬어. 투쟁하는 중간에 명절이 다가왔어. 우리 집이 큰집이라 가족들이 다 우리 집으로 와요. 나는 못 간다고 전화했더니 난리가 난 거야. 이혼을 하니 어쩌니 막 이래. 그래서 내가 딱 잘라 이야기했어. 이혼하겠다. 그런데 나 바쁘다. 그러니까 바쁜 거 해놓고 하자. 이게 순서가 있잖아. 이혼이 급한 게 아니고, 투쟁이 급한 거거든.

　그런데 대법 판결에서 우리가 이겼잖아요. 그리고 대관령으로 발령받았어. 그러니까 남편이 동네방네 이야기하고 다닌 거야. 발령 나서 대관령으로 간다고. 약간 자랑을 하는 거지. 정식 직원이 된 거니까. 그러니까 그때부터는 빨리 가라고. 그리고 자기가 집안일 다 하고, 어머니 건사하고. 인정을 안 할 수가 없어. 심지어 대관령으로 발령이 나서 멀리 가는데도. 그때는 강원본부 대관령지사로 발령 나서 큰일 났다 싶었거든. 지금 생각하면 공기 좋은 데서 잘 지내다 왔다 싶기도 하지만, 그때는 어머니도 계시고 그런데 거기까지 어떻게 가나 했었어. 그런데 얼른 가라고 그러더라고.

다시 일터에서, 투쟁을 이어가며

순분　　나는 대관령지사로 갔는데, 거기서 사람들이 다 뭐라고 그러는 거예요. 내일모레 그만둘 사람이 여기 왜 오냐고. 아니, 내가 오고 싶어서 왔냐고. 그래도 대관령지사에서 재밌게 지내고, 당당하게 지내고 그랬어요.

처음 출근할 때 첫인사니까 옷을 정장 스타일로 준비를 해갔어요. 그런데 가기 전에 미리 숙소를 마련해 달라고 그랬는데, 가보니 숙소도 마련을 안 해놓고 그냥 휴식 공간 같은 데서 묵으라는 거야. 더럽고 냄새나고 이불도 없고. 그래서 이제 이게 현실이구나, 이제 부딪히는구나 했어요. 그다음 날 인사 가면서 딱 노조 조끼 입고, 모자 쓰고. 알 게 뭐야, 인사고 뭐고 없어. 이제 맞장 뜨는 거야. 그러고 지사장 인사를 하러 갔지. 지사장이 어려운 일 있으면 말씀하시라고 해서, 걱정 마시라고 다 이야기할 거라고 했지. 우리는 건들지도 않았어. 다른 사람들 인사 안 받는다는 차장도 우리한테는 먼저 인사하고.

범주　맞아. 나도 지사장 첫날 인사 갈 때, 볼펜하고 수첩 가지고 올라갔어. 여차하면 다 적으려고. 쳐다보기는 하더라.

　　지금 일은 졸음쉼터 청소하고 뭐 이렇게. 요새 또 영업소 주변도 청소하라고 그러잖아. 자회사들은 영업소 주변 청소 안 해요. 우리가 가서 하니까. 그리고 암거라고, 다리 밑에 굴같이 생긴 통로가 있어요. 그런 데 생활 쓰레기까지 마구잡이로 버리고 이러니까, 거기도 청소하고. 거기까지도 다 도로공사 관할이니까 주소를 알려주면 우리가 찾아가서 지저분한 거 치우고 이러는 거야. 그런데 한 차에 여덟 명씩 타니까, 좀 좁아요. 가운데 앉으면 아주 죽겠지. 증차를 해달라고 하는데, 안 해주려고 그래요. 보통 조장이 운전하고 다니니까 미안해서 1종 면허 있는 사람들이 서로 바꿔가면서 운전을 해주기도 해요.

순분　우리 같은 경우는 도로에 차를 세워놓고 사람들이 버린 쓰레기를 줍는 거야. 그런데 이게 말 그대로 도로 옆이거든요. 항상 차가 다니고, 졸음운전 할 수도 있고, 사고가 발생할 수도 있고. 늘 위험한 상황이라 나갈 때마다 헬멧에 안전 장비를 다 하고 다녀요.

범주　지금은 그렇게까지 안 하는 것 같아요. 산업안전 중대재해법이 생겨가지고 사고 나면 안 되니까, 그거 안 시켜. 그렇게 해서 노동자가 죽거나 다치면 회사에서 책임져야 하니까. 그 법이 작년인가 재작년인가에 통과됐잖아. 그리고 실무직들은 위험수당이 나온다잖아요. 그런데 우리는 그런 것도 안 받았고. 처음에는 무작정 일을 시키고 그랬는데 위험한 본선 근무(도로 위 근무)는 못 한다고 싸웠지. 안전하지 않은 곳에서는 일할 수가 없으니, 사이카(작업 시 다른 차들에게 옆 차선으로 가라고 안내하는 용도의 차로 사이렌 소리와 불빛이 난다)를 대든지 안전 조치를 하라고. 이제 이 일은 시키지도 않고, 하지도 않아.

이상한 일도 있었어. 차장이 우리가 먹지도 않은 밥값을 3개월 치를 뗀 거야. 우리가 최저임금을 받는데, 기름값 빼고, 통행료 빼면… 돈이 얼마 안 되니까 다들 집에서 반찬 하나씩 싸가지고 와서 같이 먹었어요. 그런데 우리가 밥을 안 먹으니까 식당 언니가 꿍시렁댄 거지. 그러니까 우리가 밥을 안 먹었는데도 차장이 3개월 치 밥값을 월급에서 뗀 거야. 전화하니까 돌려준다고 말은 하고서 안 주고. 그거 실랑이를 한 3개월을 했나, 그랬는데도 돈을 안 줘서 몇몇은 더러워서 안 받는다고 포기한 것을 내가 나섰어. 계속 정중하게 문자로 따지고. 결국 받아냈어. 미입금 시 1차로 지사장님과 면담 요청할 것이고, 2차로 노동청에 임금 착취로 신고하고 민원 접수할 것이며, 집회 신고 후 1인 시위도 생각하고 있다고 하면서, 마무리 좋게 했으면 좋겠다고 했지. 그랬더니 차장이 내가 보낸 문자를 들고 식당 언니한테 왔대. 자기가 받아준다고 해놓고는, 식당 언니한테 빨리 돈 주라고. 식당 언니는 당연히 돈을 안 보냈지. 차장이 책임진다고 했으니까. 차장이 본부로 발령이 나면서 식당 언니한테 책임을 전가한 거지. 그래서 문자를 또 보냈지. 정해진 날짜까지 입금 바란다고, 미입금 시 발령 나는 그곳까지 가서 전에 말한 1차, 2차 시행하겠다고. 그리고 전화 안 받을 거니까 문자로 답하라고. 그 후 식당 언니랑 통화하고 며칠 지나서 10명의 식대가 통장으로 입금됐어요.

순분 　 나도 비슷한 일 있었잖아. 내가 12월 말로 퇴직이었어. 그런데 7월생이야. 그러면 국민연금을 7월까지 떼야 되는데, 8월부터 12월까지 다 뗀 거야. 나는 국민연금을 떼면 돈이 바로 국민연금공단에 들어가는 줄 알았어. 그런데 국민연금공단에 문의했더니 자기네한테는 7월분까지만 입금이 되어 있대. 그럼 도로공사에서 뗀 돈은 어디로 간 거야? 급여 담당자한테 물어봤더니, 자기네가 잘못한 것을 알고 있어. 그러면 돌려줘야 될 거 아니냐고 했더니 알았다고 돌려준대. 그런데 내가 몰랐으면 그냥 가만히 있었을 거잖아. 그것도 괘씸한데… 퇴직을 했는데도 돈이 안 들어와. 전화해서 왜 안 들어오냐고 물었더니 바빠서 깜빡했다고 곧 돌려준다고 하고는 또 한 달이 지나도 안 들어와. 계속 전화해서 뭐가 문제냐고 물었는데 알겠다고 하고 안 주는 거야. 그렇게 거의

1년이 지났어. 너무 웃긴 거야. 이게 무슨 개인 돈 처리하는 것도 아니고. 그래서 내가 전화해서 내용증명을 준비하고 있다, 한국도로공사 사장, 강원본부장, 대관령지사장 앞으로 세 장을 써놓고 있는데, 지금 보내야 되겠냐 그랬더니 그다음 날 들어왔어.

범주　여기에 다시 들어와서 달라진 게 뭐냐면, 그전 같으면 이 정도는 '아, 그런가 보다. 안 받으면 그만이다.' 이렇게 생각하고 말았는데, 이젠 끝까지 싸워서 받아내는 거. "저 회사 안 다녀도 돼요. 근데 이건 정리를 해야 해요. 회사에 미련 없어요. 이런 회사 내가 다녀서 뭐해." 이런 식이야. 내가 아닌 것은 아니라고 싸워서, 투쟁해서 들어온 거잖아. 우리가 다른 거 가지고 이야기한 거 아니잖아. 아닌 건 아닌 거니까.

순분　이게 내가 몸으로 버텨야 된다는 생각이 들고 나서는 항상 이 생각이 먼저인 거야. 이기려면 끌려가면 안 되겠더라고. 내 생각을 정리해서 딱 들어가서, 이기는 게임을 해야지 이왕이면. 우리를 너무 우습게 아니까. 우리가, 내 자신이 당당해야 되겠더라고. 그 사람 앞에서 내가 당당한 게 아니라, 그냥 내 자신이 당당해야 그 사람도 나를 그렇게 대하지. 그리고 내가 자신 있어야 말을 하더라도 확신 있게 하고, 팩트를 가지고 이야기를 해야 제압을 하지. 그냥 자신감만 갖고는 안 되겠더라고.

범주　　나는 이게 일일드라마 같은 거예요. 왜냐하면 우리가 잘린다고 했을 때 잘렸어, 투쟁했어, 직고용 왔어, 근데 들어왔는데 자꾸 보직을 바꾸라고 해. 유휴지 업무라고, 도로를 끼고 있는, 도로 밑에 비스듬히 있는 땅이 있어요. 그게 원래 도로공사 땅인데 허락 없이 그냥 쓰는 사람들이 있어서, 그걸 관리하는 업무예요. 이 업무를 줄 테니 노조를 탈퇴하라는 거야. 유휴지 업무는 사무실 사람이랑 같이 나가고 그러니까 더 좋은 업무라고 생각하는 건지… 유휴지 업무를 줄 테니 노조를 탈퇴하라고 회유하면서 직원들 사이를 갈라치기 하는 거지. 이들이 끝끝내 우리에게 무슨 일을 줄까? 이게 드라마같이 궁금해지는 거야. 그래서 나는 퇴직까지 너무 재밌게, 그 과정을 다 봐야 되겠어. 어떻게 바뀌나. 도로공사가 우리 일을 어떻게 주나.

　　다시 투쟁하라면 하겠냐 그래서 나는 당연히 한다 그랬어. 투쟁하면서 우리도 배우고 성장하고 더 나아가고. 나중에는 투쟁하는 곳에 우리가 연대 가는 것에 대해서 뿌듯한 거예요. 우리가 알아서 한 것은 아니지만, 흐름에 따라서 옳다고 생각하는 그거 하나만 가지고, 또 앞에서 노조가 이끌어 주니까 잘 따라간 거야. 그리고 열심히 한 거고. 내가 더 성장하고 나니까, 지사장 앞에서 당당하게 부당한 것을 이야기할 수 있는 자신감, 당당함 이런 것이 재산이 되더라고.

순분　　어떻게 보면은 우리를 업그레이드시켰어. 우리는 투쟁이라는 거 생각도 못 한 일인데. 그냥 전라도에서, 강원도에서, 어디에서, 그 영업소밖에 모르고 그렇게 살다가 해고되는 바람에 전국적으로 모여서, 같이 힘을 내서 간 거예요. 근데 자꾸 이렇게 성장하는 것 같아. 알게 되고 배우게 되고. 그때 투쟁할 때도 그랬거든요. 우리는 내일에 대한 계획이 없다, 오늘 최선을 다해서 투쟁하자. 내일은 또 내일 계획 세우고. 이 말이 너무 공감이 되는 거야. 그렇게 함께하면서 무엇이 문제인지, 어떻게 해야 하는지 알게 되고, 하면 되는구나 싶기도 하고. 이제 밑바닥에 자신감이 깔려 있어. 해야 되는 건 해야 되는 거야. 같이 가는 거지. 이렇게 담대해지더라고.

'아줌마들에게 좋은 일자리'라는 말에 감춰진 여성노동의 현실

인터뷰 과정에서 톨게이트 수납 업무가 "아줌마들에게는 좋은 일자리"라는 말을 많이 들었다. 그 이유는 3교대 시스템에서 근무를 바꾸어서 시간을 조정할 수 있다는 것과 월급이 밀리지 않고 제때 나온다는 것이었다. 아무리 오래 일해도 월급은 올라가지 않고 최저시급을 유지하고, 1년 단위 계약으로 언제든 해고될 수 있는 불안정한 고용 조건에, 복지는커녕 근무복도 제대로 지급되지 않는 환경인데 (거기다 성희롱에 갑질까지 횡행하는데) 좋은 일자리라고? '좋은 일자리'의 기준이란 무엇인가를 되묻게 된다. 그리고 톨게이트 수납 업무가 '좋은 일자리'일 수 있는 것은 '아줌마들에게는'이라는 수식어 때문이라는 점에서 여성노동의 현실 또한 뒤돌아보게 된다.

2021년 여성의 경제활동참가율은 53.3%로 남성 72.6%보다 19.3% 낮다. 고용률 역시 여성은 51.2%, 남성은 70%로 18.8%의 격차가 나타난다. 노동 조건에서도 차이가 드러나는데, 비정규직 근로자의 비율을 보면 여성의 경우 기간제 근로 비율이 47.4%로 남성 31%보다 높고, 여성 임금근로자의 고용보험 가입률과 건강보험 직장가입률도 남성보다 10%가량씩 낮다. 또한 여성 임금근로자의 월평균 임금은 247만 6,000원으로 남성 383만 3,000원의 64.6% 수준이다. 저임금 근로자 비율도 여성은 22.1%로 남성 11.1%보다 11% 더 높았다.[②] 수치로만 봐도, 여성의 일자리는 저임금에 불안정한 고용일 확률이 높다.

여성이 주로 하는 노동은 그렇게 중요하거나 핵심적인 업무로 인식되지 않으며 저평가되기 쉽고, 이는 여성의 일자리를 저임금에 기간제/한시적 형태로 유지시키는 것을 정당화한다. 그리고 이러한 현실은 하청 구조로 인해 더 심화되고 고착화된다. 그렇다 보니 여성의 일자리는 비정규직에 간접고용 형태를 띠는 경우가 많다. 따라서 여러 가지 사유로 경력이 중단된 중년 여성이 노동시장에 다시 진입하려고 할 때, 접근할 수 있는 일자리는 대부분 불안정하다. 연령대가 높아질수록 남성보다 여성의 비정규직 비율이 빠르게 늘어난다는 조사 결과는 이러한 현실을 보여준다.[③]

톨게이트 수납 업무가 '아줌마들에게는 좋은 일자리'라는 말은 이런 맥락에서 이해할 수 있다. 3교대 근무로 건강이 상하지만 시간을 조정하여 집안일과 병행할 수 있고 월급 떼일 걱정이 없으니 '좋은 일자리'인 것이다. 이는 고용시장 내에서 여성들의 취약한 위치를 반영하는 동시에, 톨게이트 영업소의 용역업체들이 노동자들을 착취하고 권력을 휘두를 수 있는 조건이 무엇인지 드러낸다.

② 〈2022 통계로 보는 남녀의 삶〉, 여성가족부, 2022.
③ 김유선, 〈비정규직 규모와 실태〉, 한국노동사회연구소, 2022.

서순분 님과 서범주 님은 정보지를 보고 톨게이트에 들어갔다. 이때 구인 조건에는 "급구", "기혼자 가능"이라고 쓰여 있었다. 일을 하면서는 1년 단위로 계약을 했고, 사장이 그만두라고 하면 당장 내일이라도 그만둬야 했다. 고용안전성이 확보되지 않았고, 노동자의 안전과 일할 수 있는 환경 조성에도 전혀 신경 쓰지 않았다. 사장들은 언제든지 '급구'로 사람을 구할 수 있기 때문에, 일자리를 원하는 '기혼여성'들이 많기 때문에, 그리고 그들이 구할 수 있는 일자리 중 톨게이트는 그나마 안정적인 '공공기관 일자리'였기 때문에, 사장들은 권력을 갖게 되었다. 소장이 서순분 님에게 그만두라는 말을 빙빙 돌려가며 했던 것은 바로 이 점을 이용하여 영향력을 행사하려고 한 것이다. 비록 실패했지만.

서순분 님과 서범주 님의 이야기에서 인상적인 점은 그녀들이 계속 싸워왔고 싸우고 있다는 것이다. 농성장에서만이 아니라, 그 이전에도, 그 이후에도 '아줌마'의 취약함을 빌미로 한 이상하고 억울하고 부당한 일에 대해서 끊임없이 문제를 제기하며 싸워왔다. 그리고 투쟁 이후 그 싸움은 더욱 단단해지고 확장되었다. "아닌 것은 아니라고 싸워서" 이긴 경험은 앞으로 어떻게 싸워야 하는지에 대해 확신을 갖게 했고, 뜨거웠던 연대의 경험은 항상 노조 조끼를 차에 가지고 다니며 여차하면 투쟁하는 누군가의 곁에 서겠다는 마음을 갖게 했다. 그리고 이들은 지금도 누군가의 취약함에 기대 권력을 행사하려는 여러 시도들을 무력화하며 '좋은 일자리'를 만들어 가고 있다.

우리가 왜 못 싸울 거라고 생각하나요?

☞ 구술, 이진희 ☞ 글, 희정

2장

남편 없는 여자들이 아닌 '잘 싸우는 여자들'

이들은 당당하게 잘 싸우는 여자들이었고, '여자임에도' 잘 싸우는 여자들이었고, '아줌마니까' 잘 싸우는 여자들이었다. 이 여성들을 보는 시선이 그러했다. 200일 넘는 집단 투쟁은 대단하다고 자부해도 좋을 일이었지만 이들의 '씩씩함'을 칭찬하듯 추켜세우는 말들은 불편했다. 본인들에게 잘 싸우는 까닭을 물으면 '노동조합 덕분'이라고 하는 이도 있고, '함께 해서' 그렇다고 말하는 이들도 있었다. '지켜야 할 가족'이 있어서, '애 키우면서 돈벌이까지 한 저력'이 있어 싸울 수 있었다고 했다. 누군가는 말했다. "우리가 왜 못 싸울 거라고 생각하나요?"

못 싸울 이유가 없다. 이들 대부분이 중장년 여성이기에 잘 싸우지 못할 것이라 재단하는 시선을 꼬집는 이 말이 좋았다. 그런데 정작 이들도 내부에서 '싸울 수 없는 여성'을 가르기는 마찬가지였다. 싸움의 절박함을 드러내기 위해 '우리가 혼자벌이를 하는 사람이 많다'고 말하면서도, (번번한) 남편 없이 혼자 벌어 생활하는 사람들을 그간 저항하기도 싸우기도 어려운 처지의 사람으로 치부해 왔다. 그런 처지에 놓인 사람들이 갑질에 고개 숙이고, 직장 내 성희롱에 쉽게 노출되고, 영업소 사장의 감시원이 되기 용이하다고 여겼다.

'어쩔 수 없는' 처지라는 말이 불편했다. 그래서 직접 묻기로 했다. 당신은 혼자 생계를 유지하기에 부당함에 대항할 수 없던 여성이냐고. 내가 한부모 가정 가구주를 인터뷰이로 만나고 싶다고 요청을 한 이유였다.

　그래놓고 뒤늦게 망설였다. 특정한 조건의 여성들을 인터뷰하겠다고 욕심을 낸 바람에, 직장인이자 조합원이자 누군가의 어머니이자 생계 책임자였던 이를 '남편 없는 여자'로 납작하게 만드는 데 동참한 것은 아닌지. 그 걱정에 인터뷰를 하러 가서도 혼자 육아하고 돈을 벌어온 삶을 묻질 못하고 말을 빙빙 돌렸다.

　이진희 씨는 그런 나를 앞에 두고 자신이 자녀들에게 얼마나 의지하는지로 이야기를 열어주었다. 마흔 초반, 혼자가 됐다. 아니 자녀 셋과 함께 삶을 시작했다. 이혼 후 친정이 있던 안성으로 와 부랴부랴 일을 찾았으나, 15년 경력단절 여성에게 주어지는 일은 빤했다. 그래도 월급 밀릴 일 없고, 3교대라 '집안일'을 겸할 수 있는 톨게이트 일자리가 적격이다 싶었다. 과도한 연장 근무와 갑질, 그리고 텃세에 시달렸지만 사는 일이라는 것은 원래 버티는 일이었으므로 괜찮았다. 그가 버티는 방식은 움츠리고 인내하고 순응하는 것과는 달랐다. 그렇다고 우악을 떨고 아귀다툼을 하고 타인의 것을 탐하는 방식도 아니었다. 그는 버텨야 할 때 버티고 감당해야 할 때 감당했다.

　처음 들어간 톨게이트 남안성영업소에서는 연장 근무를 거부하는 싸움을 한 적도 있었다. 노동조합이라는 것을 알기도 전이었다. "제가 좀 똘기가 있어요." 부당하다고 생각하면 거부하거나 싸웠다. 톨게이트에 오기 전에 마트 영업직, 제조업 생산직 등 온갖 일을 해봤다. 몇십만 원 손에 들고 한 달 살림을 꾸리기도 했다. "누구나 닥치면 하게 되어 있어요." 혼자 생계를 책임지며 버틴 시간이 차곡차곡 쌓여 저력이 됐다. 그리고 함께 싸워야 하는 순간이 오자 노동조합에 가입해 싸웠다. 새로 온 영업소 사장이 채용 공고를 붙이고 간 날, 싸움을 결심했다. 그가 버티며 지켜온 일자리가 사라질 위험에 처했기 때문이었다. 그렇게 꽤 길었던 207일간의 싸움이 시작되었다.

인생 첫 독립

제가 맏딸인데 동생들한테 애 셋은 낳지 말라고 그랬어요. 셋을 낳으면 엄마가 품위 유지가 안 된다. 진짜 애들 어릴 때는 힘들어요. 키워놓으니까 저도 정서적으로 좀 안정이 되는 것 같아요. 그때만 해도 하나는 업고 하나는 걸게 하고, 하나는 유모차 끌고. 어딜 잠깐 가려고 해도 짐이 한 보따리. 트렁크 끌고 다녀야 하고. 그런데 그 고비를 딱 넘기면, 뭐랄까 동료 의식이 생긴달까. 지금 첫째랑 둘째가 대학생인데 친구처럼 이야기도 많이 해요. 요즘 젊은 사람들은 무슨 생각을 하고 사는지, 뭐에 관심이 많은지, 이런 것들도 조금씩 엿보고 그렇게 되더라고요. 좋은 것 같아요.

　톨게이트 농성 하면서 애들하고 처음 떨어져 본 거예요. 수학여행 갔을 때 말곤 떨어질 일이 없었는데. 처음에는 일주일 간격으로 청와대 농성장에 있다가 집에 가고. 올라갔다 내려오고 이런 식이었다가, 캐노피 사수팀을 하느라고 한 달 동안 집에 못 갔어요. 애들이 이제 오나 하고 기다렸다 실망하고 기다렸다 실망하고. 그러다가 이제 한 달을 꽉 채우고 나서 집에 잠깐 가서 씻고 또 김천(본사 농성장)으로 가서 한 달을 꽉 채우고. 또 잠깐 집에 가서 빨래랑 이런 거 해가지고 김현미 의원 사무실 가서 두 달을 있었단 말이에요. 애들이 이제 그런가

보다 해요. 제가 성주(한국도로공사 성주지사, 직접고용 후 첫 근무지)로 발령받아 간다고 하니까, 또 그런가 보다.

좀 웃긴 게 집을 떠나 있으면서 '나만 잘하면 되는구나'라는 생각을 했어요. 우리 집에서 제일 문제가 저였더라고요. 애들이 원래도 의존적이지 않았지만, 떨어져 지내다 보니 더 자주적이고 독립적인 인격체가 된 것 같아요. 힘들기야 했겠지만 잘 꾸려나가고 있는 거 보면 애들이 일찌감치 독립한 것 같은 느낌? 아니, 제가 독립을 해서 나온 것 같아요.

큰아이는 현실적이에요. 연애는 해도 결혼은 안 할지도 모른다고 그래요. 아이도 안 낳는다고 하고. 왜냐고 물어봤죠. 지금 이렇게 벌어서 둘이 먹고살기도 힘든데 애를 어떻게 낳아. 너무 현실적인 이야기를 해요. 그런 생각을 가지고 있으니깐 제가 '엄마는 이거(투쟁)를 해야겠다. 정년까지라도 온전히 직장을 가지려면 이거 해야겠다. 자회사를 가면 길어봐야 2~3년인데, 그 이후에 엄마가 또 어디 가서 취직을 하겠냐, 그 나이에' 했더니 좋다고, 꼭 해서 이뤘으면 좋겠다고.

물론 말은 그렇게 해도 쉬운 일은 아니죠. 애들이 견뎌야 하는 부분이 있으니까. 분명히 힘들었을 거예요. 아이들 셋이서만 지내는 동안 힘들고 무서운 것들이 있었을 텐데 내색하지 않고 참아준 게 너무 고맙죠. 당시에 우리는 현장에 있었으니까 물불 안 가리고 그렇게 했지만, 집에서 기다리는 사람 입장에선 기사가 나올 때마다 얼마나 마음이 철렁하고 무서웠겠어요. 경찰에 잡혀갔다 그러고. 그런데 우리 애들이 한 번도 저한테 전화를 안 했어요. 그렇게 싸우는 사진이 인터넷에 떴는데도. 그게 너무 고마웠어요. 한 번이라도 전화를 했다면 마음이 흔들렸을 거 같아요. 애들이 힘들어하는 내색을 했으면 제가 끝까지 못 했을 거예요. 그럴까 봐 끝까지 견뎌준 게 아닐까 하는데, 너무 고맙죠. 가족들이 다 같이 싸운 거예요. 어느 집이든 다 그랬을 거예요. 가족들의 지지가 없고서는 버티지 못했을 거예요. 아무리 딸린 식구 없이 혼자 사는 분들이어도 옆에서 마음으로 지지해 주는 사람이 없었다면 정말 못 했을 거예요.

저는 집에 내려가면 손님 대접을 받았어요. 김천에 있다가 잠깐 집에 왔는데, 큰애한테 전화해서 "엄마 집에 왔어. 편의점 가서 사발면 하나 사다 먹고 자려고" 그랬더니, "엄마, 감자탕 해놨어 먹고 자" 이러는 거예요. 집에 가봤더니 이만큼 해놨더라고요. 있는 내내 그거 먹고 쉬다가 빨래 돌리고. 사실은 애들이 어릴 때부터 철이 들었어요. 제가 혼자 키우다 보니까 그런 건지 어쩐 건지. 그런 부분이 좀 미안해요. 특히 큰애한테 미안하죠. 우리 큰애가 사근사근한 맛은 없어요. 되게 무뚝뚝해요. 그런데 책임감 있다고 해야 하나? 저도 맏딸이여 가지고, 맏딸이 살림 밑천이라는 말을 진짜 싫어하는데도 어쩔 수 없는 게 있어요. 그래서 웬만하면 부담 안 주려고 그러는데 상황이 어쩔 수 없으니…. 많이 미안하죠. 그 애가 없었으면 견디지 못했을 거 같아요. 남편이랑 헤어졌을 때도 그렇고 투쟁할 때도 그렇고. 우리가 (2020년) 2월에 투쟁을 마무리하고 발령받기 전까지 두 달 동안 집에 있었잖아요. 두 달 동안 너무 힘들었어요. 아무것도 안 하고 집에 있으니깐 그게 더 고통스럽더라고요. 투쟁할 때는 당장 눈앞에 있는 걸 하면 되니까 그렇게 힘든지 몰랐는데. 어? 이제 뭘 해야 하지? 언제까지 기다려야 하지? 내가 지금 뭘 하고 있는 걸까? 저 같은 경우는 12월 말에 마지막으로 실업급여를 타고 5월 14일까지 수입이 없었어요. 금전적으로도 압박이 심한 거죠. 그때는 정말 막막했는데, 우리 큰애가 아주 쿨하게 "엄마 걱정하지 마. 적금 만료되면 엄마 빌려줄게" 그걸로 버틴 거죠. "엄마가 갚을게. 꼭 갚을게." 큰딸이 가장 큰 지지자예요.

우리 싸움이 누구한테나 대놓고 얘기하기가 쉽지 않은 부분이 있잖아요. 저 같은 경우에는 형제들이 있고 부모가 있어도 다 멀리 살거든요. 이런 거를 시시콜콜 말하기가 어렵더라고요. 소소한 얘기를 아이들한테는 허심탄회하게 얘기할 수 있지만, 부모 형제들한테는 그렇게 하기가 어렵죠. 사소한 얘기부터 심각한 얘기까지 애들한테 숨기거나 감추거나 그런 걸 잘 못 해요. 그러니까 일이 있으면 있는 대로 얘기를 하고 아이들 생각을 듣고 내 생각을 얘기하고, 어렸을 때부터 그렇게 했거든요. 가장 큰 일이라면 남편이랑 헤어진 일. 그걸 아이들한테 얘기할 때도 자연스러웠던 거 같아요. 어느 날 갑작스럽게 "엄마랑 아빠 헤어져" 이렇게 한 게 아니라 사이에 차근차근 이야기해 온 게 있으니까, 애들도 어느 정도 받아들이는 그런 분위기였던 거죠. 아무리 그래도 저보다 애들한테 부담이 되는 일이죠. 그러고 보면 큰애가 감수해야 할 것이 그때부터 많았던 거 같아요. 이혼하고 중3 때 친정 쪽으로 이사를 왔어요. 큰애 같은 경우는 친구들이랑 다 헤어지고 여기로 와서 적응해야 했기 때문에 많이 힘들었던 거 같아요. 그래도 셋 다 사춘기를 심하게 안 겪고 넘어가서 다행이지요.

아웃소싱으로 바뀐 세상

처음 결혼해서는 김포에 살았어요. 아기 낳고 아기 아빠 사업장이 부천이어서 잠깐 부천에도 있었어요. 애들 키울 때는 직장 생활을 해본 것이 없고, 결혼 전에 직장 생활을 오래 했어요. 고등학교 졸업하고 삼□물산 생산직을 했는데 결혼하면서 그만뒀어요. 아이들 낳고 집에만 있다가 애 아빠하고 헤어지고 다시 취직을 하게 됐는데, 시간이 많이 지났기도 했고 사회 환경이 이렇게 많이 바뀐 줄 몰랐었어요.

　이혼과 동시에 직장을 구해야 하는데 예전과 너무

다른 거예요. 제가 결혼했을 때가 IMF(외환위기)였기 때문에 그때부터 급격하게 바뀐 거겠죠. 영업소 취직하기 전에 6개월간 아웃소싱으로 회사를 다녔어요. 일을 구하려다 보니까 다 아웃소싱 업체④ 통해서 들어가야 하더라고요. A 회사에 가서 일을 하는데 B 회사랑 (고용) 계약이 되어 있고, 이쪽에서 일하고 월급은 저쪽에서 받고, 그런 식이더라고요. 좀 이해가 안 됐어요. 나중에 보니깐 다 그렇더라고요. 영업소 들어갔을 때도, 도로공사인 줄 알고 들어갔는데 사장이 따로 있는 영업소였죠. 그래도 어리석게 '직장을 다니는 게 어디야' 그런 생각을 했죠. 그리고 일단은 애들 케어를 해야 하니까. 그래, 여기라도 다니니까 월급도 받고 시간도 내서 애들 얼굴도 보고 생활이 가능한 거야. 이런 생각으로 했죠.

그전에 아웃소싱 통해서 생산직 일할 때는 너무 시간이 없더라고요. 애들하고 보내는 시간이 없어요. 일주일 내내 출근해야 하고. 잔업도 9시, 10시까지 하니까. 아침에 일어나서 출근하기 바쁘고, 주말에는 특근 아니면 자야 하고. 힘드니까 애들한테 짜증도 많이 내고. 사실 대우가 어떤지를 떠나서 애들이 힘들어하니까 더는

④ 아웃소싱은 업체나 기업 내부의 업무 일부분을 제3자에게 위탁해 처리하는 일이다. 하지만 여기서 이진희 씨가 말한 '아웃소싱'이란, 제조업·서비스업 노동시장에 만연한 '인력 중개 업체' 즉 인력 파견을 의미한다. 1998년 파견법(파견근로자 보호 등에 관한 법률) 시행 후 파견업체의 과도한 수수료와 임금 중간 착복 문제가 계속 제기되었으나 법적 규정이나 정부 단위의 실태조사마저 없는 상태이다. 파견업체 수수료를 제한하도록 하는 파견법 개정안(중간착취 금지법)이 발의되었으나, 국회 본회의를 통과하진 못했다.

못 하겠더라고요. 톨게이트로 옮겨서는 일단 힘들어도 애들과 대면할 수 있는 시간은 많으니까. 그래, 이게 어디야. 월급은 좀 적었는데 그래도 정서적인 생활이 안정되는 게 좋았어요.

처음에 톨게이트는 교차로에 난 모집 공고를 보고 연락을 해 들어간 거였어요. 남안성영업소는 집에서도 가까웠어요. 면접 본 사장님이 4개월 후 사장이 바뀌고 회사가 바뀔 거라는 거예요. 영업소 운영 계약 기간이 끝났던 거예요. 처음에는 무슨 말인지 몰랐죠. 새로 오는 사장이 저를 채용할지 안 할지 모르는 거잖아요. 그런데도 4개월 계약을 한 거예요. 4개월 뒤에 잘릴 수 있다는 말인데, 순진하게 그것도 모르고 '네, 괜찮습니다' 그랬던 거죠.

톨게이트는 교육에 따른 수당이 전혀 없어요. 개인 시간 내서 교육을 받아야 해요. 예전에 저희 직장 다닐 때만 해도 A라는 회사에 취직하면 나는 이제 A사의 직원이기 때문에 A사에서 모든 거를 다 책임졌어요. 나는 내 노동력을 거기에 투여하고, 그에 상응하는 대가를 받는 거잖아요. 그런데 여기는 그런 게 없더라고요. 처음에는 이의제기도 했죠. 이거 교육 수당 나오는 거 아니냐? 아니래요. "아니, 이게 왜 없어요?" "원래 그래요." 이런 이야기를 너무 많이 듣는 거예요. 휴가도 없고 상여금도 없고. 다행히 퇴직금은 있더라고요. 그런 것들이 놀라웠어요. '내가 집에 있는 동안 세상이 바뀌었나. 이런 게 다 없어져 버렸나?' 그런 생각을 한 거죠.

그런데 생각해 보면, 내가 사장이라도 돈을 안 쓰겠다 싶기도 해요. 왜냐하면 영업소 (운영) 계약할 때 그냥 하는 게 아니라, 자기 돈 얼마를 넣고 계약을 따내는 거잖아요. 만약에 5년 계약을 했다고 하면, 자기는 그동안 벌 수 있는 거를 최대한 벌어서 나가야 하니까. 다시 돌아올 것도 아니고, 영원히 회사를 운영할 것도 아니고, 자기 자식한테 줄 것도 아니고. 직원들 복지나 그런 걸 신경 쓸 필요가 뭐가 있겠어요. 사장 혼자 나쁜 게 아니라, 이런 체계 자체가 참 나쁘다. 사실 도로공사의 문제인 거예요.

단둘이서 연장 거부 – 남안성영업소

톨게이트 일은, 처음에는 그냥 직장도 아니고, 하루에 수십 대 차가 왔다 갔다 하고 수백 명을 대해야 하니까 굉장히 힘들었어요. 3일간 목소리가 잘 안 나왔어요. 고객 응대를 해야 하는데, 낯선 사람과 이야기를 하는 거잖아요. 한 사람 가고 나면 또 오고. 계속 반복이잖아요. 3일 동안은 진짜 벌벌 떨면서 했던 거 같아요. 한 3년 되니까 좀 편해졌어요.

우리 큰애가 그러더라고요. "엄마, 우리는 남안성에 다녔을 때가 제일 힘들었던 것 같아." 사실 살면서 더 힘들 때도 많았는데, 애가 어렸으니까 몰랐던 거겠죠. 처음 남안성 톨게이트에 입사했을 때는 170만 원을 받았어요. 연장 다 해주고. 그래서 어느 날부터 안 했어요. 연장을 하라는데 너무 화가 나더라고요. 연장 안 해도 먹고살 수 있게끔 해줘야지. 사람은 안 뽑고, 있는 사람들한테 연장을 시키는 거예요. 사람이 좀 있어야 업무가 원활하게 돌아가는데. 화가 나는 거예요. 억울하다는 생각이 되게 많이 들더라고요. 연장을 의무라고 하는 게.

아, 이거는 내버려 두면 안 되겠다. 너희들도 당해봐라. 연장을 거부했죠. 그래서 사장한테 밉보였죠. 나중에는 관리직이 저한테 연장 좀 해달라고 막 부탁을 하는 거예요. 한 번만 해주시면 안 돼요? 관리자야 답답해 죽는 거지. 하지만 내가 하기 싫다고 하면 자기네들이 강요할 수는 없는 거잖아요. 연장근무를 안 하니까 월급이 120에서 130(만 원). 확 차이가 나죠. 그래도 어떻게 거부할 수 있었냐면, 저는 더 어렵게도 살아봤어요. 부천에서 남편이랑 살았을 때 남편이 사업을 하다가 안 좋아져서 집에 수도랑 전기가 다 끊겼어요. 빨간딱지도 붙고, 아무튼 기본 생활이 안 되는 수준까지 간 거예요. 월세도 밀리고. 너무 다급했기 때문에 아는 사람한테 부탁해서 마트에 가서 8시간 근무하고 100만 원을 받았어요. 그 돈 가지고 공과금 내고 쌀 사고. 애들 옷 한 벌 못 사 입히고, 오직 먹는 것만. 그렇게도 살아봤기 때문에. 내가 이 돈 없다고 못 살겠냐, 그런 생각이 든 거죠. 제가 좀 똘기가 있어요. 그때 같이 연장 거부했던 사람도 나처럼 한 푼이 아쉬웠던 애인데. 우리 둘만 했어요.

　다른 사람들은 남편 있는 사람들이었거든요. 연차 (휴가)가 있잖아요. 그 사람들은 집에 같이 버는 사람이 있으니까 좀 여유가 있잖아요. 어떨 때는 자기들 가족 여행 간다고 열흘씩 연차 내고 가요. 그럼 나머지 사람들이 그걸 채워줘야 하는 거예요. 주로 우리 둘이 메워줬거든요. 정말 좋은 마음으로 해줬어요. 직장 동료니까. 그런데 사장이 바뀌고 사람을 더 내보내니까. 이제는 연차 쓰고 그러는 것도 안 되는 거지. 사람들도 다 힘들어했어요. 그래도 말 못 하더라고요. 사장이 횡포를 부리는 걸 다 들어줄 필요가 없잖아요.

장기 근속 선배들과 – 청북영업소

남안성 같은 경우는 이직률이 높았어요. 어느 직장이건 새로운 사람이 오면 아무래도 (간을) 좀 보겠죠. 저 사람이 여기에 적합한지, 우리랑 잘 어울릴 수 있을지. 그런데 좀 보더라도 들어온 이상 같이 가자, 이런 마인드로 사람을 대해야 하잖아요. 남안성 거기는 아니었어요. 정말 싫어서 뛰쳐나왔어요. 나와서 고속도로 휴게소 식당으로 일자리를 옮겼어요. 휴게소에서 12시간 맞교대를 1년 동안 했어요. 그러니까 아이들이 너무 불행해하는 거예요. 어릴 적부터 엄마랑 떨어진 적이 없어서 그런가, 아이들이 너무 스트레스를 받아 했죠. 그래서 다시 톨게이트 일을 찾았어요. 그렇게 들어간 청북영업소 같은 경우는 최하 근속연수가 7년이에요. 연차가 다 높아요. 10년씩 다니신 분들이에요. 거기선 전혀 갑질이 없었어요. 오히려 연차가 쌓이고 10년 넘으면 언니들은 거의 도사죠. 그러니까 이 언니들한테는 누가 뭐 잘못하고 그런 게 진짜 다 사소한 거예요. 남의 잘못이나 실수를 까발릴 필요조차 없는 거예요. 남안성 때는 이직률이 높고 사람들 연차가 낮아서 생긴 문제 같아요. 계속 새 사람이 들어오니까.

톨게이트에서 10년 정도 일을 하면, 오늘 정산했을 때 돈(통행료)이 마이너스가 날지 아닐지도 근무 중에 알게 돼요. 감이 와요. 처음에는 그런 감이 없었어요. 그런데 하다 보면 내가 실수를 했는지 안 했는지를 알게 돼요. 백 원이 됐든 이백 원이 됐든 세보지 않아도 덜 받았구나를 알아요. 그런데 아무리 베테랑이어도, 그 언니들에게 사소하지 않은 게 있어요. 우리한테 와야 할 돈을 서무나 사무장이 쏙싹할 때. 그건 사소하지 않은 거죠.

예전에는 하이패스 충전 카드랑 단말기를 영업소에서 팔았어요. 많이 팔면 상여금이 나오거든요. 충전 금액이 많아도 나오고. 하이플러스(하이패스 자회사)에서 줘요. 그리고 통행료 미납을 많이 잡아도 성과금이 나와요. 그런데 그런 게 우리한테 하나도 안 와요. 성과금 받은 걸 다 아는데. '나쁜 놈들' 이러면서 우리끼리 화내고 마는 거죠. 따지고 한 적은 없죠. 그러니깐 차곡차곡 참았다가 (근로자지위확인) 소송⑤에 들어간 거죠.

이왕 싸울 거면 잘 싸우는 곳으로

우리 청북영업소는 싸울 때도 단결이 잘됐어요. 자회사로 간 사람이 4명이고, 나머지는 다 노조에 가입했어요. 19명 중에 14명이 민주노총으로 온 거예요. 자회사 간 4명 중 한 사람은 서무이고 한 사람은 정년 도래자, 다른 한 사람은 애초부터 자회사에 가겠다고 한 사람. 한 사람은 남자인데 장애가 좀 심해서. 우리는 이분들에게 감정 없어요. 각자 자기 사정이 있는 거니까. 사실 다들 근속이 높고 나이들이 있다 보니까, 자회사 가고 싶은 마음이 있었어요. 사실 14명 중에 이미 7명이 자회사로 간다고 사인을 한 상태였어요. 그런데 도로공사가 이야기한 해고 예정일인 6월보다 4개월이나 앞서서 우리 영업소 법인 계약 종료 날이 된 거예요. 그 4개월 동안 우리는 다른 영업소 사장에게 넘겨진 거죠. 새로 사장이 왔는데, 취

---

⑤ 톨게이트 수납원들은 '근로자지위확인소송'과 '임금차액소송'을 병행했다. 대구지방법원은 2019년 12월 6일, 요금수납원 4,116명이 도공(도로공사)을 상대로 제기한 근로자지위확인소송에서, 정년이 지난 247명을 제외한 3,869명의 승소 판결을 내렸다. 도급업체에서 일하는 동안 '도공 정규직'으로서 받지 못한 임금 차액과 손해배상금 등으로 도공이 수납 노동자들에게 1,441억 원을 지급하라는 판결이었다.

업 공고를 딱 붙이고 간 거예요. 그것도 회의실 안에. 영업소 밖에 붙인 게 아니라 회의실 안에 딱 붙여놓고 갔어요. 우리 보라고. 그 사람이 전적이 있더라고요. 우리 영업소 한 언니가 그 사람이 맡았던 영업소에서 일하다가 문자로 해고되어서 이리로 온 거예요. 그 바람에 언니들이 너무 놀랐어요. 이러다가 다 잘리겠다 싶어서. '민주노총에 들어가자.' 자회사 신청한 거 내용증명 보내서 취소하고 14명이 다 오게 된 거죠.

노조를 선택할 때 다들 민주노총이 강성이라고 이야기하더라고요. 저는 언니들한테 그랬어요. 우리가 어차피 싸우려고 노조 드는 건데 기왕이면 잘 싸우고 목소리 큰 데 들어가자. 어차피 싸울 건데 잘 싸우는 사람하고 함께해야 내가 한 대라도 덜 맞지. 노조 조끼를 받자마자 그걸 입고 출근을 했어요. 사장은 우리가 노조 가입하니까 그때부터 아예 코빼기도 안 보이고, 대리로 사무장을 앉혀놨어요. 그분은 사무실 밖으로 안 나오더라고요. 출근했는지도 몰랐어요. 전에는 같이 식사했었는데 이제 그분은 직원들 없는 타임에 식사하고 들어가고. 화성지사에선 놀랐죠. 우리가 화성지사 안에서 수익률이 상위에 드는 영업소였거든요. 우리를 설득하려고 했죠. 왜 하필 노조에 들었냐. "우리는 사장님 때문에 들었습니다." 자기들이 사장을 갈(바꿀) 수는 없잖아요. 아무리 지사라도. "사장 때문에 우리는 민주노총에 들었습니다."

우리가 다른 영업소보다 늦게 투쟁을 시작한 거잖

아요. 우리가 다짐을 했죠. 늦게 시작한 만큼 열심히 하자. 차려놓은 밥상에 숟가락 얹는 일 하지 말자고. 한 번을 하더라도 열심히 하자. 그래서 끝날 때까지 거의 모든 투쟁 장소에 우리 영업소 사람들이 다 있었어요. 팀을 쫙 찢어서, 안 간 데 없이 다 갔을 거예요. 캐노피에 올라간 사람, 청와대 사수팀, 김천 본사랑 의원 사무실에 들어간 사람. 광화문에서도 열심히 하고. 한 번도 14명이 같이 모였던 적이 없어요. 그래도 근무할 때는 일하기 바빠서 오래 근무해도 속속들이 서로 몰랐는데, 투쟁하면서 같이 먹고 자고 하다 보니까 사이가 더 좋아진 것 같아요.

저는 캐노피에 올라간 분들 식사를 담당하는 일을 한 달 정도 했었는데, 그 여름에 태풍이 몰려왔어요. 캐노피에 친 천막이 바람에 다 날아가는데 마음이 산산이 부서지는 거 같더라고요. 그때 진짜 종일 울었던 거 같아요. 그때가 김천(본사 농성) 하기 직전이었는데, 태풍 지나가고 나서 사람들은 다 김천 들어가서 아수라장이고. 저는 못 갔거든요. 캐노피를 지켜야 해서. 김천 소식을 영상으로 보는데 너무 애가 타고. 마음이 너무 절망스럽더라고요. 뭘 할 수가 없으니깐요. 다른 일보다 그 두 경험이 제일 힘들었던 것 같아요. 내가 뭘 해주지를 못할 때. 갈 수조차 없고 무얼 어떻게 해줄 수가 없을 때.

아마 한순간이라도 그런 감정을 안 느낀 분은 없었을 거 같아요. 정말 투쟁이 힘든 게 '내가 할 수 있는 게 없는 사람이구나. 내가 하찮은 사람이구나' 이런 생각이 자꾸 들게 하니까. 그래도 저는 다행이라는 생각이 들어요. 이 싸움에 결과가 있어서. 짧게 끝나서 정말 다행이라는 생각이 들어. 아직 갈 길은 멀지만. 그땐 '이거라도 해야지'였는데, 돌아보니까 '우리가 이것도 했어?'가 된 거죠. 지금 돌아보면, 대단하다. 미쳤다. 어떻게 그렇게 싸울 수 있었을까.

사람 장사를 용인하는 나라

그런데 너무 안타까운 게 우리 중 한 명이 복직을 못 했어요. 원래 남안성에 있던 분인데, 청북으로 재취업해서 해고되고 저희랑 같이 투쟁했거든요. 근데 남안성 못된 사장이 이 사람을 알바로 고용했던 거예요. 영업소 직원이 아니라. 그래서 근무는 했는데 이력이 증명이 안 되니까 고용단절자⑥에 들어간 거예요. 단절자에 속한 10명이 복귀를 못 했는데 그중에 한 명이었던 거죠. 당시에는 알바랑 직원, 그 차이를 몰랐죠. 근무를 똑같이 하니까. 그분도 그렇게 생각했을 거예요. 별 차이가 있을까. 어차피 월급으로 받는 돈도 비슷한데. 그런데 지금 와서 이런 결과가 나온 거죠. 마음이 너무 안 좋죠.

⑥ 한국도로공사는 2015년 이후 입사자 150여 명과 자신들이 분류한 고용단절자(경력 증명이 어렵거나 소송 기간 중 퇴사한 자) 18명에 대해 채용 의무가 없다는 입장을 밝혀왔다. 2015년 이후 입사자들은 이후 도로공사로 직접고용이 되었으나, 고용단절자 중 일부는 도로공사로 복직할 수 없었다.

사장은 사람 자르고 남는 자리에 알바를 써서, 일용직 시급으로 계산을 해서 월급을 준 거예요. 그렇게 데리고 있다가 알바가 떠나면 그 자리는 알아서 없어지는 거죠. 주기적으로 감원을 했거든요. 아무리 그래도 직원은 자르기가 쉽지 않으니까. 사람 한 명 자르는 게 쉽진 않잖아요. 다른 영업소에서는 직원들한테 서로 나갈 사람 이름 써내라고 그랬다고도 하니까. 남안성은 사람 빠진 자리에 새 사람 안 뽑고, 계속 연장해서 굴리고, 굴려도 부족하면 알바를 쓰고. 그렇게 일자리 하나를 비우면 비용을 절감했다고 해서 도로공사로부터 영업소 관리할 수 있는 기간을 연장받았어요.

어떤 분이 발언할 때 그러더라고요. 자기가 제일 싫어하는 게 인력 시장이라고. 알고 보면 이게 사람 장사잖아요. 아웃소싱 회사에서 오는 사람을 소개해 주고 거기서 수수료 떼먹는 거잖아요. 양아치예요. 정말 양아치. 기업들은 이걸 너무 좋아라 하잖아요. 모든 책임과 의무를 떠넘길 수 있으니까. 너무 좋아하죠. 그걸 나라에서 용인하는 거죠. 알고 보면 노동자의 피와 땀을 뽑아서 회사를 먹여 살리는 거잖아요. 그런데 나라에서 그걸 자꾸 권장하고, 기업에 유리한 쪽으로 자꾸 이걸 확장시키고, 그런 것 자체가 옳지 않다고 생각해요. 그런 세상에서 우리 아들딸이 커서 직장 생활을 해야 한다고 생각하면, 솔직히 정말 소름 돋고 끔찍해요.

솔직히 말해서 저는 제가 비정규직인지도 몰랐어요.

부당하다, 억울하다, 내가 왜 이런 대우를 받나. 이런 생각을 했을 뿐이지 그걸 그렇게 심각하게는 생각 못 했거든요. 그런데 투쟁을 하다 보니까 이게 보통 문제가 아니란 생각이 들고, 그런 생각을 하면 우울해져요. 안 바뀌는 거. 그걸 보면 마음이 안 좋아져요. 저는 우리 투쟁 이야기 쓴 글들도 못 보고 있어요. 마음이 무거워져서 못 열어보고 있어요. 아무래도 시간이 지나야겠죠? 시간이 지나 정리가 되고 안정이 되면 마음도 괜찮아지지 않을까. 같이 투쟁했던 사람들이 하나같이 하는 말이 "두 번은 못 한다. 뭘 몰랐으니까 하지. 두 번은 못 한다." 다들 마음속에 그런 게 있는 거 같아요. 뭐라 불러야 할까요? 크고 작은 상처들이 있는 거겠죠. 광화문에서 피켓시위를 하고 걸어가고 있는데, 가슴속에 막… 많이 울었던 거 같아요. 왠지 허공에 대고 소리 지르는 것만 같아서. 그래도 이 고비를 뚫지 않으면, 다음 순간으로 넘어갈 수 없다는 것을 아니까. 막막해서 많이 울었죠.

복귀, 그리고

정규직이랑은, 아직도 입에 붙어서 그쪽을 자꾸 정규직이라 그러는데. 우리도 정규직인데. 뭔지 알죠? 아직도 인식이. 우리도 정규직으로 들어왔는데 자꾸 거기를 정규직이라 그래. 적응이 안 돼. 그 사람들 처음엔 인사도 안 받았어요. 치사한 구석들이 있어요. 대법원 판결자들이 먼저 직고용으로 들어갔을 때 도로공사 직원들은 그 사람들을 영업소에 있을 때처럼 대했겠죠. 그렇지만 우리는 예전처럼 대우받을 순 없으니까, 투쟁을 많이 했어요. 다치면 산재 신청도 바로 하고. 산재를 신청하면 지사 평가가 뚝 떨어진대요. 그런 걸 겪으니까, 이 사람들 건들면 안 되겠다. 자기네도 직접적으로 와닿는 게 있었겠죠. 그래서 많이 바뀐 것 같아요.

울분이 많이 남긴 했어요. 하나부터 열까지 흔쾌히 내주는 게 하나 없이, 일단 발령은 내줄게. 사원증 하나 주는 것도 기다려, 일단 사본 줄게. 15년 이후 입사자들에게도, 너네는 교육도 받지 마. 아직 결정이 안 났어. 그래도 시간이 지나서 이제 도로공사 직원들이랑 인사는 해요. 그래도 알게 모르게 좀 (차이가) 있죠. 현장직이랑 사무직이랑. 처음에 한국노총 사람들만 있을 땐 아줌마라고 불렀다고 하더라고요. 그래도 요즘엔 아무개 씨 이렇게 부르죠. 같이 직장 다니는 사람한테 아줌마라고, 그건 아니죠. 직장 생활을 하면서 어떻게 호칭을. 많이 배웠다고, 우리 보고 시험 쳐서 들어오라고 그렇게 댓글을 달더니. 시험 보고 들어 간 사람 인성이 그것밖에 안 되냐고 우리끼린 그러죠.

한국노총 대법 판결자들이 두어 명 먼저 들어왔었는데, 도공(도로공사)이 너무 괴롭혀서 그만두고 나갔다고 하더라고요. 상상이 가잖아요. 허허벌판에 사람들 내려놓고 점심시간 돼서야 데리러 왔다니까. 얼마나 막막해요. 쉬려고 해도 쉴 데도 없이 벌판. 바람 부는 데서 그냥 바람 다 맞고 있는 거죠. 나중에 사람들 더 들어오고, 우리가 운전하겠다고 해서 이동 차량을 배치해 준 거예요.

지금은 일하는 게 안정된 느낌이 없죠. 성주지사에선 우리를 뜨거운 감자 같이 보죠. 이러지도 못하고 저러지도 못하고. 우리는 모른다, 본사에 물어봐야 한다. 뭘 건의하거나 해달라고 하면 예산이 없다. 대답이 딱 두 가지예요. 예산이 없다, 우리는 모른다. 그래도 저희가 배정받은 지사 중에는 꽤 괜찮은 편에 속해요. 숙소도 다 해결이 되었어요. 다른 지사 같은 경우에는 숙소 문제가 해결되질 않아서 지사 내 대기실에서 지내시는 분들도 많거든요. 아님 자력으로 얻어서 나가든가. 업무는 진짜 일이랄 게 없어요. 들어간 지 3주 정도 됐는데. 말이 현장지원직이지, 전체 8시간 근무면 일하는 시간은 한두 시간인 거 같아요. 대기하고 이동하는 시간이 많아요. 그런데 우리도 조심해야 하는 게, 일이 그렇게 주어지다보니 거기에 안주하는 거예요. 우리가 원래 하던 일(수납)을 받아야 하는데. 지금같이 일해도 월급만 받으면 문제 없어. 이렇게 되는 거죠.

그래도 지금은 '6시 퇴근 안 하면 어떻게 사나' 이래요. 3교대를 할 때는 그게 나한테 맞는 줄 알았어요. 낮에 집안일도 하고, 밤에 자는 날도 있고. 애들도 돌볼 수 있으니까. 그냥 밤늦게까지 잔업 없는 것만으로 다행이야

하고 살았는데, 지금은 6시면 딱 퇴근을 하잖아요. 처음 발령받아서는 숙소도 없이 지사 대기실에서 지내야 했는데, 어느 날 옥상에서 영업소가 보이는 거예요. 어둑한데 거기만 불이 켜져 있더라고요. 저기서 일할 때는 지금이 한창 일할 시간이었을 텐데. 왠지 생경하면서도 '제 시간'에 출퇴근하는 생활을 한다는 안정감이 들더라고요.

그런데 월급은, 이건 투쟁하고는 또 다른 문제지요. 두 집 살림을 해야 하는 문제이니까. 회사에서 집을 마련해 줘도 생활을 해야 하잖아요. 저쪽 집에도 애들이 있으니까. 생활비가 또 들어가는 거예요.

함께여서 덜 막막한 미래

청북에 제일 나이 많은 언니가 있었어요. 걱정하는 거예요. 자긴 정년 지나면 어디로 가나. 제가 휴게소 식당에 있다가 왔다고 하니까, 언니가 "거기는 어때? 나 같은 사람도 거기 들어가면 일할 수 있을까?" 물어보는 거예요. "언니 못 해요. 힘들어서." 그건 진짜 육체노동이거든요. 저도 일단 정규직이니 정년까지는 어떻게 근무할 거고, 그 후에 일을 또 찾아봐야겠죠. 너무 짧아요, 정말로. 100세 시대라는데. 일은 계속해야 하고.

우리 친정엄마는 작년 여름까지 일을 하셨어요. 그때가 71세였어요. 그렇게 연세 있으신 분도 일을 해야 안심이 되는 거예요. 대상포진이 오는 바람에 갑자기 그만 두게 됐거든요. 지금은 몸이 괜찮으니까 일을 다시 하고 싶어 하세요. 그런데 70 넘은 사람을 누가 써주겠어요? 엄마 입장에서는, 자식들도 솔직히 다 자기 가정 꾸리기 바쁜데 누가 부모한테 다달이 생활비를 대며 책임져 줄 거냐 하시죠. 지금이야 엄마가 월급 모아 둔 거랑 퇴직금 도 있으니까 급박하지는 않지만, 먼 미래를 본다면 걱정 이죠. 70 먹은 노인도 그렇게 불안한데, 우리 또래 사람 들은 더 그렇겠죠. 지금도 갈 데가 없는데, 그때 되어서 갈 데가 어디 있겠어요?

영업소에서 일할 때는 미래가 없었죠. 미래를 못 그 렸어요. 깜깜했죠. 일단 지금도 뚜렷하게 뭐가 확 바뀌어 서 눈앞에 보이는 게 아니니까, 뭐라고 장담할 순 없는데 전보다는 막막하지 않은 것 같아요. 일단은 옆에 뜻을 함 께할 수 있는 사람들이 있으니까. 아무래도 혼자일 때보 다 막막하지는 않죠.

이런 세상은 아무래도 아니니까

세상을 보는 눈이 좀 달라졌죠. 예전에는 사실 내 가족이 랑 내가 있는 곳만 중요했는데, 지금은 시야가 넓어져서 세상에 더 관심을 가져야겠다는 생각을 많이 하게 되죠. 남의 일에 좀 관심이 생겼다고 해야 하나. 일단은 생각을 많이 하게 되니까, 어떤 면으로든 행동이 되겠죠. 앞으로도 그냥 평안하게 직장 생활만 하면서 살 것 같지는 않아요. 무슨 일이 생기면 또 목소리를 높여서 뭔가를 하겠죠. 그럴 것 같아요.

사람은 누구나 닥치면 하게 되어 있어요. 다 견뎌낼 수 있는데 그 순간이 너무 힘든 거지. 닥쳤을 때 그 막막함이 힘든 거지. 우리 애들도 마찬가지라고 생각해요. 그런데 또 어떻게 보면 우리 애들이 살면서 특별한 경험을 한 거잖아요, 엄마 때문에. 그게 살아가는 데 좀 도움이 되지 않을까? 하도 세상이 힘들다 보니까, 이것도 하나의 경험이라면 경험이잖아요.

그래서 저는 애들하고 얘기를 많이 하려고 해요. 엄마가 지식은 별로 없지만, 사회적으로 이슈가 되는 일을 많이 얘기하려고 해요. 배운 엄마가 못 되니까 그거라도 열심히 해야 할 거 같아서요. 애들 셋이 다 성격이 달라요. 작은아이는 그런 데 관심이 너무 많은 거예요. 제 영향을 받았는지. 안성에 일본군 위안부 할머니들 모임이 있거든요. 거기 가고, 수화 배운다 하고 사회봉사에도 관심이 많고 유기견 센터도 간다 그러고. 하루도 쉬는 날이 없는 거예요. 지금은 대학생. 요즘은 알바를 열심히 하고 있어요. 알바를 두 탕씩 뛰고 있어요. 큰애는 회사에 다니니까 회사에서 있었던 이야기를 해주는데, 제가 "노동조합에 들어" 그러면 딸은 "아직은 아니야" 그래요.

처음 해고되고 다른 분들이 어떤 이유로 투쟁할 마

음을 먹었는지는 모르겠는데, 저는 애들 때문이라도 해야겠다는 생각이 들더라고요. 정말 부당하게 해고가 된 거잖아요. 근데 "내가 안 하면 누가 할까? 당연히 내가 싸워야 하지 않을까?" 이런 생각이 들더라고요. 내가 정규직이 되든 안 되든 둘째 치고, 공기업에서 이렇게 하는 거는 좀 아니다, 그러니까 싸워야 한다는 생각. 이런 세상은 아무래도 아니라는 생각이 드니까.

우리가 투쟁의 판을 바꾸지 않았나

우리 투쟁이 완벽하게 마무리된 것이 아니다 보니까 아쉬움이 많아요. 그런데 또 나름 생각하기에는, 우리가 투쟁의 판을 바꾸지 않았나. 그땐 몰랐지만 시간이 지나고 순간순간을 돌이켜 보면, 저렇게까지 했던 사람들이 있어. 다른 사람들도 우리가 했던 것을 참고해서, 우리가 했던 투쟁의 방식이나 싸움의 전략을 써먹을 수 있지 않을까. 우리가 새로운 길을 터놓은 것은 아닐까 생각을 해요.

'부재'하여 문제가 되는 것은 배우자가 아닌 노동을 지켜줄 법과 제도

한부모 가정의 여성을 만나겠다고 가서 그냥 사는 이야기를 들었다. 역시 사는 꼴이야 다 비슷했다. 다른 이야기를 기대하는 것이 오히려 이상한 일이 아닐까 하는 생각이 들어 그가 가족과 함께 분투한 일, 고마워하면서도 미안해한 일, 그럼에도 "다 같이 싸워준" 자녀들에게 "이것이 경험이라면 경험"이 될 거라며 위안하는 마음을 담았다.

남성이 가족을 부양하고 여성은 아이들을 돌본다는 믿음과 실제 세상은 다르게 굴러간다. 나는 엄마가 먹여 살렸다는 걸, 우리는 안다.[7] 남편 있던 시절부터 비혼이 된 현재까지, 이진희 씨는 월급을 앞에 두고 '이걸로 어떻게 사냐'와 '이걸로 못 살 것이 어디 있냐' 사이를 오갔다.

그를 못살게 하는 것은 남편의 부재가 아니었다. 최저임금이 최고임금이 된 일터와 예외 없는 잔업 근무, 월급만 안 밀려도 좋은 회사라 여겨야 할 만큼 기준이 하향된 노동시장. 여기에 '아웃소싱' 인력 파견업체에 수수료까지 떼어주어야 하는 현실. '부재'하여 문제가 되는 것은 배우자가 아니라, 이진

---

[7] 《나는 엄마가 먹여 살렸는데》(김은화, 딸세포, 2019)에서 따왔다.

희 씨의 노동(권리)을 지켜줄 법과 제도였다. 1998년에 파견법(파견근로자 보호 등에 관한 법률)이 시행된 후 파견업체의 과도한 수수료와 임금 중간 착복 문제가 제기되어 왔으나, 마땅한 법적 보호는 고사하고 국가 단위의 실태조사마저 없는 상태이다.

이런 현실에서 일과 양육을 모두 책임져야 하는 여성들은 단기직을 떠돌거나 대우가 나쁜 일자리를 감내해야 한다. 조사에 따르면 취업 상태인 한부모는 10명 중 7.7명. 이들 중 일용직이 아닌 상용직 근로자로 일한다고 답한 이는 절반도 되지 않았다(49%). 그러니 한부모 가정의 월평균 소득은 전체 가구 소득의 절반 수준에 그친다(약 245.3만 원).[8]

2020년 인구주택총조사에 따르면[9], 비혼·이혼·사별 등을 이유로 홀로 만 18세 이하 자녀를 양육하는 한부모 가정은 37만 가구. 성년 자녀들까지 포함한다면 150만 가구를 넘어서 전체 가구의 10%를 차지한다. 적지 않은 수다. 우리가 지극히 평범하다고 생각하는, 부부와 자녀로만 구성된 가구는 31.7%에 불과하다. 1인 가구는 30%를 차지했는데, 20대 비율이 가장 높을 것이라는 통념과는 달리 1인 가구의 과반수는 50대 이상 고령층이다. 여자가 혼자 사는 일도, 여자가 혼자 양육하는 일도, 여자가 혼자 가족의 생계를 책임지는 일도 더는 특별한 경우가 아니다. 이진희 씨가 자신의 어머니를 떠올리며 노년의 소득을 걱정하는 것도 당연한 일이다.

이들을 특이하게 만드는 것은 제도와 지원 정책의 부재

[8] 여성가족부, 〈한부모가정실태조사〉, 2021.
[9] 여성가족부, 〈제4차가족실태조사〉, 2020.

이다. 일과 양육을 병행하는 일은 세계 어느 곳에서나 쉽지 않다. 독일 연방정부가 2021년에 발표한 자료에 따르면 독일 한부모 가정 가구주의 68%만이 취업 상태에 있다고 한다. 이에 따라 독일에서는 '양육비·생계비 선지급(Unterhalts-vorschuss)' 지원 제도를 대폭 확대하여, 2017년부터 12세 이하 모든 자녀에게 지급 기간 제한 없이 지원이 이뤄지고 있다. 연령 제한이 없고, 부모 소득에 따른 차등 없이 지원된다. 이때 지급되는 양육비는 '아동 최소부양비' 기준에 따르는데, 독일은 부모 수입과 상관없이 모든 아동에게 아동수당을 지급하고 있다.[10] 일정 소득 이하(저소득층)만 정부 지원을 받게 하는 국내 지원과의 차별점이다. 영국, 프랑스 등도 한부모 가정의 취업과 직업훈련을 지원하는 프로그램을 갖추었는데, 이때 반드시 취업을 선택할 필요는 없다. 지원수당(한부모보호급여 등)을 통해 전일제 돌봄노동을 수행하겠다고 선택할 수 있기 때문이다.

한국 정부는 저출생이 사회적 화두가 되자 2020년 '미혼모 및 한부모 가족 지원 대책'을 발표했다. 이때 정부가 제시한 것은 아동 양육비나 취업 지원뿐만이 아닌 '한부모 가정에 대한 차별적 제도 개선'이었다. 이 일환으로 '건강가정기본법' 개정[11]이 건의되었다. '정상 가족'을 중심으로 한 기존의 가족 정

---

[10] 채혜원, 〈독일의 한부모 가정 현황 및 지원정책〉, 한국여성정책원, 2021.5.31.
[11] '건강가정기본법'은 '가정'이라는 용어 앞에 '건강'이라는 가치 개념을 포함하는 용어를 덧붙여 특정 형태의 가정을 '건강'한 가정과 '비건강'한 가정으로 분류하여 해석할 수 있게 하기에 다양한 가족형태에 대한 차별을 초래한다고 지적되어 왔다. 이에 '건강가정'

책으로는 한부모 가정 등 다양한 형태의 가족과 가족 구성원들을 포용할 수 없기 때문이다.

용어를 가치중립적 용어로 변경하는 것을 추진했으나 2023년 현재도 건강가정기본법의 법령 명칭은 변경되지 않았다.

제대로 된 '나의 일'을 위해

☞ 구술, 정은자 ☞ 글, 랑희

3장

경력단절과 해고 이후 내 삶을 찾는 싸움

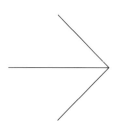

2019년 7월 어느 날 청와대 앞에서 경찰과 폴리스라인, 그리고 노동조합 조끼를 입은 여성들을 보았다. 뉴스로 들었던 톨게이트 노동자 농성장이란 걸 알아챘지만, 아는 척 인사를 하지는 못했다. 그 뒤로 이들이 서울 톨게이트 캐노피, 청와대에 이어 김천 본사 점거 투쟁까지 7개월 동안 싸움을 이어가는 걸 보며 그 뚝심과 용기가 대단하다고 생각했다. 투쟁을 마무리하던 날 본사 농성장의 풍경을 사진으로 보았다. 크리스마스를 보내며 만들었을 아기자기한 장식들과 조로록 걸어둔 카드들, 식사가 담겨 왔을 스티로폼 박스로 만든 칸막이와 수납장, 테이블 등의 생활용품, 수선집, 약방을 운영하며 사용했던 간판들이 보였다. 이렇게 귀엽고 아기자기한 풍경을 보면서, 살림을 꾸려온 세월과 솜씨를 고스란히 농성장에서 펼쳐 보인 이 여성노동자들이 궁금해졌다. 투쟁의 시공간을 이어간 그녀들의 마음을 들여다보려고 정은자 님을 만났다.

정은자 님은 난생처음 해고를 통보받았던 그날의 기억을 잊지 못한다. 더는 '남의 손에 의해 그만두는 것'을 용납할 수 없어 노조에 가입하고 직접고용을 위한 청와대 투쟁부터 본사 투쟁까지 언제나 맨 앞에 나섰다. 해고를 용납할 수 없는 마음과 최선을 다해 싸우겠다는 마음은 결국 같은 마음이었다.

청와대 앞에서 뜨거운 여름을 보내던 중 대법원은 도로공사의 직접고용 의무를 인정했다. 8월 29일 폭우가 쏟아지던 그날, 정은자 님은 동료들과 함께 물 폭포를 맞으면서 대법원 앞에서 춤췄다. 그녀는 7월 1일부터 벌였던 청와대 집중 투쟁 덕분에 대법 승소가 가능했다고 말했다. 기약 없는 재판에 사람들은 '판결이 쉽게 나지 않는다'며 자회사로 갔지만, 직접고용이 맞는 길이라고 판단하고 선택했던 자신과 동지들의 믿음으로 시작된 두 달의 투쟁이 결국 대법원 판결을 끌어냈다고 생각했다. 소송을 제기한 일부 노동자들에 대한 판결이었지만 결국 같은 노동을 해온 모든 사람에게 동일하게 적용될 수 있는 판결이었다. 그래서 모두 자기 일처럼 기뻐했고, 투쟁이 곧 마무리되리라는 기대도 생겼다. 그런데 한국도로공사는 판결에 대한 입장을 차일피일 미루다 9월 9일 대법 판결을 받은 304명만 직접고용 하겠다고 발표했다. 노동자를 갈라치기 하는 도로공사의 행태를 참을 수 없어 이날 기습적으로 본사를 점거했다. 이강래 사장을 만나서 담판을 짓고 싶은 분노는 삐까번쩍한 도로공사 건물을 보자 더 커졌다. 정은자 님은 투쟁의 마지막 핵심 거점은 김천 본사라고 생각했고, 2020년 1월 31일 농성이 끝날 때까지 145일 동안 이곳을 지켰다.

　　기만적인 자회사를 반대하며 직접고용을 요구한 톨게이트 노동자들은 "우리가 옳다"라는 구호를 쉼 없이 외쳤다. 정은자 님은 '우리가 이기는 게임'이기에 불안해하지 않았다. '내 말이 옳기 때문에 회사가 막는 것'이라고 생각한 그녀는 화가 나서 싸운 것이 아니라고 했다. '내 선택이 옳기' 때문에 싸웠고 노동조합이 뒤에서 버티고 있었기 때문에 경찰도 겁나지 않았다.

　　그녀의 당차고 유쾌한 목소리가 전해주는 이야기에는 함께 싸웠던 동료들과 노동조합에 대한 애정이 가득하다. 청와대에서 김천 본사까지 경찰과 구사대를 몸으로 부딪치고 막으며 지켜온 투쟁이 자랑스럽다. 이 시간은 가족만 생각하고 살았던 과거와 다른, 또 다른 나를 만나는 시간이었다. 아침에 눈 뜨면 일하러 갈 곳이 있는 것이 행복이라는 정은자 님은 이제 한국도로공사 노동자로서 '제대로 된 내 일'을 찾기 원한다. 결혼과 함께 직장을 그만두고 아이를 키운 뒤 나이 먹어도 할 수 있는 일을 찾아 여러 일을 지나온 그녀는 이제 앞으로의 10년을 당당하게 노동하고 싶다.

수납원 일이 너무 좋았어요

광주에서 학교 나오고 직장도 다녔어요. 제약회사였는데 80년대 노조가 막 일어설 때였거든요. 그때 회사에서도 노조를 처음 설립했는데 제가 노조 임원도 했어요. 여직원 중에서 한 명은 들어가야 한다고 해서요. 근데 나는 사회 초년생이고 남자들 위주로 운영되니까 따라가는 정도였어요. 4년 다니고 결혼하면서 퇴사했죠. 남편을 직장에서 만났는데 옛날엔 (결혼하고) 둘 다 다닐 수는 없었잖아요. 여자가 그만뒀죠. 애 낳고 다시 일을 시작해야지 했어요. 그러다가 남편 일로 순천으로 가게 됐고 아이들 초등학교 때까지 있다가 광주로 다시 왔어요. 광주 와서 몇 달 안 됐는데 아는 분 제약회사에서 여직원을 구한다는 거예요. 특별한 일은 아니고 단순히 여직원이 필요하다고, 사무실만 봐주면 된다고 해서 들어가게 된 거예요. 그래서 2년 있었나? 그러다 남편이 친구 와이프가 피자가게를 한다는 말을 듣고 와서는, "자네 한번 해볼랑가? 솔찬히 잘 벌린다는데 한번 해봐라" 해서 피자집을 했어요. 내가 귀가 좀 얇아요. 그리고 다니던 회사에는 여직원이 나 혼자밖에 없고 남자들만 왔다 갔다 해서 재미도 없고 하니까.

피자집을 1년은 재밌게 잘했어요. 내가 다른 음식은 못하는데 비율 맞추고 도우를 기계에 넣어서 동그랗게

굽기만 하면 되는 거라 쉬웠어요. 근데 이제 재미가 없는 거야. 왜냐면 내가 가게를 하면서 잃어버린 게 너무 많아요. 가족하고 같이하는 시간을 잃어버렸어요. 가족들하고 정말 밥 한 끼를 못 먹었어요. 이런 가게가 보통 11시에 문을 닫잖아요. 일찍 닫으면 '아 저 가게 문제 있네' 하거든요. 음식 장사니까 먹고 싶을 때 먹어야 해. 머리는 다음 날 잘라도 돼. 근데 먹는 건 오늘 안 먹고 내일 먹는 거 아니잖아요. 보통 아침 10시에 문을 열어서 저녁 10시까지. 그러다 보니까 우리 애 커갈 때 뒷바라지 못 해 줬지. 그때 둘째가 중학생이었어. 가족하고 밥 한 끼를 못 먹지, 매일 늦게 끝나면 피곤하다고 그냥 자지, 남편한테 눈길 한 번 안 주지. 잃어버린 게 너무 많은 거야.

그리고 간호조무사로 병원에 취직했어요. 옆집 동생이 나이 먹어도 할 수 있는 일이라고 해서 한다고 했어요. 그런데 학원 접수하고 공부해야 한다는 거예요. "학원 다녀야 한단 말 했으면 한번 생각해 봤지. 자기 그런 말 안 했잖아." 그랬더니 "언니 쉬운 시험이 어디 있어. 공부해야지." 그래서 가게 접었지. 도시락 싸가지고 6개월 동안 학원 다니고 합격했어요. 원래 성격이 사람 만나는 거 엄청 좋아하거든요. 병원에 가면 사람들 많이 만나니까 재밌었어요. 병원 일이 적성에도 맞고 선생님처럼 대우받는 기분도 좋았고. 즐겁게 일하고 있다고 생각했는데 친구들이 저를 만나면 "어휴, 네가 좋아하기는 하는데 너무 힘들어 보여. 네가 지쳐 보여." 그러는 거예요.

병원도 한 2년 있었나? 그러다가 신랑 아는 분 소개로 2016년에 담양영업소에 들어오게 됐어요. 병원 일보다는 힘들지 않을 거라고, 믿고 와서 해보라고 했죠.

병원도 3교대잖아요. 여기 수납 업무도 3교대예요. 그런데 난이도가 달라요. 병원은 아픈 사람들을 상대해야 하니까 기를 뺏기는 게 있어서 나도 아파 보였던 거 같아요. 그런데 사람 만나는 건 같은데 수납 일 하면서는 힘들지 않고 '내가 여기서 기를 받는구나!' 그런 걸 느꼈어요. 마지막 날까지 일하면서도 힘들다는 거를 느껴본 적은 없어요. 수납원 일이 너무 좋았어요. 그동안 했던 일 중 가장 맘에 들었어요.

나이 먹어도 할 수 있는 일, 그걸 찾게 돼요. 나이 먹기 전에 (자격증) 한 개라도 더 따놓자 그런 마음이었죠. 여자들이 이것저것 많이 해요. 평생교육원 가면 많이 있잖아요. 사회복지사도 따고, 공인중개사도 따고 알게 모르게 뭐가 많아요. 내 친구들도 지금도 막 도전하고 그러는데, 악기도 많이 배우고 자기가 할 수 있는 거 한 살이라도 더 먹기 전에 하자 그러죠.

해고장 받고 심장이 '쿵'

심장이 쿵 하는 거야. 2년마다 받는다고 말은 들었는데, 진짜 2018년 12월 30일로 해고장이 날아오는 거예요.

언니들은 이 기분을 2년마다 계속 느꼈겠구나. 이건 아닌 거예요. 내가 잘못해서 회사에서 나를 자르는 것이 해고잖아요. 권고사직도 아니야. 사직은 내가 원해서 사직서를 내는 것이고, 해고가 뭐야. 내가 뭘 잘못했어. 다른 사람들은 2년마다 계속 받았으니까 새삼스러운 것도 없는데, 나는 처음이잖아. 이건 진짜 아니다 싶었죠. 그래서 해고장 그거 우리 집에 보관해 놨어요. 나는 처음이자 마지막으로 받았잖아. 남들은 다 찢어버린다는데 나는 일부러 갖다 놨어요. 어떻게 세상에… 해고라는 그 단어 자체가 의미가 다르거든. 2년마다 용역업체 사업주가 바뀌어도 고용승계가 되죠. 근데 고용승계는 되지만 언제든지 '그만둬라' 하면 그만둘 수밖에 없는 파리 목숨. 용역업체라는 게 그렇잖아요. 그래서 언니들은 (계약 해지) 기간이 딱 되면 '다음 달에 출근할 수 있을까?' 이런 생각을 하는 거예요. 이번에 100퍼센트 고용승계가 됐지만, 다음 달이라도 혹시 '몇 명 줄여라' 그러면 눈치를 볼 수밖에 없잖아요.

18년 여름부터 그 얘기가 돌았어요. 직고 갈래, 자회사 갈래? 그 말 들을 때부터 "나는 직고야" 두 번 말 안 해. 그만둘지언정 나는 직고야 그랬어요. 시어머니 돌아가셔서 상을 치르고 왔는데 다 자회사에 사인을 해놓은 거예요. 우리 담양 언니들은 정년이 다들 얼마 안 남았어요. 보통 56~58세니까 정년이 5년 이쪽저쪽밖에 안 남았기 때문에 "직고 가서 뭐 하러 고생고생해. 어차피 2~3

년만 하다가 그만둘 건데. 그냥 편하게 갈래?" 그렇게 해서 가버린 사람도 많고. 젊은 사람들이 마지못해서 자회사로 간 게 안타깝죠. 직고 가는 게 맞는 거 같은데 갈 수 없는 상황이 있기도 하고, 또 해고당하고 몇 개월이 될지 모르는 기간이 자신 없는 거고. 일주일을 남겨놓고 직고에서 자회사로 간 사람도 있어요. 왜? 생계가 달린 문제니까. 우리는 10개월 투쟁하고 복직이 됐지만 해고 기간이 1년이 될지, 몇 년이 될지는 모르는 거죠. 내가 벌어서 생계를 책임지고 있는 사람 입장에서 월급 한 달만 안 나와도 그게 타격이 얼마나… 그래서 그것 때문에 돌아선 사람도 많아요. 우리가 그랬어요. 혹시 서로 다르게 가고 그래도 상대방을 비난하지는 말자, 각자 사정이 다 다르지 않냐. 이해해 주자. 비난하지는 말자. 그랬어요.

해고장을 받고 '쿵' 했다고 그랬잖아요. 나는 그 기분을 또 맛보고 싶지는 않아요. 자회사 가면 물론 2년마다 계약서를 안 쓰겠지만, 내가 이 회사가 싫어서 그만둘지언정 남의 손에 의해서 내가 그만두는 것은 바람직하지 않아. 내 사전에 이런 건 없어. 한번 들어가면 나는 여기서 정년을 맞이하는 거야. 왜냐면 지금 공공연대 수납원들 평균이 55세예요. 여기 그만두면 다른 데 가서 면접을 볼 자신이 없어요. 다시 병원으로 가면 일은 할 수 있겠지만 그걸 다시 시작하고 싶지는 않아요. 그냥 내가 하던 일 꾸준히 유지해 가며 일하고 싶지, 새로운 곳에서 다시 신입사원을 하고 싶지는 않아요.

우리 투쟁 너무 멋지지 않았어?

노총 사무실에 들어가는데 분위기가 너무 이상한 거예요. 회의하면 보통 칠판에 주제를 적어놓고 얘기를 하는데 그날은 하나 딱 쓰고 지우개로 싹 지워버리고 또 하나 쓰고 지우고. 이게 뭐지? 캐노피 올라갈 사람들을 비밀리에 조직하는 거였어요. 올라가지 않겠냐고 나한테 그러데요. 내가 눈 수술한 지 얼마 안 돼서 좀 망설여졌어요. 그래서 다른 사람이 올라갔어요. 어떻게 보면 좀 비겁했는데 어쩔 수 없었어. 그날 저녁에 잠이 너무 안 와서 새벽 2시까지 뒤척였는데, 새벽 4시에 '캐노피 성공' 문자가 딱 뜨는 거예요.

북광주영업소에서 오전 10시에 청와대로 출발하는 차들이 모여요. 짐 싸 들고 거기로 집합해야 해. 근데 새벽 4시부터 잠이 안 오잖아요. 못 기다리겠는 거야. 7시 반 돼서 짐 갖고 북광주로 가니까 마음은 다 같다고 막 오기 시작하는 거야. 도저히 그 문자 보고 집에 있을 수가 없다고. 거기 앉아서 이런 얘기 저런 얘기 하다가 10시에 서울 톨게이트로 갔죠. 아, 그 희열이라는 게 진짜! 우리가 해냈다는 거. 그거를!

캐노피 위에 한 40명? 다 나와 있는데 우리는 미치는 줄 알았지. 이거는 어디 정복한 거 같아. 그때가 제일 멋있었어. (톨게이트 해고 노동자) 1,500명이 다 모였다고 봐요. 저녁 되니까 다 거기에 바글바글 모여서 문화제를 하는데 너무너무 멋있고. 영업소에 있으면 내 영업소만 알고 내 직원만 알지 옆 영업소에 직원이 누가 있는지 얼굴 한 번 본 적도 없어요. 그냥 왔다 갔다 하지 관심도 없던 사람들인데 1,500명이 그 자리에 모였다고 생각을 해봐요. "어머 그래, 너네 영업소는 이런 일이 있었구나." 이런 얘기 하면서 고생했다, 고생했겠다 막 그러는 거지. 그냥 다 친구가 되고 언니 동생 되고 가족이 되는 거죠.

서울영업소에서 한 밤 노숙하고 청와대로 갔어요. 7월 1일 첫날, 경찰하고 붙었잖아요. "자, 앞으로 갑니다" 그러면 밀었어. 밀다 보니까 어느새 내가 앞으로 가 있네. 나는 강의를 듣더라도 뒤에 안 앉거든요. 재미가 없어요. 뭐든지 앞에 가 있어야 재미가 있죠. 하다 보니까 또 앞으로 갔는데 경찰이 있잖아요. 앞에서 밀지 뒤에서 밀지. '아! 압사가 이런 거구나.' 죽을 거 같아. 어느 정도 되니까 느슨해지잖아요. 뒤로 갔는데 숨을 못 쉬겠는 거야. 이게 한두 달 가데요. 엑스레이는 안 찍어봐서 모르겠는데 가슴이… 숨을 내뿜어야 하는데 이게 안 되는 거야. 근데 집에 가서 아프다는 소리를 못 해. 못 가게 할까 봐.

우리가 이런 곳에 생전 처음 왔잖아요. 무엇이든 다 처음이야. 모여서 듣기 바빠. 돌아가는 판도라든가, 노래 외우는 것도. 그게 하루 이틀 쌓이다 보니까 우리 나름대로 규칙을 정해놓고 즐긴 거예요. 기상 시간은 우리같이 화장하는 사람들은 6시. 화장 안 하는 사람들은 7시까지 자도 암말 안 해. 식사 시간 전까지만 각자 준비하면 되니까. 여경들이 앞에 있어요. 아직은 바리케이드를 들여놓을 시간은 아니야. 7시 좀 넘으면 안쪽으로 들여놓거든요. 우리 전부 앉아서 여경 있는 쪽을 보고 머리를 말아. 드라이기 못 쓰니까 구르프(헤어롤) 말고 있어요. 그러고 모닝커피. 주변 정리도 다 하고 밥때 되면 배식해서 밥 먹고 조회하고 광화문 행진. 광화문 행진, 그거 얼마나 멋있는데. 너무너무 자랑스러워. 내가 봐도 지금까지 그런 행렬은, 진짜 감동이야. 11시에 청와대에서 출발해서 1시 넘어서 돌아왔어요. 광화문 광장에서 유턴해서 다시 청와대로. 광화문에서 우리가 무용도 보여줘야 하잖아. 나도 처음에는 율동패(보라보라) 몇 번 했어요.

생판 모르는 사람들 300~400명이 청와대에서 모여서 일심동체로 한다는 게 지금 생각해도 참… 어떻게 그일을 해냈을까? 근데 거기서 한 번도 힘들다, 어쩌다 짜증 부린 사람을 본 적이 없어요. 그 여름 땡볕에 숨넘어갈 것 같은데 얼음물이 있으면 옆 사람부터 먼저 먹고 달라고 그러고. 내 것을 꺼내서 준다니까요. 숨이 턱턱 막히잖아요. 아마 천일염 세 가마니는 쏟아냈을 거야. 내가 가지고 있는 얼음물을 주면서 "먼저 먹어." 그런 동료애가 저절로 생기더라고. 복귀하고 그런 얘기 날마다 한 번은 한 것 같아요. "우리 투쟁했을 때 너무 좋지 않았어?" "나는 우리 복직해서 광화문 행진 한 번 더 했으면 좋겠다. 너무 멋지지 않았어?" 지금도 그 사진 보면 뭉클뭉클해. 그 긴 행렬. 우리는 항상 차에 있을 때면 얘기해요.

우리가 싸울 마지막 장소가 여기다

'본사가 이렇게 생겼구나!' 욕 나왔죠. 우리 영업소 부스나 화장실은 진짜 너덜너덜한데 지들은 이런 대리석으로 쌓인 성에서 살았구나. 그동안 우리 영업소에 해줬던 대우가 진짜… 우리가 거지도 아니고 동냥하면 하나 던져주듯이 했던 거 생각하면 '아! 우리가 몰라도 너무 몰랐구나. 적어도 양심이 있다면 그렇게까지는 안 했을 거 같은데.' 속으로 욕 많이 했어요. (본사) 들어갈 때는 화가 나서라기보다는 우리 마지막 장소가 여기, 우리가 싸울 곳은 여기밖에 없다고 생각했어요. 캐노피도 해봤고 청와대도 해봤고 다 해봤잖아. 본사 한번은 가봐야 하지 않겠냐고, 본사 가서 따져봐야 하지 않겠냐고.

그날(9월 10일) 경찰하고 구사대가 가두리를 해서 토끼몰이했을 때, 한 언니가 "벗자!" 그랬어요. 청와대 있을 때 동일방직에 계셨던 실제 주인공이 연대하러 왔었어요. 그분들이 '우리는 마지막에 이렇게 해서 버텼다'[12]고 얘기해서 그때 안 거예요. 그걸 몰랐으면 못 했

⑫ 동일방직 여성노동자들은 회사 측과 적당히 타협하고 있던
어용화된 남성 독점의 노조를 깨고 1972년 한국 최초로 여성
지부장을 선출했다. 민주노조가 건설되자 회사 측은 노조 간부에
대한 해고, 매수, 사표 강요, 부서 이동 등의 방법을 동원하여

어요. 그 이야기를 듣고 분임 토론하면서 '아 그랬구나, 우리도 그럴 수 있겠네. 막판에 몰리면 우리도 그러자.' 근데 정말 그런 상황이 온 거야. "벗자!" 그래서 정말 벗었어요. 다들 울면서 벗었잖아. 근데 위에 조끼를 입고 딱 앉아 있는데 민주연합은 조끼가 두꺼워. 우리는 시스루야. 그때 민주연합 조끼가 그렇게 부러울 수가. (웃음) 이럴 줄 알았으면 우리도 겨울 것을 입을걸. 덥다고 여름옷 달라고 그랬었는데. 나중에 신랑이 "자네도 벗었는가?" 물어서 "그걸 어떻게 벗어. 벗을 몸맨가" 그랬어요. 나중에 사진 보니까 있더라고. 그때는 그냥 뭐랄까? 부끄러움 그런 건 없었어요. 왜냐면 안 끌려가기 위해서 한 거였으니까.

경찰이 미운 게 아니라 구사대들이 미운 거야. 나는 구사대가 솔직히 어떤 존재인지 몰랐어요. 왜냐면 구사대라는 말은 들었지만, 깊게 생각해 보지는 않았거든요. '쟤네들이 구사대야' 이렇게 딱 들으니까, 그 단어 풀이가 된 거야. '저런 애들을 보고 구사대라고 하는구나. 나쁜 새끼들' 이렇게 나오는 거야. 오늘 우리가 끌려 나가면 도로 아미타불이잖아요. 안 끌려 나간 게 성공한 거잖아요. 나는 거기서 만족한 것 같아요. 나가면 우리 어디

탄압했고, 1976년 2월 대의원 선거를 앞두고는 노골적으로 노조를 파괴하려 했다. 그리고 1976년 7월, 회사가 매수한 남성 대의원들로 대의원대회를 개최했다. 이에 조합원 800여 명은 노조 사무실 앞에서 철야농성을 했고, 농성 3일째 무장한 전투경찰이 농성장에 진입했다. 경찰의 폭력에 맞서 조합원들은 노동조합을 지키기 위해 작업복을 벗어들고 '노총가'를 부르며 저항했으나 약 30분 만에 경찰에 의해 진입되었고 72명이 연행되었다.

로 가? 그래서 안 나가는 게 최후방책인 거 같고, 우리 바람대로 여기서 막았고. 협상될 때까지는 여기서 나갈 수 없는 거죠.

(9월 11일) 아침에 일어났는데 1층에서 소방관들이 매트리스에 바람 넣는 소리가 막 나는 거예요. "언니 오늘 우리 다 집어 던지려나 봐." 우리끼리 술렁술렁했어요. 그러면 분위기가 다운되잖아요. 그래서 그랬어요. "언니 끌려 나갈 때 끌려 나가더라도 화장은 하자." 곱게 다 화장하고 명찰 같은 다칠 수 있는 위험한 거 다 떼고. 휴대폰에 메모리된 거 웬만한 거 다 지우고. 비상 연락망은 나는 신발에다 적어놨어. 그리고 모여 앉아서 전부 팔짱 끼고 연습하고⋯ 우리 울었어요. 왜냐면 음⋯ 억울해서 울었을까? 어째서 그랬을까? 좌우지간 그냥 마음이 그랬어요. 이렇게 끝나는 건가? 그냥 숙연한 기분으로 다들 훌쩍훌쩍한 거 같아요. 그때 남정수 실장님이 경찰한테 끌려가는 건 끌려가는 건데 우리 조합원들 아침은 먹게 해달라고 얘기했어요. 물론 밥이 다 와 있었어요. 시간 끌기 작전이었어요. 그러고선 12시가 넘어가고 점심때가 다 돼서도 팔짱을 풀지 않고 계속 그렇게 앉아 있었어. 나중에 경찰청에서 안 하겠다 그러더라고. 그제야 웃으면서 밥을 먹은 거지. 아이고, 안 해본 것 없이 다 해본다. 안 해본 것 없이 다 해본 것 같아.

무조건 '합시다, 해봅시다!'

김천에 있는 사람들 빼서 서울로 올린다고 해서 나는 안 가겠다고, 김천 지킬 사람이 있어야 하면 나는 김천에 있겠다고 했어요. 나는 처음 그 마음대로 "가장 핵심 부분을 지키고 있어야 뭐라도 되지 않겠냐. 나는 있겠다" 그랬어요. 안방이 제일 중요하지. 물론 국회의원 사무실 점거해서 효과도 있겠지만, 우리 조합원들은 생고생했는데 흩어지면 주목을 못 받아요. 오히려 냉대받아요. 의원 사무실 가서 얼마나 멸시받고 그랬는데. 그 추운 데 가서 혼자 떨고 있고. 그래서 우리는 안에서 '우리 이렇게 있으면 안 된다. 저짝 사람들 저렇게 있는데 우리가 이렇게 때 되면 밥 먹고, 때 되면 회의하고 집회하고 그러면 안 된다, 좀 더 생산적인 걸 하자. 뚫어버리자' 그랬어요. "오늘 한번 뚫어볼까요?" 그러면 "뚫어봅시다!" 하면서 가림막 있는 거 뚫고 가서 구내식당 앞에서 "밥이 들어가나!" 소리쳐요. 경찰이 쫓아오고 어느 정도 할 만큼 하면 "갑시다" 하고 들어가요. 길게 안 하고, 니들 얼굴 봤으니 됐어. 코빼기를 볼 수가 없으니까 우리가 보러 간 거예요. 그러고 나면 에너지가 생기죠.

　사람들이 뭉텅뭉텅 빠진 게 보이잖아요, 싫었어요. 무기력하다고 그럴까? 싸우면 막 힘이 나고 그러는데 이게 없이 문화제 하고, 춤추고 노래하고 글 쓰고 이런 것만 하니까 사람들이 위축돼. 시작을 했으면 어떻게 정리를 하느냐가 더 중요하잖아요. 답은 없지, 공사는 일방적으로 보도 내고 다 정리된 거처럼 하지. 민주노총하고 더 이상 협상 안 하려고 방관해 버리지. '너희들은 계속 그 안에 있어라' 그렇게 방치해 버리잖아. 나가지도 못하고 이 안에서 주는 밥 따박따박 먹는 우리가 식충이 같았어요. 1월에 우리끼리 모여서 생각했어요. 우리도 움직여야 한다. 허수아비를 만들어서 걸고 주차장 앞에서 투쟁하자. 아침 투쟁 하고 점심 투쟁 하고 우리도 하자. 도로공사 직원들이 우리를 피해 다니거든요. 마주치지 않으니까 우리가 찾아가자. 그래서 시작하게 된 거예요. 허수아비 두 개를 열심히 만들어서 걸었는데, 당장 떼라고 연락이 왔어요. 그래서 우리가 그랬어요. 오늘 두 개 추가. 그래서 네 개 걸었잖아요. 몇몇이 움직여서 하다 보니 나중에는 다 참여하고 소복 입고 투쟁에 가담하고.

누가 제안하면 '합시다, 해봅시다'예요. '이래서 안 돼, 저래서 안 돼' 그런 토를 안 달아요. '해봅시다, 어떻게 하면 더 잘할 수 있을까요' 그런 안을 내놓지, '그거 해서 뭐 하게? 막말로 내일모레 나갈 건데 다치면 어떡해' 이런 말을 하는 사람이 없어요. 몸이 불편하신 분들도 있고 앞에 나서지 못한 분도 있죠. 그분들은 자기 할 일을 또 그렇게 해요. 우리 연좌농성 하느라 찬 바닥에 앉아 있으면 방석 가져다주고, 물도 가져다주고. 다 필요 있는 사람들이에요. 앞에서 사람들이 뛰쳐나가면 뒤에서 필요한 거 가져다주는 사람도 필요해요. 알아서 각자각자 하는 거 같아요. 내가 할 일이 뭔지 알고, 다 참여를 한단 말이야. 글을 하나 쓰더라도 다 잘해. '뭐 합시다' 그러면 안 할 거 같으면서도 다 잘해.

해단식도 축제였어요

12월 27일 김천에서 나왔어요. 이제 안 가려고. 집행부가 하는 얘기가 '우리 투쟁이 길어질 수도 있다. 짧게는 3개월, 길게는 6개월 아니면 그 이상일 수도 있다.' 항상 들었던 얘기예요. 그래서 우리가 마지노선을 6개월로 잡고 12월까지 버틴 거였어요. 올해 안에는 끝낸다고도 했고, 그때까지가 버틸 수 있는 한계였어요. 나도 내 나름대로 정리했어요. '나는 12월 31일까지만 하고 그만둘 거야. 길어진다고 해도 난 안 할 거야.' 1월이 됐어요. 근데 동지들이 거기 계속 있는 거예요. 도저히 못 보겠어. 아침마다 내가 머릿수만 세고 있는 거야. '어머! 20명도 안 돼.' 가방을 들었다 놨다 들었다 놨다. 안 봐부러야지 덮어버렸다가, 또 봐. 맨날 텔레그램 화면만 보고 아침마다 머릿수를 세요. 몇 명 없으면 얼른 (김천) 올라가야지. 집에 와서 쉬어도 쉬는 게 아니야. 날마다 보고 있어. 나만 그런 게 아니라 다들 그랬어요. 저기 있는 사람 때문에 내가 지금 집에 와 있다. 내가 올라가야 누군가 집에 다녀올 거 아냐. 근데 기간이 길어지니까 숫자가 절대 불어나지 않아. 결국 1월 8일 다시 올라간 거지. 그때부터 다시 시작한 거야.

나는 투쟁이 힘들진 않았어요. 남편이 벌어다 주니까. 일단 내가 경제적으로 궁핍하지 않으니까 내 일을 할 수가 있는 거예요. 내 목구멍이 포도청이면 못 기다리고 생활 전선에 뛰어들었겠죠. 근데 그게 나한테는 닥치지 않았다는 거, 그래서 여기까지 올 수 있었다는 거 그게 감사할 뿐이죠. 불안 그런 건 없었어요. 왜? 대법에 이미 들어가 있잖아. 믿고 가는 보증수표가 있으니까요. 우리가 이기는 게임이고, 해고 기간 6개월은 실업급여로 살면 되고 6개월 뒤에 복직이 되는 거고. 내 시나리오상으로는 그렇게 가는 거예요. 그래야 버티는 거지. 막연하게 그 뒤가 없어, 그러면 나도 한번 고민을 했을 거예요. 근데 6개월이 지나니까 소송 승소금이 나왔어요. 돈이 떨어질 만하면 또 돈이 생기고. 안 그랬으면 툭툭 떨어져 나갔을 거야. 원동력이 되는 승소가 계속 나는 거야. 그래서 버틴 거죠. 우리가 천운을 타고났나 봐요. 게다가 알맞은 시기에, 1월 30일에 해단식을 해버렸잖아요. 2월이었어 봐요. 코로나 때문에 우리 강제퇴거예요.

우리 해단식은 김천에서 해달라고 했어요. 우리는 서울로 못 간다. 꼭 김천에서 하게 해달라고요. 우리 여기서 멋지게 해단식하고 나가자 그랬어요. 해단식 하는 날도 우리는 축제였어요.

이건 나를 위한 내 선택

"그래 갔다 와, 갔다 와." 남편도 처음 닥친 일이라 그랬죠. 청와대에 노숙 투쟁하러 간다고 3박 4일, 첫날이니까 아마 4박 5일도 될 수 있을 거라고 말하고 미리 짐을 다 싸놨어요. 그런데 일주일에 한 번씩 짐 싸 들고 나가니까 남편도 좀 쌓이죠. "안 가면 안 되는가?" "나 가야 돼. 내 일이잖아." "그래 갔다 와." 그런데 갔다 오는 순간 빨래만 하고 또 짐 싸기 시작하잖아요. 그러면 좀 안 좋은 소리가 오가죠. "또 가는가? 그냥 그만두면 안 되는가? 안 다니면 안 되는가?" "뭔 말을 그렇게 하는가? 내 직장이야. 내 직장은 들어가야지, 뭘 그만둬. 이상한 소리 하네." 나중에는 내가 나오면서 문자를 남겼어요. 내가 당신이랑 30년을 살면서 이런 문자가 처음이자 마지막 문자가 될 거라고. '지금 내가 하는 일은 당신한테 허락을 구하는 일이 아니야. 당신한테 내가 이해를 구하는 거지. 당신이 그렇게 나오면 나는 섭섭해. 나를 이해해 줘.' 그러고 나왔어요. 그 뒤로는 일절 말을 안 해요. 간단하게 생사 확인만 하고 한 번씩 집에 가면 신랑이 그날 저녁 맛있는 것도 해놓고 '자네 없을 때 나 이것도 했네, 저것도 했네' 그래요. 근데 내가 김천에서 오는 순간, 2월 1일부터 손을 다 뗐어. 주방이고 뭐고 일절 손 다 떼고. "왜 안 해?" 그러면 "나 많이 했잖아" 그래요.

애들한테 얘기했어요. "이건 엄마 일이야. 너도 나중에 직장을 갖게 되면 네 직장을, 소중한 직장을 생각하면 싸워야 할 때는 싸우고 미련 없이 떠나버리게 되면 던지고 나올 수 있는 것이 직장이야. 근데 엄마는 이 직장을 붙들고 싶기 때문에 싸우고 있어. 물론 엄마가 이 직장을 그만둬도 먹고사는 데 지장은 없겠지만, 엄마는 그게 아니야. 엄마 나를 위해서 이 직장이 필요한 거지, 먹고살기 위해서 악착같이 붙들려고 하는 것은 아니야. 살아가면서 눈 뜨면 가야 할 곳이 있는 사람과 눈 떠도 갈 데가 없는 사람의 차이가 뭔지 아니? 행복과 만족도가 달라지는 거야. 엄마는 이 직장에서 더 행복해. 그러니까 엄마는 어느 누구를 위해서 하는 것이 아니라 나를 위해서 이렇게 하는 거야" 그랬어요.

김천에 들어와서 45일 만에 남편한테 오라고 했어요. 차 안에서 그동안 있었던 얘기를 다 했어. 그랬더니 "전사가 다 됐군. 내가 알던 마누라 아니네" 그래요. 근데 투쟁하면서 힘들고 억울한 거보다는 그냥 즐거웠어. 음… 왜냐면 고객들 대면하면서 소리를 못 지르니까, 나도 모르게 그런 게 있었나 봐. 스트레스 같은 거? 근데 광화문에 있을 때부터 구호를 외쳤잖아요. "물러가라! 물러가라!" 우리가 살면서 이렇게 큰소리를 치면서 살지는 않잖아요. '에이 더러워서 내가 참는다' 이게 나도 모르게 30년 동안 쌓였었나 봐. "물러가라! 박살 내자!" 소리치는 게 카타르시스가 있는 거야. 이게 스트레스가 확 풀려요. 그래서 집에 오면 얼른 다시 가고 싶고. 그게 김천에서도 이어졌어요. 노래 부르고 몸으로 표현하고 얘기 듣고, 연대 오는 사람들. 그게 너무 좋았던 거야. 새로운 만남, 새로운 얼굴들이잖아요. 질리지 않는 거야. 그래서 집에 안 왔어. 김천에 있을 때는 매일 아침 실장님이 브리핑을 해주잖아요. 근데 집에 오면 날마다 듣던 걸 못 듣잖아요, 그러면 심심해. 집에 오면 내 눈에 다 집 안일인데 손을 대기가 싫은 거야. 내 일이 아닌 거 같아. '나는 가서 힘을 써야 하는데 여기서 에너지를 낭비하면 안 돼. 저 일은 내가 복직해서 해도 돼.' 나는 나만 그런 줄 알았더니 다들 집에 가면 캐리어 풀고 빨래할 거 다 해놓고 새 물건 넣고 갈 날을 기다려.

그냥 나는 내 길이 좋아요. 아마 다들 그럴 거예요. 후회하지 않을 거예요. 생계가 막막하신 분들은 도중에 안타깝게 가셨지만, 버틸 여력이 있으니까, 후회하지 않으니까 여기까지 온 거. 내가 잘한 건 내 선택. 남의 눈치 안 보고 내가 선택하고 갔다는 거. 내가 남편 얼굴 생각하고 지인 생각하고 한 번 더 미적거렸으면 여기까지 못 왔을 거예요. 왜 갑자기 변했냐고요? 갱년긴가 봐. (웃음) 재밌었어요. 이런 기회가 어딨겠어요.

지금 현장보조직은 거쳐 가는 일

사원증이 이렇게 생겼구나. 우리는 정규직이니까 파란 줄이에요. 비정규직은 사원증 목걸이가 빨간 줄이야. 나는 (20)15년 이후 입사자잖아요, 처음 복귀했을 때 15년 이후 입사자 빼고 나머지는 일주일 정도 안에 다 사원증이 나왔어요. 왜냐면 밑 작업을 미리 다 해놓은 거예요. 우리 김천에 있을 때, 12월 6일에 선고[13]받은 그때부터. 그전에 톨게이트 노조 사람들이 먼저 들어갔으니까[14] 어차피 들어올 사람들 작업을 해놓은 거죠. 근데 15년 이후 입사자들은 3주 정도 지나서 받았어요. 속상하지. 처음엔 우리가 "왜 안 나와요? 언제 나와요?" 맨날 물어봤는데 나중에는 추접해서 그런 것도 안 물어봤어요. 우리끼리 "안 받아, 안 받아" 그랬어요. 이름표도 그렇고 배지

[13] 대구지방법원 김천지원 민사1부(재판장 박치봉)는 12월 6일, 요금수납원 4,116명이 도로공사를 상대로 제기한 근로자지위확인소송에서 정년이 지난 247명을 제외한 3,869명의 승소 판결을 내렸다. 이 판결에는 2015년 이후 입사자가 포함되어 있었지만, 도로공사는 2015년 이후 불법파견 소지를 없앤 점을 별도로 변론하지 못했다며 2015년 이후 입사자의 불법파견 여부를 다루는 판결에 따라 직접고용 여부를 결정하겠다고 했다. 이후 2020년 5월 15일 대구지법 김천지원 민사합의부는 2015년 이후 입사한 톨게이트 요금수납원도 불법파견이라는 판결을 내놨다.
[14] 2019년 10월 9일 한국도로공사와 한국노총 톨게이트 노조가 정규직 전환 방안에 합의했다. 합의 내용은 자회사 전환에 동의하지 않은 수납원 중 현재 2심 계류 중인 수납원 116명은 도로공사가 직접고용하고, 1심 계류 중인 수납원 900여 명은 일단 임시직으로 고용한 후 1심 판결에 따라 직접고용하는 것이었다.

도 그렇고, 우리는 뭐든지 다 열외인 거야. 15년 이후 입사자들은 교육에 참여도 못 하게 해서[15] 말다툼 끝에 교육장에는 들어갔지만 결국 사인도 제외시키고 서류도 다 반환됐어요. 이럴 거면 왜 불렀냐고 화도 냈지만 돌아온 건 상부 지시대로 한 거라는 앵무새 같은 답변. "15년 이후 입사자들 전부 나가세요" 했을 때 누구 한 사람이라도 나서서 "같이 교육받게 해주세요" 한마디만 해줬으면 든든하고 힘을 받았을 텐데… 많이 서운했어요.

지금은 부안지사 교통안전팀에서 일해요. 도로관리팀, 고객지원팀, 교통안전팀 세 팀이 있는데 교통안전팀은 졸음쉼터 화장실하고 그 주변 청소하는 게 기본 업무. 고객지원팀은 주차장 쓰레기, 휴게소 쓰레기 줍기. 휴게소는 크고 상하행선이니까 쓰레기가 많아요. 돌아서면 쓰레기니까 깨끗하게 할 수가 없어요. 그리고 도로관리팀은 도로 교량 밑이라든가 거기 지나는 수로들, 거기 막히면 민원 들어오는데 그때 수로에 쌓여 있는 흙 퍼내는 일. 부안지사가 관리하는 도로가 89킬로미터예요. 옆에 논이 있어서 비가 오면 토사물이 내려오고 수로에 쌓이잖아요. 쌓이면 이거를 치워줘야 물이 잘 내려가니까 논 주인이 민원을 넣어요. 그럼 도로공사 땅이기 때문에

[15] 도로공사는 2015년 이후 입사자 불법파견 판결 하루 전인 5월 14일, 317일 만에 출근한 조합원들을 2015년 이후 입사자라는 이유로 교육에 참여하지 못하게 가로막았다. 각 지사에 출근한 톨게이트 노동자들에게 해제조건부 근로계약서 작성을 요구했고, 이에 응하지 않으면 임시직 근로계약서를 내밀었다. 노동자들이 이를 거부하면서 몸싸움이 벌어지기도 했다.

치워야 돼요. 민원이 없을 때는 위에서부터, 상행선부터 쭉 치우면서 내려와요. 옛날에는 그런 일은 현장직이 했어요. 근데 지금은 우리가 들어왔잖아요. 특별히 줄 업무가 없다 보니까 그걸 시키는 거야. 이렇게 (업무를) 세분화해서 우리는 현장보조직. 얼마나 할 게 없으면 보. 조. 직. 현장직하고는 달라요.

사무실에서는 사람 봐가면서 말 잘 듣는 팀이면 자꾸 (일을) 시켜요. 우리 팀장님은 민주연합의 아주 강성. 그러니 우리 팀은 안 건들죠. 근데 너무 열심히 하는 사람도 있어. 말을 잘 들으면 일이 늘어나. 근데 이런 일을 하면서 '이 정도는 해도 되지 않아?' '하면 좀 어때' 그건 자기 생각이야. 이 작은 생각이 큰 불씨가 된단 말이에요. 우리에게 엄청난 결과를 만들어 낼 수도 있어. 우리 27명 전체를 봐야지 혼자 개인적인 생각으로 일을 하면 안 돼. 그 일은 공통으로 똑같이 배분되기 때문에. 저 사람은 했는데 왜 당신들은 안 해? 이렇게 자꾸 비교한단 말이야. 나한테 일대일로 시켰을 땐 해도 돼요. 근데 같이 시켰을 땐 한 번쯤은 생각해 보고 대응해야 한단 말이야. 내가 무슨 일을 할 때는 동료들한테 어떤 영향이 가는지 생각해 봐야 해요.

솔직히 졸음쉼터 일 하면서 풀 나오면 벨 수도 있어요. 이거 머리 하나 쳐주면 깔끔하고 보기도 좋아요. 근데 안 하는 이유가 있잖아요. 왜? 우리 일이 아니니까. 내가 이 졸음쉼터를 지원해서 앞으로 내 일이야. 그러면

낫, 호미 다 들고 해요. 근데 지금은 굳이 들 이유가 없잖아요. 보직이 정해지지 않았기 때문에. 지금은 그냥 거쳐 가는 일이니까 하는 거고, 내가 할 수 있는 건 여기까지. 더 나가지도 않아요.

우리만 옳고 정당하다고 생각하는 걸까?

그래도 좋은 게 더 많아요. 이래서 사람들이 정규직 정규직 하는구나. 막상 돼보니까 음… 뭐라 그럴까? 복지가 달라. 우리가 영업소에 있을 때는 연차 하나 쓰더라도 눈치 봐야 되고 잠깐 시간을 내서 일을 보더라도 (근무를) 맞바꾸든지 해야 하는 데 여기는 쓰라고 해. 자녀 돌봄이 있고 가족 돌봄이 있고 쓸 수 있는 건 다 쓰라고 해요. 눈치가 안 보여요. 여기는 병가를 60일까지 쓰잖아요. 영업소에 있을 때 병가요? 15일 이상 쓰면 퇴사하라고 해요. 그런 면에서 인간적이잖아. 근데 왜 아프지도 않아? (웃음) 그리고 외출도 10분 단위로 쓸 수 있으니까 너무 좋은 거야. 연차 1개가 8시간이잖아요. 내가 밖을 나가야 해. 10분 안에 다녀오면 7시간 50분 남은 거야. 다 채워서 8시간이 되면 연차 1개가 까지는 거야.

　도로공사 정규직으로 딱 들어오니까, 어휴 뭐라 그럴까, 지식 차이? 이런 게 많이 느껴지는 거예요. 왜냐면 사무직들이 도로공사에서 하는 업무에 대해 이야기하면 우리는 못 알아먹는 거야. 기본적으로 도로를 매일 타야 하니까 도로에 대해 교육받는데 우리가 수납 부스에만 앉아 있었지 전혀 모르잖아요. 공부할 게 많구나, 머리 터지겠네, 이런 생각이 들지. 뭘 알아야 따지든지 말든지 하지. 알아서 공부해야 하는데 공부하기 싫어요. 책을 보면 잠이 와. (웃음) '아이고 사무실에 들어오라고 해도 못 가겠네.' 뭘 알아야 가서 일을 하든 말든 하지. 그래도 우리 부안지사는 양반이야. 왜냐면 일단 인간적으로 대해준다는 거. 하대를 안 한다는 거. 업신여기지 않고. 그래도 같은 직원이라고 생각은 하지만 동료라는 생각은 안 하죠. 한국도로공사 직원이라는 큰 테두리만 있을 뿐이지 세부적으로 들어가면 길이 다른 거죠. 이거는 당신 일, 이거는 우리 일. 넘어가면 안 되고 넘어오지 않으려고 하고. 우리는 넘어가고 싶죠. 기웃해 보고 뭐 하나 호기심에서 보고.

원직복직이 아니고 전혀 다른 일을 하고 있지만, 국민이 봤을 땐 '그거라도 감사하게 생각해' 이래요. '예전에는 너희들 좋게 봤는데 욕심이 너무 과하구나.' 이렇게 볼 수도 있어요. 우리 오빠가 어디에 있냐고 물어봐서 부안지사에서 근무 열심히 하고 있다니까 "그래, 이왕 그렇게 됐으니까 열심히 해라. 근데 아닌 건 알지?" 이러더라고요. 아, 우리 오빠같이 바라보는 시선이 많겠구나. 우리 생각에는 우리 방법이 옳고, 정당하게 법원 판결 받아서 간 거예요. 이걸 아는 사람은 알지만 모르는 사람들이 더 많아요. 지금도 그렇잖아요. 내 친구들이 간부급들이라 오너 입장이야. "정규직 되더라도 그런 방법은 아니지." 자기들끼리 그렇게 얘기해요. 내 앞에서는 못 하지. 예전에는 우리가 여론이 좋았어요. 근데 지금은 안 좋아. 실업자가 너무 많잖아요. 지금 취업 못 하는 사람들도 너무 많고 해고되는 사람들도 있고. 우리만 옳고 정당하다고 생각하는 거 같아.

이제 제대로 된 나의 일만 찾으면 돼요

아쉬움은… 우리 자리라든가 업무에 대해서 협의를 하고 들어갔었으면. 아무것도 없는 상황에서 해단식을 하고 5월에 들어간 거잖아요. 한국도로공사가 민주노총하고는 협의 자체를 안 하니까. 정규직이라는 목적은 이뤘죠. 일에 대해서는 뭐 맘에 안 들지. 왜냐면 솔직히 우리가 여기서 청소 업무 하시는 분들 일을 뺏은 거잖아요. 그분들 일주일 내내 할 거 주말에 하루 하는데. 남의 일자리 빼앗아서 우리가 꿰차고 있고. 국민들이 봤을 때는 '그 많은 세금으로 월급 주면서 겨우 저런 일을 시키네. 요즘 일자리 구하기도 힘든데 그 월급 주고 입사하라고 그러면 (사람들) 얼마든지 가. 왜 나이 든 사람들을 세금 써가면서 저렇게 써.' 이런 안 좋은 시선으로 볼 수도 있어요.

우리 보직을 딱 받았으면 떳떳하게 '이거 하고 있어'

이렇게 하면 되는데 지금은 우리가 복직됐어도 예전 직장보다 나은 직장, 나은 직군이 아니잖아요. 그러다 보니까 우리가 별 볼 일 없는 사람이 돼버린 거야. 사람들이 무슨 일 하냐고 물으면 한국도로공사는 다 기밀이라고 그래요. 내가 락스 비율을 어떻게 맞추는지 어떻게 얘기를 해요. 다 기밀이지. 근데 다 알지. 톨게이트 수납원 인터넷 찾아보면 기사 나오니까. 그러니까 일부러 물어보는 사람도 있어요. 아직 우리 월급도 영업소 때 수준으로 오른 것도 아니고 뭐 하나 제대로 내세울 것이… 신랑도 나 얼마 받는지 몰라. 어느 정도 정상적인 범위에 제대로 올라서면 내 입으로 다 까겠죠. 근데 그게 아니니까 말을 못 하는 거야. 복직은 됐지만, 아직 내 신분에 있어서는 채워지지 않는 반쪽짜리 같아요. 우리가 구호 외쳤잖아요. "우리가 월급 많이 달라는 거 아니다. 우리는 해고 없는 직장에서 일하고 싶다." 그렇게 외쳤는데 그게 됐잖아요. 해고 없는 정년이잖아요. 근데 그 뒤로 뭔가가 채워져야 하는데 그게 아닌 거죠. 우리는 우리가 받았던 레벨에서 밑이 아니라 동등한 것을 원하는데 지금은 아주 밑이잖아요. 우리 월급에서 거의 100만 원 정도를 못 받고 있으니까.

그래도 이제는 떳떳하게 도로공사 다닌다고 말할 수는 있잖아요. 옛날에는 톨게이트라고 말 못 했어요. 사람들이 잘 몰라요. 다들 외주업체인 줄 몰랐고, 우리도 도로공사 소속인 줄 알았어요. 그런데 어느 날 보니 아웃소싱 업체인 거야. 그래서 그때는 누가 물어보면 "여기 톨게이트는 도로공사에서 하나씩 떼어서…" 다 짜 맞춰서 말했지. 지금은 당당하게 "부안지사 다녀"라고 말하죠. 옛날에는 어디 영업소 그랬는데 이제는 지사가 들어가잖아요. 느낌이 다르죠. 우리끼리 명품회사 다니니까 말 곱게 써야 한다고, 말 함부로 하면 안 된다고 하죠. (웃음)

나는 앞으로 10년을 일해야 하기 때문에 내 보직을 확실히 받고 싶어요. 평생직장으로서, 직무로서 거기에 안주하고 싶은 거죠. 이 업무도 하고 저 업무도 하고 그런 것이 아니라 나는 고정적인 내 업무를 갖고 싶어요. 톨게이트 수납 업무에서는 해고됐지만, 우리가 할 수 있는 일을 주겠죠. 우리가 할 수 있는 일! 고속도로에서 일어날 수 있는 일, 미납 업무라든가 영상 보조 업무라든가 과적, 미납차량 관리 업무라든가 기타 우리가 모르는 연계된 일들이 있을 거 아니에요. 그중에 하나면 돼요. 잘 할 수 있어요. 근데 내가 외상값을 못 받아요. 미납 그거를 못해. 내가 돈 달라는 소리를 못해. '내가 그거 전문이야' 그러는 언니들도 있는데 나는 정말 못해요. 나는 영상 보조. (웃음) 그거 줬으면 좋겠어.

지금까지는, 해고되기 전까지는 가족을 위해서 산 삶이었다고 봐요. 근데 해고되고 나서는 정말 나를 위한 싸움이고 내 삶을 개척하기 위한 그런, 뭐라 그럴까, 투쟁! 지금을 제2전성기라고 봐야 하나? (웃음) 앞으로 10년 이상을 일해야 할 거 같아서 내가 선택한 거잖아요.

내 가족을 위해 선택한 것이 아니라 오로지 나만의 생각으로, 내 앞을 보고 내가 선택한 길이라고 생각했기 때문에 여기까지 온 거 같아요. 큰일이든 작은 일이든 간에 그 안에서 다섯 명이 똘똘 뭉쳐 일을 하기 때문에 날마다 재밌어요. 그냥 하루 즐겁게 보내자. 복직돼서 눈 뜨면 내가 갈 곳이 있다는 게 너무 행복하고, 또 6시 땡 하면 퇴근을 해. 너무 즐거워요, 집에 오는 길이. 이제 제대로 된 내 일만 찾으면 돼요.

톨게이트엔 왜 여성노동자가 많을까?

톨게이트 노동자 투쟁 현장에 연대 갔을 때 남성노동자 조합원을 보고 나도 모르게 "남성조합원도 있었네요"라고 말해버리고 미안하고 부끄러웠다. 하지만 톨게이트를 지나면서 단한 번도 남성노동자를 본 적이 없었던 터라, 투쟁 현장에서 만난 남성노동자들이 소수지만 의외였다. 그러다 보니 톨게이트 수납 노동에 왜 여성들이 특히 많이 종사하는지 의문스러웠다. 여/남성을 구별해야 할 노동도 아닌데 여성노동자만 있는 현실이 너무 자연스러웠다. 마치 원래 그랬던 것처럼, 그래야만 하는 것처럼.

과거 톨게이트 요금수납원들은 한국도로공사의 정규직 노동자였다. 그런데 1997년 외환위기를 지나며 수납 업무 외주화가 가속화되자 이 노동은 여성에게 전가되었다. 도로공사가 톨게이트 영업소를 직영으로 운영하던 시절 영업직으로 근무했던 남성노동자 중에는 외주화가 진행되며 본사로 들어간 이들도 있지만, 대부분의 여성노동자들은 외주업체로 간접고용됐다. 도로공사만이 아니다. 외환위기하에서 발생한 고용인원 감축은 여성의 정규직 감소와 비정규직 증가로 이어져

117

여성노동의 비정규직화를 초래했다. 기혼여성은 남편과 같은 직장에서 일한다는 이유로 '퇴출 0순위'가 되었고, 맞벌이를 이유로 '퇴출 1순위'가 되었다. 이처럼 여성노동자는 직장에서 우선 해고 대상이었다. 생계유지자로서의 남성의 지위와 생계 보조자로서 여성이 갖는 2차적 지위에 대한 인식이 노동시장에서 재확인되었다.[16]

정은자 님의 이야기에는 자신의 노동과 일터에 대한 자부심이 배어 있다. 그래서 투쟁에 나서는 자신에게도 당당했다. '누구의 아내로, 며느리로, 엄마로 살아왔는데 이제는 나로 한번 살아보겠다'는 그녀는 남편에게도 "내 직장이고 소중한 직장인데 당당하게 계속 다니고 싶다. 당신한테 허락을 구하는 게 아니라 이해를 구하는 거다"라고 말했다. 이제 그녀는 투쟁의 결과로 정규직이 되었지만, 여전히 많은 여성노동자가 비정규직이다. 여성의 비정규직 비율은 남성보다 높고 꾸준히 늘고 있다. 남성노동자의 비정규직 비율은 2007년 31.4%에서 2019년 29.4%로 2%p 감소했지만, 여성노동자의 비정규직 비율은 2007년 42.0%에서 2019년 45.0%로 3%p 증가했다.[17]

결혼과 함께 직장을 그만두어야 했던 정은자 님은 아이를 키우면서 자신의 일을 다시 찾고 싶었다. 그러나 남편 직장을 따라 이주하고 아이들의 학업을 신경 쓰면서 자신이 원하는 일을 찾아 지속하기는 쉽지 않았다. 다른 톨게이트 여성노동

---

[16] 손승영·박옥주, 《여성노동과 페미니즘 ─ 보호라는 이름의 차별과 배제의 논리》, 박영사, 2021. 13쪽.
[17] 워커스 편집부, 〈차별, 그리고 불안정노동과 싸워왔던 여성노동자들〉, 〈워커스〉, 사단법인참세상, 2020년 1월호.

자들도 사정은 비슷했다. 수납노동자가 되기 전에 보험 판매, 마트 일, 옷 장사 등 다양한 노동을 경험했다. 정은자 님이 간호조무사 자격을 취득한 것처럼 지금도 많은 여성이 일자리를 위한 자격증에 도전한다. 요즘 '중년 여성 일자리'를 검색하면 사회복지사 자격증 광고를 많이 볼 수 있다. 돌봄노동의 수요가 증가하면서 요양보호사와 같은 돌봄서비스직으로의 진출도 늘고 있다. 그러나 중년 여성의 일자리는 많지 않다. 서울이나 대도시가 아닌 지역에서 살면서 안정적인 일자리를 구하기는 더 쉽지 않다. 전국에 퍼져 있는 톨게이트 수납 업무는 여성이 자신의 지역에서 생활을 이어가면서 노동할 수 있는 몇 안 되는 일터이기도 하다.

경력단절 이후 여성들이 노동시장에 재진입하더라도 이전과 유사한 수준의 기업에서 일하거나 동등한 지위를 얻기는 어렵고, 파트타임과 비정규직 노동의 비중이 커진다.[18] 재취업 여성들의 직종으로는 서비스 종사자, 판매 종사자, 단순노무자의 비중이 높다. 회사에 입사하기보다 창업이나 프리랜서를 선택할 가능성이 높다는 분석도 있다. 한국 기업은 노동시간이 길고 가족을 돌보는 시간에 인색하기 때문에 재취업을 하려는 여성들 입장에서 전일제 취직을 선택하기가 어렵다는 뜻이다.[19] 톨게이트 노동자들이 고된 3교대 노동을 버틸 수 있는 이유도 마찬가지다. 2019년 통계청이 발표한 자료에 따르면, 경력단절 사유로 결혼과 임신, 육아를 꼽은 여성의 비율은

[18] 손승영·박옥주,《여성노동과 페미니즘 − 보호라는 이름의 차별과 배제의 논리》, 박영사, 2021. 64~67쪽.
[19] 임아영, "30대 여성 '경력단절', 재취업 선택지는 '저임금 단순 일자리'", 〈경향신문〉, 2023.3.16.

40대 87.5%, 50대 75.1%로 나타났다. 2019년 25~54세 기혼 여성 중 경력단절을 경험한 여성은 35.0%였다. 2021년 경력 단절 여성의 경력단절 기간은 8.9년으로 전년(8.4년) 대비 0.5 년 상승했고 2022년에는 9.1년으로 상승해 처음으로 9년을 넘어섰다. 경력단절 여성의 실업 상태가 길어지고 있고, 이들 이 노동시장에 다시 진입하기 어렵다는 의미이다.[20]

한국노동사회연구소가 2022년 12월 발표한 〈비정규직 규 모와 실태〉 보고서를 보면, 남성은 저연령층(20대 초반 이하) 과 고연령층(50대 후반 이상)의 경우에만 비정규직이 정규직 보다 많다. 그러나 여성은 20대 후반을 제외한 모든 연령층에 서 비정규직이 많다. 정규직 여성은 20대 후반을 정점으로 그 수가 크게 감소하지만, 비정규직 여성은 20대 초반과 40대 초 반을 정점으로, 30대 초반을 저점으로 하는 M자형을 그리고 있다. 이것은 자녀 육아기를 거친 여성이 노동시장에 다시 진 입하려 할 때, 그들에게 제공되는 일자리가 대부분 비정규직 인 데서 비롯한 것으로 해석된다. 대부분의 OECD 국가 여성 고용률은 20대부터 30대, 40대까지 계속 상승하다 50대 이후 하락하는 것으로 나타나지만 한국의 경우만 30대에 크게 하 락했다가 40대에 다시 상승하는 모습을 보인다.

정은자 님은 생계를 혼자 책임져야 하는 상황이 아니기 때문에 투쟁 동안 경제적 위기를 고민하지 않아도 되었고, 따 라서 별로 힘들지 않았다고 말했다. 그렇기 때문에 경제적인 이유로 투쟁을 지속하지 못하거나 자회사를 선택한 사람들 을 원망하지 않았을 것이다. 그러나 경제적 부담을 안고도 투쟁을 지속한 사람들이 있듯이 노동의 가치는 경제적인 것에만 있지 않다. 이들은 지금 '제대로 된' 일을 원한다. '제대로 된' 일이란 존중받는 노동일 것이다. 여성이라는 이유로 하찮은 일을 한다고 취급받거나, 남성보다 적은 임금을 받거나, 결혼을 하며 당연하다는 듯 일을 그만두고 육아에 전념해야 했던 이 여성들은 누구보다 각자만이 가진 고귀한 노동의 가치를 잘 알고 있을 것이다. 이들에게 직접고용을 쟁취했던 것만큼 '제대로 된' 일을 쟁취하는 것이 중요한 이유다.

"겁 없는 여자들"

☞ 구술, 이은자 ☞ 글, 희정

4장

투쟁의
현장에서
여자로서,
엄마로서
싸우기

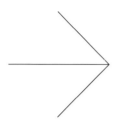

인터뷰는 바다가 보이는 카페에서 이뤄졌다. 바닷바람이 거칠어 날이 쌀쌀했으나 바다색이 맑았다. 동해 바다. 그가 나고 자란 곳이었다. 아니다. 우리는 삼척시에서 바다를 바라보며 인터뷰를 했으나, 이은자 씨가 태어나고 자란 곳은 동해시에 속해 있었다. 그는 이곳 바다가 예쁘다고 했다. 하지만 이야기를 나눌수록 그가 나를 이곳으로 데리고 온 이유에는 좁은 지역 사회 탓도 있겠구나 싶었다.

"여기는 시골이라" 시내 카페만 가도 아는 사람을 만난다고 했다. 투쟁으로 세상을 보는 시야는 넓어졌는데, 그가 자녀들을 키우며 살아가는 지역은 여전히 복작거리고 사람들 간의 간격이 좁다. 그 복작거림이 다복함이 될 때가 많아, 은자 씨는 자신의 고향을 좋아했다. 이곳을 떠나본 적이 없다고 했다. 하지만 투쟁이 성과 없이 끝나면 고향을 떠나겠다고 마음먹었다고 했다. 싸움에서 패배한 사람이라는 낙인을 지고 이곳에서 살기 어렵다는 생각 때문이었다. 그런 동네에서 이혼을 하고 혼자 자녀들을 키우는 삶이 더 쉽지 않았으리라고 짐작해 본다. 이 점을 물어보고 싶었으나 입이 잘 떨어지지 않았다.

내 앞에 앉은 이은자 씨는 해맑고 순하고 다정해 보였는데, 그 모습이 어쩐지 눈에 자꾸 밟혀, 내게도 혼자 자녀를 키우는 여성의 억척과 강단이라는 고정된 이미지가 있었음을 깨달았다. 그래서 묻는 일이 조심스러웠다. 혼자 벌이하고 돌봄하는 여자의 고단한 삶이라는 것 또한 어떤 부분에서 나의 편견이 담긴 상상일 테니. 그럼에도 듣고 싶었다. 그가 애틋하게 노동하고, 신명 나게 투쟁한 이야기들을.

남자 여자 너무 차이가 나더라고요

싸우면서 주변에서 좋은 소리보다 나쁜 소리를 많이 들었죠. 나쁘게 얘기하면 독한 년. (웃음) 아니면 진짜 멋있다. 그런데 멋있다는 이야기는 직접적으론 많이 못 들은 거 같아요. 세상이 많이 바뀌었다고 해도 여자들에 대해서는 크게 그렇지 않은 것 같아요. 여자는 튀면 안 되고 앞서서 나가는 것도 안 되고. 제재받는 게 많은 거 같아요. 나부터도 이런 생각이 고정관념인지 모르겠지만, 좀 위축이 되잖아요. 뭘 하는 데 있어서. '여자니까.' 이런 거를 바꿔나가는 게 좀 더 어렵지 않나 싶거든요.

이런 경험도 있어요. 식당을 갔어. (톨게이트) 전라도팀하고 강원도팀하고 같이 집회를 하고 식당에 간 건데, 가서 쫙 앉잖아요. 노조 위원장님하고 해서 남자들도 몇 명이 같이 앉았어요. 우리가 숟가락 젓가락 다 가져다주고, 빈 그릇 다 세팅해 주고 막 그래. 국이 끓으니까 다 떠주고 그랬어요. 그랬더니 위원장님이 그랬나, 누군지는 정확히 기억이 안 나는데, 하여튼 왜 이러시냐고. 그러지 말라고. 이렇게 할 필요가 절대로 없다고. 그래서 우리가 "우리 몸에 배서 그래요" 하니까, 남들 보기에는 여자가 남자들 챙겨주는 것밖에 안 된다고. 그냥 먹고 싶은 사람이 퍼서 먹으면 된다고 그러더라고요. 우리도 그래야지 하고 머리로는 아는데 정신 차리면 퍼주고 있잖아요. 몸에 배서. 투쟁하면서 그러지 말라는 이야기를 많이 듣는데도, 아직 좀 그래요.

사람들이 여자 남자 평등을 외쳤잖아요. 옛날부터 외쳤잖아요. 그런데 저는 생각이 좀 달랐어요. 여자는 여자 자리에서, 남자는 남자 자리에서. 여자랑 남자가 똑같을 수는 없다고 생각했어요. 왜냐하면 여자가 출산을 하기 때문에. 애를 낳자마자 다음 날부터 애 놓고 나가고 그럴 수는 없으니까. 그런데 어느 정도 애들이 컸는데도 남자 여자 너무 차이가 나더라고요. 요즘은 둘 다 직장 생활을 하잖아요. 똑같이 나가서 벌잖아요. 똑같이 버는데 여자들이 집안일까지 해야 해. 물론 남자들이 옛날보다야 집안일을 많이 하지만 여자들이 하는 일이 훨씬 많잖아. 그게 좀 안타까워요. 저도 옛날에 그랬고.

정말 옛날에는 일 끝나고 나면, 저녁을 밖에서 먹고 들어갔으면 좋겠더라고요. 그런데 밤 9시, 10시에 끝나도 애들 아빠는 집에 가서 밥을 먹어야 해. 저는 애를 친정엄마네 맡겨놓고 일했어요. 애 낳고 한 달 정도 쉬고는 계속 일했거든요. 놀아본 적이 없어. 일 끝나면 엄마 집에 가서 애를 찾아가지고 집으로 가요. 가면 자기는 가자마자 씻고 누워, 피곤하다고. 나는 그때부터 애를 데리고 밥을 해. 상 차려서 먹고 치우고 나면 10시가 넘는 거예요. 그러면 애 챙겨서 재워야지. 다음 날 눈 뜨면 밥해야지, 애 챙겨서 보내야지. 내가 뭔가를 안 하면 싸움밖에 안 돼요. 니 해라, 니 왜 안 하냐 하면서. 그러니 결국 내가 하게 되는 거지. 같이 일 나가서 같이 들어오는데. 왜 여자는 일을 배로 해야 할까요?

애들이 4년 터울이거든요. 애 하나 놓고도 계속 안 좋았어요. 애가 하나만 있으면 어디 가서 뭘 해도 나 혼자 살 자신이 있는 거예요. 쟤 하나 데리고 뭘 못 해 먹고 살겠나. 그런 자신감이 생겨요. 그런데 또 어떨 때는 애가 불쌍한 것 같아. 아이가 하나 더 생기면 마음을 잡고 살지 않을까. 내 자신감을 꺾어서 집에 놓아둔 거죠. 그래서 애를 하나 더 작정하고 낳았는데, 그러다 보니 셋째도 들어서가지고. 그래도 안 될 건 안 되더라고요. 결국엔 헤어졌어요.

여자가 애들만 데리고 직장 생활을 하는 게 그리 쉬운 일은 아니더라고요. 하다 보니까 뒤에서 보는 시선도 있고. 이것저것 일은 많이 했지만, 뭐 금전적으론 어렵게 살았다고 생각 안 하는 게, 내 형편에 맞춰서 살았기 때문에. 우리 애 아빠하고 살 때는 워낙 요구하는 게 많아서 거기에 맞추려고 하다 보니까 오히려 힘들었지. 애들만 데리고 살았을 때는 다 줄이고 사니까 살겠더라고요. 그래서 오히려 마음은 편했지. 끼니때마다 장 봐서 밥해야 할 필요 없고, 찌개만 끓여서 먹어도 되고. 일도 많이 줄었어요. 내 몸은 편하더라고요. 그런 거 생각하면, 혼자 살면 여자가 힘은 더 들지만 마음은 편해요.

"겁 없는 여자들"

우리 (삼척)영업소는 여자만 있어서, 우리가 뭐든 다 해야 한다고 생각을 하고 있었어요. 눈 오면 눈 치우고. 물론 눈 치우는 차가 와서 치워주지만, 구석구석은 못 하니까. 그리고 그 사람들은 우리가 커피라도 대접하고 잘해줘야 주차장 눈도 밀어주고 그러지, 그러지 않으면 그냥 가요. 나중에 보니까 그 사람들도 다 업체 용역이더라고요. 고속도로 풀 뽑는 것도 우리가 하고. 심지어 사무실 안으로 세탁기 옮기는 것도 우리가 했어요. 숙직실에 세탁기가 있었거든요. 거기가 휴게실이기도 한데, 거기서 쉬는 일은 거의 없었어요. 사무장이 못 쉬게 해서. 웬만한 일은 다 우리가 했죠.

김천(본사) 농성에 들어갈 때도, 남자 여자 그런 개념이 의미가 없었어요. 같이 먹고 자고 같은 공간에서 생활했기 때문에. 청소하면 같이 청소하고. 어차피 우리 생활하는 공간이니까. 밥도 배식을 해주니까 주는 것 먹고. 남자건 여자건 네가 할 수도 있고 내가 할 수도 있고. 물론 같이 싸운 분들 중에 장애가 있는 사람들이 있어서 우리가 남자 여자 역할이 있다고 생각을 안 한 건지, 아니면 같은 조합원이라서 그런 생각을 안 한 건지는 모르겠지만. 하여튼 그런 구분 자체가 없었던 것 같아요.

그런데 김천에서도 '여자'라는 말이 나오는 그런 일

이 있었어요. 거기선 늘 경찰들하고 우리하고 자리 싸움이 있었어요. 우리가 이 안에 있으면서 잠도 자고 생활을 하는데, 경찰들이 우리를 뺑 돌아서 서 있어요. 우리 잘 때 쳐다보고. 우리는 그게 늘 시선 폭력이다. 이렇게 항의하곤 했어요. 돌아서 있으라고 요구도 하고. 또 새벽에 교대를 하는데, 우리는 낮에 일정이 있으니까 밤에는 자야 하잖아요. 그런데 전투화 소리, 질질질 쿵쿵쿵. 우리는 차가운 대리석에서 자고 몸이 피곤하다 보니까 자꾸 신경이 거슬리고 짜증이 나잖아요. 그런 상황에서 젊은 경찰 하나가 말을 함부로 한 거예요. 우리가 쳐다보니까, 그 사람이 뭐라고 했냐면 "예쁘게 생기지도 않았으면서 왜 쳐다보냐." 거기에 우리가 열이 받은 거죠. 사과해라. 성적인 언어 폭력이다. 그러니깐 그 사람이 사라진 거예요. 그래서 우리는 사과받을 때까지 못 끝낸다. 나와라, 해가지고 밤새도록 뺑 둘러앉아서 지키고 있었죠. 우리가 경찰들을 뺑 둘러서 못 나가게 한 거잖아요. 그런데도 무섭지가 않았어요. 우리는 당연한 걸 요구하는 거니까. 방송에도 "겁 없는 여자들"[21], 이렇게 나갔잖아요. 우리가 그 제목 보고 저 말이 맞기도 하다 했어요. 우리다 강한 사람들이 아니었는데, 어찌 보면 겁도 많은 사람들이었는데. 어떻게 이렇게 변했을까 싶을 정도였어요. 아무튼 그 사람이 나중에 나타나서 자기는 그런 말 한 적

[21] 2020년 1월 17일, KBS 시사프로인 〈시사직격〉에서는 '겁 없는 여자들'이라는 제목으로 톨게이트 요금수납 비정규직 노동자들의 해고 200일을 기록, 방영했다.

130

이 없다고 했는데, 우리가 그때 영상을 찍고 있었거든요. 거기 찍힌 거야. 그게 없었으면 경찰서장이 안 나섰을지도 몰라요. 경찰서장이 나서서 사과하고. 자기들도 증거가 찍혀 있으니 사과를 한 거예요. 우리도 절대 안 물러설 기세고. 그렇게 사과를 받은 거예요.

지금 생각해 보면 다 갑질

투쟁할 때 힘들었죠. 여름에 그 아스팔트에서. 도로 위에서 자고, 화장실에서 씻고, 인생에서 다신 못 할 경험을 했죠. 공중화장실에서 샤워도 해봤다니까요. 너무 더우니까. 차라리 뭘 할 때는 괜찮아요. 투쟁가를 따라 부른다든가 율동을 한다든가. 그런데 그게 딱 끝나면 너무 지치는 거예요. 가만히 앉아 있어도 머리에서 열이 막 나는 거예요. 한번은 시내버스를 타려고 나갔다 왔어요. 버스 안은 시원하니까. 시내버스를 타고 청와대에서 불광동으로 가서 종점 북한산에서 딱 내렸는데, 너무 더운 거야. 다시 버스 타고 돌아왔죠. 그때 생각하면 너무 힘들었지. 그렇지만 재미있었어요. 율동도 배우고 연대 오는 사람들과도 어울리고. 노동가요를 언제 그렇게 불러보겠어요. 들어보지도 못했는데. 저는 매일 애들만 키우며 살다가, 데모라고는 텔레비전에서 대학생들이 하는 것만 봤어요. 화염병 던지고, 파이프로 때리고. 다 이상한 사람들인 줄 알았어요. 폭력적인 것만 생각했거든요. 그런데 우리가 투쟁을 해보니까, 몸으로 많이 이야기를 했던 것 같아요. 광화문에서 행진하고 전부 다 모여서 율동하고. 뭔가 내가 여기를 점령한 것 같은 그런 뿌듯함도 있고 그랬거든요. 거리에서 춤추는 거 지금이면 어떻게 하겠어요. 동료들이 있어서 그랬던 거 같아요. 매일 같이 먹고 자고 했으니까.

(농성 투쟁 끝나고) 동해에 와서 동료들하고 같이 안 자니까 이상할 정도로 보고 싶고. 의지를 많이 했죠. 힘들 때는 옆에서 하는 말 한마디가 정말 힘이 많이 되잖아요. 동지의 힘이 크구나. 그리고 사람 많은 거하고 작은 거하고 힘이 다르구나. 지금 생각하면 1,500명 대오라는 숫자가 힘이 된 것 같아요. 그래서 도로공사 들어갈 때 우리가 다 뿔뿔이 찢어지는 게 걱정이었어요. 소수가 되면 잘 이겨낼 수 있을까.

그전에 톨게이트에 있을 때는 1년 단위로 재계약을 했으니까, 재계약할 때쯤이면 사무장이 매일 서류 들고 다니면서 "야야, 집으로 보내줄까. 어디로 보내줄까" 했어요. 삼척영업소는 용역회사였거든요. 톨게이트 말고도 호텔에도 사람을 파견하고. (인력 파견) 용역업체였어요. 호텔로 보낼까, 여기 그냥 다니게 해줄까. 어디로 보낼까, 그런 거죠. 지금 생각해 보면 다 갑질이잖아요. 그때는 몰랐죠. 잘 보여야 하는구나. 그때 우리는 같이 일을 해도 다 뿔뿔이 개인이었어요.

감사하게 들어갔죠

2016년 9월에 삼척 톨게이트가 문을 열 때 제가 들어갔 거든요. 그전까지 애들 아빠랑 이혼하고 혼자 살다 보니 까, 대리운전도 했었고 내 장사도 해봤어요. 가게가 힘들 어서 그만두고, 식당을 1년 정도 다녔는데 아는 언니가 여기 톨게이트가 오픈하는데 해보지 않겠냐고 그러더라 고요. 오늘까지 서류 마감이니깐 한번 넣어봐라. 저는 톨 게이트에서 일할 거라곤 생각해 보지도 않았거든요. 지 나가면서나 봤지. 여기는 지방이다 보니 여자 일할 데가 없어요. 그러니까 이런 데가 있으면 다들 얼른 들어가려 하죠. 여긴 전문직 아니면 마트, 식당 이런 데밖에 일할 곳이 없으니까. 감사하게 들어갔죠.

사실 3교대라서 힘들 것 같았는데, 그래도 고정 수 입이 생기면 생활에 계획이 생기는 거잖아요. 거기에 맞 춰서 살게 되더라고요. 애들 다 졸업할 때까지는 다녀야 겠다. 내가 이것저것 하다가 들어갔으니까 여기를 마지 막 직장으로 삼아야겠다 했죠. 그런 마음으로 다녔는데, 이런 결과가 된 거죠.

저는 재미있게 일했어요. 저희한테 오는 고객들 대 부분 하는 말이, 고속도로를 지겹게 운전하고 왔는데 여 기서 사람이 웃으면서 반갑게 맞아주니까 자기네들도 기 분이 좋고 피로가 풀리는 거 같다고. 저 역시 마찬가지거든요. 그 사람들에겐 제가 우리 동네 들어오며 처음 만나는 사람이잖아요. 반갑게 인사를 할 수 있어서 즐겁죠. 이 일이 내 적성에 딱 맞는구나.

물론 사람들 중에 인상 쓰고 욕하는 사람도 있어요. 같이 짜증을 못 내요. 무조건 죄송합니다, 그래야죠. 토 달면 안 돼요. 토 달면 화를 더 많이 내요. 우리 투쟁할 때 경찰들이 와서 소리 지를 때보다 더 무섭죠. 아저씨들이 내려서 삿대질하면 얼마나 무섭다고요. 수납 부스 문은 못 열게 해놓았는데, 막 잡아당기고. 들어오면 안 되거든요. 부스 안에 돈도 있고 그러니까. 원래 그런 일이 생기면 밖에 있는 입구 근무자가 와야 하는데, 삼척에는 입구 근무자가 없었어요. 최소 인원으로 돌아갔기 때문에. 그러면 손님 받으면서 이쪽에는 계속 죄송하다고 하는 거죠. 저 사람이 다른 데서 화난 걸 여기다 풀려나 보다. 그렇게 넘겨버려야지, 그걸 일일이 다 생각하면 우리도 스트레스 받아서 못 살아요. 지나고 나면 욕을 하죠. 나 혼자 욕하며 풀어야죠. 그래도 웃으면서 대해주는 사람들이 더 많으니까.

달마다 바뀌는 용역 사무장

사람이 최소 인원이었어요. 내가 오늘 일이 있어서 연차를 쓰려면 다른 사람이 연장을 할 수 밖에 없는 상황이에요. 원래는 인원이 한 명 더 있어야 맞는데, 안 뽑는 거죠. 사람들 대부분이 연장을 했어요. 저도 오후에 나와서 아침에 퇴근할 때도 있고. 그럼 12시간 넘게 근무하는 건데, 그게 또 주 52시간만 안 넘으면 된다고 하니까. 나중에는 야간에도 한 명만 일했어요. 밖에 한 명, 사무실에 한 명. 화장실 가려면 안에 있는 사람을 불러야 하는 거예요.

　　자회사로 넘어가기 전에, 삼척영업소는 업체 계약을 끝냈어요. 용역 계약은 12월에 끝났는데, 자회사로 넘어간 건 6월쯤이었으니까. 도로공사가 그 반년 기간을 이전 업체랑 연장계약을 한 게 아니라, 다른 용역업체를 불러서 채운 거예요. 마찬가지로 자회사 전환 때문에 2년도 안 돼서 계약이 끝나게 생긴 업체들이 있잖아요. 못채운 자투리 시간을 여기 업체 떼주고, 저기 업체 떼준 거예요. 그래서 삼척영업소를 이 사람들이 한 달, 두 달 이런 식으로 계약을 맺어 오는 거예요. 달마다 사무장이 바뀌는 거죠. 그런데 오는 사람마다 스타일이 다 달라. 어떤 사람은 서류를 이렇게 쓰라고 하고. 어떤 사람은 저렇게 쓰라고 하고. 한 달 있다가 갈 거면 대충 있지 왜 저럴까? 그런 생각도 많이 했는데, 사무장들이 대부분 60대 후반이나 70대였어요. 도로공사 다니던 사람들이 퇴직하고 협회에 가입해서, 업체를 입찰받아 사무장으로 들어가는 거예요. 그러니까 다들 꽉 막힌 거야. 자기 스타일대로 하려고 하는 거예요. 먼저 있는 사람들 따라가는 법이 없어요.

　　그런 이야기 많이 들었겠지만, 성희롱 같은 거. 완전 성희롱이라 하기에는 좀 애매한데, 갑질 같은 거 많이 했어요. 어떤 사무장은 자기 친구가 내려오는데 나보고 운전해서 자기들 1박 2일로 데리고 다니래요. 내가 왜요? 이러니까 '일당 주면 되잖아' 이러고 있어. 같이 태우고 다니다가 밥 먹으러 가면 따라가서 같이 밥 먹고, 술 먹으러 가면 또 같이 먹으면 되는 거 아니냐고. 그런 걸 참 쉽게 생각하더라고. 돈 주면 된다 이렇게. 저 새끼가 미쳤나 했지. 대놓고 이렇게 말할 수는 없으니까 이 핑계 저 핑계 대서 결국 안 따라갔죠. 거절을 했더니 사람이 바뀌더라고. 그전에는 음흉하면서도 친절하게 나왔는데, 그 뒤로는 찬바람이 쌩쌩 분다고 할까. 말도 탁탁 쏘아서 하고.

'엄마'들이 일하기 좋은

노조 가입할 때 몰래 했죠. 속닥속닥해서. 업체는 우리끼리 모임하는 것도 좋아하지 않았어요. 밖에서 따로 만나는 거 자체를. 말이 나올까 봐 그랬겠지. 그래서 대로변에 있는 커피숍에서도 못 만났어요. 롯데리아에서 만났죠. 그게 안쪽에 있으니까. 진짜 몰래 만났거든요. 몰래 만나서 몰래 가입을 했어요. 사무장 무서워서, 가입했다고 하면 그만두라고 할까 봐. 그런데 그럴수록 노조는 가입을 해야 된다고 생각해서 저도 가입했거든요. 저는 설사 자회사로 가더라도 노동조합은 필요하겠다 싶더라고요. 더 큰 용역회사(자회사)를 만드는데, 더 크게 갑질을 하지 않을까. 그러면 노동조합은 더 필요하지 않을까. 나중에 업체는 자회사 사인 받을 때쯤에 우리가 노조 가입한 걸 알았죠. 우리가 한두 명 빼고 다 가입을 했거든요. 그런데 자회사 간 사람들은 노조를 탈퇴하더라고요. 저는 탈퇴하지 말라고 했거든요. 근데 다 탈퇴하더라고요. 자회사에서 싫어하니까. 그리고 자회사 간 사람들이 또 다른 노조를 만들었잖아요. 그 노조로 가야 하니까 다 탈퇴를 하더라고요.

그래도 우리 삼척은 직접고용으로 많이 갔어요. 12명 중 7명. 나머지 사람들은, 그래도 교대근무가 낫다 하는 사람도 있었고. 자녀가 초등학생인 엄마가 있었는데, 그 친구 같은 경우는 교대근무를 해야지 자기가 낮에 애들 봐줄 시간이 있다고 그러더라고요. 주간 근무만 할 수 없다고. 그런 것 때문에 자기는 집 가까운 데에서 교대근무를 해야 한다면서 자회사를 간 거예요. 해고한다고 해서 자회사를 간 게 아니거든.

수납원 일이 우리 때의 '아줌마'들이 와서 일하기에 좋게끔 만들어 놓은 것 같아요. 신랑이 너무 젊거나 애들이 어리면, 이 일 하는 걸 싫어하잖아요. 3교대 근무니까 새벽에 나가고 밤에 일하기도 하고 애기가 너무 어려도 쉽지 않은 일이죠. 그러다 보니까 어느 정도 애들이 컸을 때 일을 하러 나온 거죠. 그런 거 생각하면 거의 중고등학생을 키우는 엄마들, 그 연령대 엄마들이 일하기 가장 좋은 조건이거든요. 애들 밤에 재워놓고 일을 하는 거죠. 3교대는 일찍 끝나면 집에 일 좀 챙기다가 또 저녁 챙겨 먹일 수 있고. 야간일 때는 우리가 10시까지 출근하니까 집안일을 좀 해놓고 나갈 수 있고. 주부들이 집안일하고 겸해서 할 수 있는 일이니까 '아줌마'들이 좀 더 많지 않나. 그런데 왠지 씁쓸하네.

당일에 받은 해고 통보

저는 여기를 진짜 마지막 직장이라고 생각했거든요. 퇴직할 때까진 다녀야지, 그런 마음으로 왔는데. 해고할 때 진짜 악랄하게 했잖아요. 우리가 5월 말일까지 근무를 했거든요. 해고 통보를 마지막 날 당일에 한 거예요. 우리한테 해고하겠다고 말도 안 했어요. 그냥 그날 해고한 거예요. 처음에는 너희가 선택을 해라 하면서 1안, 2안, 3안을 가져왔어요. 1안은 자회사, 2안은 직접고용, 3안은 뭐였지? 그렇게 선택을 하라고 하더라고요. 그러면 누가 자회사에 간다고 하겠어요. 다 직접고용 간다고 하지. 그랬더니 "자회사 가면 톨게이트 일 시켜주고, 도로공사 가면 강릉지사에 가서 풀 뽑기를 시키겠다" 이러는 거예요. 당연히 풀 뽑기를 해도 정규직으로 가는 게 낫잖아요. 1년마다 잘릴까 봐 걱정하는 것보다. 사실 자회사라는 게 덩어리가 하나로 커진 용역회사랑 똑같은 건데. 그때도 톨게이트가 2020년부터 스마트톨링[22]을 한다, 자동화를 한다, 그런 이야기가 있었어요. 그러니까 우리는 '사람을 쉽게 자르려고 자회사를 만드는 게 아닌가' 그런 생각을 하는 거죠. 사람이 점점 필요 없어진다니 나중에는 인원을 크게 감축하는 일이 있을 거고, 그때 아예 자회사를 없애버리면 그만이니까. 그래서 우리가 도로공사로 가겠다고 했더니, 그때부터 집에 전화를 해대고 난리예요. 도로공사 사람들이, 한 번도 우리 앞에 나타난 적이 없던 그 사람들이 매일 영업소 와가지고. 심지어 간식이랑 음료수도 사가지고 와서 우리랑 매일 면담하고, 자회사 가라고. 제가 그랬어요. "저거 보면 초등학생도 알겠다. 쟤네가 뭐가 아쉬운 게 있으니까 우리한테 매일 와가지고 이야기를 하는 거 아니겠냐." 그래서 안 갔죠. 그러다가 해고 통보를 받았어요.

사실 우리를 그렇게 해고할지 몰랐어요. 노동조합에서는 우리가 해고될 수도 있다고 했어요. 그런데 우리는 설마 해고를 하겠냐. 우리가 몇천 명인데. 그렇게 생각했는데 진짜 한 거죠. 그런 상황을 우리가 해고되기 전에 겪다 보니깐 사실 악이 찰 때까지 찬 거죠. 안 싸울 수가

[22] 무정차 통행료 납부시스템. 영상인식 기술을 사용, 차량번호를 파악해 차량을 정차시키지 않고 통행료를 부과하는 방식이다. 2016년부터 일부 고속도로에서 시범 시행하고 있다.

없었어요.

집에서 애들 밥이나 해주지

투쟁할 때 제일 신경이 많이 쓰인 건, 우리 딸. 고3이었잖
아요. 고3인데 집에 혼자 두고. 그때 우리 큰애가 제대하
고 복학하기 전이라 숙식 제공하는 알바를 했거든요. 작
은애는 군대에 있지. 그러니까 막내가 혼자 있었어요. 불
안한 거예요. 혼자 놔두고 가려니까. 우리 집에 강아지가
한 마리 있었어요. 열 살이 넘었거든요. 이런 생각도 드
는 거예요. 아이가 혼자 있는데, 강아지가 죽으면 어떻
게 하지. 얘가 이걸 혼자 어떻게 감당하지? 늘 불안하면
서도 미안한 마음도 컸고. 전화 통화를 매일 30분에서 1
시간씩 했어요. 고맙게도 어긋나지 않고 예쁘게 잘 커줬
어요. 그게 저는, 제가 바른길을 갔기 때문에 내 자녀도
바른길로 간 거라고 생각해요. 서울에서 민주노총 대회
를 할 때, 우리 딸이 가족 대표로 나가 편지글을 낭독했
어요. 혼자서 동해에서 서울까지 올라와서. 저는 그냥 한
번 할래? 권했는데 선뜻 한다고 하더라고요. 그때 너무
고마웠고. 우리 딸이 나를 이해해 주는구나, 이런 생각에
뿌듯하기도 하고 더 많이 미안하기도 하고.

　　우리 집에서는 응원을 많이 했죠. 친정 가족들도. 특
히 형부가 많이 응원해 줬지. 처음에는 형부가 이걸 어떻

게 생각할지 몰라서 이야기도 안 꺼냈거든요. 그런데 언니네가 우리 집에 잠깐 올 일이 있었는데, 그때 형부한테 이야기를 했어요. 아, 그런데 우리 형부가 투쟁가를 부르는 거예요. 예전에 그런 걸 조금 했나 봐요. 그래서인지 인정을 많이 해주더라고요. 힘이 났죠.

　　가족들은 이해해 주었지만, 주변에서는 저보고 미쳤다고 그랬어요. 무슨 여자가 노숙을 하냐고. 투쟁을 하니까 동네 모임에 참석 못 하잖아요. 모임 사람이 전화가 한 번 왔는데, "도대체 뭐 하고 돌아다니냐. 집에서 애들 밥이나 해주지." 이렇게 이야기를 하더라고요. 같은 여자인데. 너무 화가 나더라고요. "우리 애들은 자기 밥은 자기가 챙겨 먹거든요." 그렇게 응수하긴 했는데. 내 마음 자체가 피폐해져서 그런가, 그 모임을 나가고 싶지 않더라고요. 모임은 깨졌어요. 그게 마음에 상처가 되더라고요. 사실 애들 걱정을 제일 많이 하는 사람은 저잖아요. 설사 제가 잘못된 선택을 하고 있다고 해도, 내가 지금 그 현장에 있는데, 말이라도 열심히 해라 해주면 되는 걸. 꼭 그런 식으로 콕콕 파헤쳐 가며 얘기를 해야 할까 싶더라고요. 그러다 보니까 투쟁하면서는 여기(동해) 사람들이랑 친구들하고는 거의 다 연락을 끊었어요. 그런데 사람들은 다 알고 있더라고요. 텔레비전 방송도 많이 나오고, 지역이 좁다 보니 건너건너 귀에 들어가고. 투쟁 끝나고 학교 선배가 하는 어느 가게에 갔는데 "너무 오랜만에 왔죠?" 하니까, 다 보고 있었대요. 결과가 좋아서 잘됐다면서. 이렇게 조용히 알아주는 사람도 있고.

여기가 고향이에요. 결혼도 여기서 하고, 부산에 잠깐 나간 거 빼고는 여기서 계속. 지역에선 그런 점 때문에 좀 힘들죠. 친구들하고 술 먹고 집에 가면 다음 날에 너 술 엄청 먹고 다니더라고 이야기가 들어오고. 남자랑 둘이 앉아 있는 일이라도 있으면, 소문이 진짜 많이 나요. 동해를 가면 길 가다가 아는 사람을 꼭 한 번은 만나요. 장점이자 단점이죠. 좋을 때는 좋은데, 내가 상황이 안 좋을 때나 누구건 안 보고 싶을 땐 이 지역이 좀 힘들죠. 만약에 우리 투쟁이 잘 안되었으면, 이렇게 해결이 안 되었으면, 저는 동해시에서 못 살았을 수도 있어요. 동네가 너무 좁아서. 투쟁이 잘 안되면 이사 가려고 했어요. 여긴 한 다리 건너면 다 아니까.

우리 투쟁이 밑거름이 되어

우리 투쟁이 끝날 때가 아쉬웠죠. 2월 1일이었는데, 그때 청와대 앞에서 승리 투쟁을 했어요. 그때 사실 즐거워한 사람들이 별로 없어요. 안 즐거웠지. 우리가 협상해서 들어간 게 아니라, 도로공사에서 우리를 받겠다고 발표해서 들어가는 거기 때문에. 물론 그것도 우리가 투쟁해서 얻은 결과지만. 뭔가 시원하게 뻥 뚫린 게 아니라, 한 발 한 발 터널 안으로 들어가는 그런 느낌이 있었어요. 그래서 어디 가서 '우리 잘됐어' 그러면서도 즐거워할 수 없는 그런 상황.

우리 싸운 게 사람들에게 어떻게 기억됐으면 좋겠냐고요? 음… 기왕이면 좋은 기억으로 남았으면 좋겠죠. 처음 시작은 당연히 나를 위해서 싸운 투쟁이었고, 그때는 내가 잘하는 건지도 모르고 시작을 했는데. 우리가 어쨌든 공공부문 공기업에 들어간 거잖아요. 시작할 때는 주변에서 그게 되겠냐고 그랬거든요. '야, 공기업 쉽지 않아. 어떻게 들어가려고 해?' 그랬는데 우리가 투쟁을 해서, 뭐 100퍼센트를 다 이룬 것은 아니지만 어쨌든 이겨서 들어가는 거니까. 이걸로 인해서 우리가 비정규직 문제에 큰 공여를 하지 않았나. 그렇게 생각해요. 우리 싸움이 있을 때 문중원 열사[23] 일이 있었잖아요. 그것도 공기업이 사람을 제대로 채용하지 않아서 생긴 문제였잖아요. 우리가 승리를 했다는 사실 때문에라도, 그걸 밑거름으로, 최소한 우리같이 사람 함부로 쓰는 그런 데가 없어져야 하지 않나. 꼭 공기업이 아니라도 그렇더라고요. 우리하고 똑같더라고요. 다 외주업체, 불법파견. 그러다가 결국에 사람 필요 없으면 잘라버리는. 다 똑같더라고요. 그런 거는 정말 없어져야 하지 않나. 우리 투쟁이 바탕이 되어서 그런 게 다 없어졌으면 좋겠어요. 특히 (규모가) 작은 사업장들은 보면 너무 안타까워요.

[23] 2019년 11월, 고(故) 문중원 씨가 부정 경마와 조교사 개업 부조리 등 한국마사회의 비리를 비판하는 유서를 남기고 스스로 목숨을 끊었다.

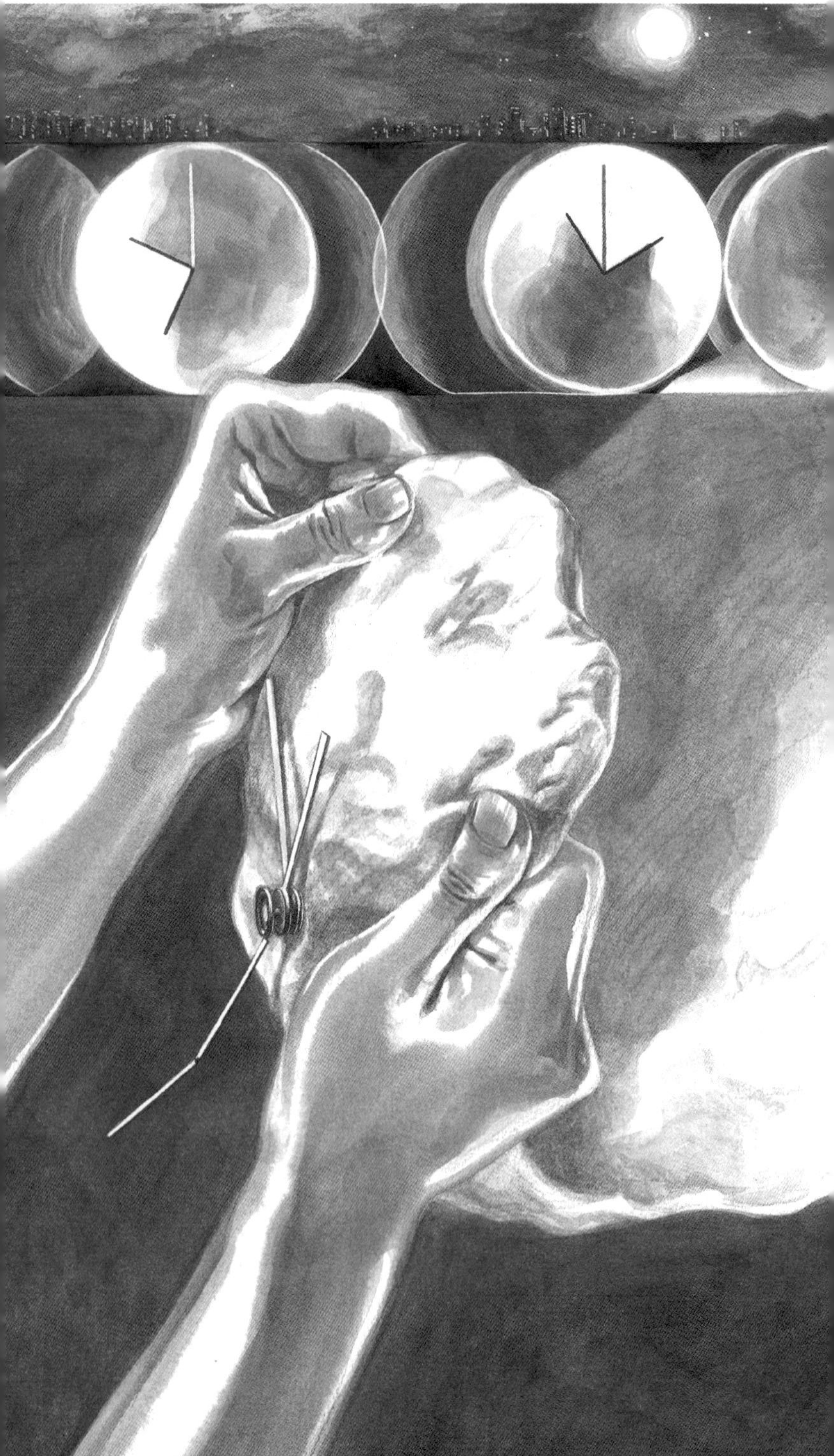

차별을 조장하는 일터일수록
성희롱 피해는 더 많이 발생한다

'애들 밥도 안 차려주고' 무슨 투쟁이냐는 말을 듣는다. 여자가 무슨 노숙이냐는 말을 듣는다. 이런 차별의 말이 곳곳에 있다. 사생활 간섭(주말에 뭐 하는지를 캐묻는 일), 성역할 고정관념(여자의 주된 일은 애들 밥 차려주는 거라고 말하는 일), 가사일이나 허드렛일 강요(식사할 때 막내 여자 직원이 숟가락이라도 놓아야 하는 일) 등. 여성들이 어디서나 겪는 일이면서, 일터에서는 더 빈번하게 하는 경험이다. 그런데도 '이것도 차별인가? 성희롱인가?' 생각하다가 대응할 타이밍을 놓친다. 울화와 우울이 쌓이다 보면 어느새 계약 종료나 퇴사 날이 다가와 있다.

　신참이니까, 어리니까, 아줌마니까, 해야 한다고 말해지는 요구들. 직장 내 괴롭힘이라 부르기도 애매하고, 그렇다고 '직장 내 성희롱'이라 정의 내리기에는 판단이 잘 서지 않는 상황들이다. 한마디로 사회적 언어가 없는 차별과 괴롭힘들. 최근에는 이러한 문제를 수면 위로 드러내기 위해 '성차별적 괴롭힘'이라는 용어를 사용하고 있다.[24]

---

[24] 직장 내 괴롭힘은 5인 미만 사업장은 적용되지 않는다. 심지어

한국여성정책연구원에 따르면 성차별적 괴롭힘 피해자의 비율이 35.7%라고 한다. 이때 여성이 42.2%, 남성은 29.1%로 성별 간 차이를 보였다.[25] 여성 중 절반 가까이가 '성차별적 괴롭힘'이라는 용어로 해석할 수 있는 차별과 괴롭힘을 겪는다는 조사 결과이다. 미국, 영국 등에선 성차별적 괴롭힘을 아예 법적 명명으로 규정, 그에 따른 예방과 구제방안을 제시하고 있다고 한다.

직접적인 '성희롱' 문제도 이야기하지 않을 수 없다. 직장갑질119가 2022년 직장인 천여 명을 대상으로 진행한 설문 조사에서 '직장 생활을 시작한 후 성추행과 성폭행을 경험했는지'를 묻는 문항에 여성의 25.8%가 그렇다고 답했다. 지난 3년간의 경험으로 조사범위를 좁혀도 수치는 크게 낮아지지 않는다. 2018년 여성가족부 조사에 따르면, 지난 3년간 직장 내 성희롱을 경험한 여성은 14.3%. 770개의 공공기관과 1,760개의 민간업체를 대상으로 조사한 결과이다.[26] 그러니까

특별한 구제기관 없이 괴롭힘의 주체일 수도 있는 사용자의 판단에 따라 처리되고 있다. 그래서 직장 내에 만연한 성차별적이고 수직적인 문화에 대한 문제 제기를 수용하고 변화를 도모할 주체가 없게 된다. (…) 이러한 상황을 예방하기 위해 '성차별적 괴롭힘'으로 명명하고 적합한 구제 방안을 강구해야 한다. "한국여성노동자회 박선영 정책연구위원, "성차별적 괴롭힘, 용어 변경 필요해"", 박원중 기자, 〈중앙일보〉, 2022.12.27.

[25] 구미영·김종숙, 〈직장 내 성차별적 괴롭힘 실태와 제도개선 방안 연구〉, 한국여성정책연구원, 2021.

[26] 2022년 여성가족부의 조사에서는 여성 응답자 7.9%가 지난 3년간 직장 내 성희롱을 경험했다고 답했다. 2018년에 비해 7%가량 줄어든 수치이다. 하지만 이는 재택근무 등 사회적 거리두기가 진행된 코로나19 기간이 포함된 수치이기 때문에 2018년 통계 결과를 가져왔다.

여성 3명 중 1명은 직장에서 성희롱을 겪는다. 이 수치조차 직장을 다녀본 여성들에겐 턱없이 낮게 느껴질지 모른다.

한국노동연구원(송민수 전문위원)은 성희롱 발생 빈도가 높은 작업환경을 분석한 결과를 발표한 바 있다. "남성 근무자가 다수일수록, 가부장적 문화가 팽배할수록, 작업속도가 빠르고 저녁 근무가 많을수록, 고용형태 차별이 만연한"[27] 일터일수록 성희롱이 자주 발생한다. "성희롱을 비롯한 대다수의 범죄는 호락호락한 상대를 대상으로 발생하기 마련이다."[28] 이때 호락호락하다는 것은 개인의 취약성을 말하는 것이 아니다. 직장 내 위치와 관계를 의미한다. 관리직이 아닌 일반직일수록, 규모가 작은 작업장의 근로자일수록, 비정규직일수록 성희롱 빈도가 잦았다고 연구 결과는 말한다. 위의 말을 한 문장으로 정리하면 이것이겠다. '차별을 조장하는 직장일수록 성희롱 피해가 더 많이 발생한다.' 톨게이트는 통제와 관리를 위해 위계를 이용하고, 그 위계를 효율적으로 유지하기 위해 차별을 조장해 온 일터였다.

[27] 송민수, 〈직장 내 성희롱은 왜 발생하는가? 그리고 피해자들은 어떤 어려움에 처하는가?〉, 〈월간 노동리뷰〉, 2018년 3월호

[28] 송민수, 위와 같은 글.

장애인을 위한 제도에 장애인이 없다

☞ 구술, 강미진 ☞ 글, 타리

5장

장애인 고용장려금 정책이 만든 연쇄적 고용 불안

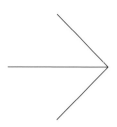

투쟁을 엄청 잘하는 장애인 조합원을 소개해 준다고 듣고 통화를 했다. 생기 있고 호탕한 목소리에 이미 마음을 사로잡혔다. 광주송정역에서 나를 픽업하기 위해서 기다린 강미진 님을 만났고, 그는 담양 쪽에 있는 멋진 카페로 나를 안내했다. 광주 북쪽에 장성과 담양이 위치한다는 것을 그때 알았는데 장성은 강미진 님의 고향이기도 했다. 영산강 주변에 벚꽃이 만개했던 2020년 4월에 만나 생애과정과 투쟁에 대한 이야기를 들었고, 복귀 후 풀 베는 작업을 하다가 팔에 인대가 늘어나서 입원치료를 받고 있던 2020년 8월에 2차 인터뷰를 진행했다.

　장애인 조합원이라는 정보만을 가지고 처음 만난 날, 자동차 조수석에 앉아 식당으로 이동하면서 나는 강미진 님께 조심스럽게 어떤 장애를 가지고 있는지 물었다. 잠깐의 시간이 흐르는 동안 어떤 장애를 가지고 있는지 단서를 전혀 발견할 수 없었기 때문에 더욱 조심스러운 마음이 들었다. 강미진 님은 호탕하게 웃으며, 당연히 잘 모를 수밖에 없다고 하면서 한쪽 눈에 장애를 가지고 있다고 했다. 선천성 백내장으로 인해서 한쪽에 시력이 없는 채로 살아왔는데 어렸을 때는 눈이 좀 불편했지만 병원에 갈 형편이 되지 않아서 그냥 넘겼고, 성인이 되어서는 그 상태를 오롯이 자신의 몸으로 받아들이고 왕성하게 사회생활을 했다. 그러다가 차량을 구입할 때가 되었을 때 장애인 할인제도가 있다는 것을 알게 되었고, 그것을 계기로 장애등록을 하게 된다.

폭력적인 아버지를 견디며, 형제자매와 어머니를 도와 빈곤을 타개하기 위해 고된 농사와 집안일을 하면서 유년시절을 보냈다. 고교 졸업 후 집안을 벗어나 무조건 서울에 가서 일하겠다는 신념으로 상경해서 일자리를 찾고 옮기며 자신의 경력을 만들었다. 서울에서 결혼을 했으나 남편과 커피숍 사업을 하기 위해 광주에 자리를 잡았다. 광주 번화가에서 커피숍 문화를 선도하기도 했지만, 몇 년 새 커피숍들이 우후죽순 생겨나면서 경쟁이 심해졌다. 그 와중에 남편과 별거를 하게 되고, 두 딸을 키우고 생계를 책임지는 싱글맘으로 살면서 톨게이트에 입사하게 된다. 하지만 생계를 책임지기 위해서 직업 전선에 뛰어든 여성노동자들, 특히 한부모 여성노동자들의 절박한 상황을 간파한 관리자들은 성희롱과 차별을 일삼았고, 여성노동자 사이를 갈라치기 하면서 괴롭혔다.

또한 강미진 님이 입사했던 2011년은 고용장려금 개편에 따라 장애인 노동자 고용 양상이 달라지던 시기였다. 다른 기업에서 일한 경험이 있었던 그는, 장애인 고용으로 입사한 도로공사에서 오히려 더 많은 차별을 겪었다. 그러면서 같은 능력을 가진 같은 사람인데 왜 다른 대우를 받아야 하는지 의문을 가진다. 톨게이트 노동 경험은 장애인 고용 장려를 위한 정책이 사장의 이익을 위해서 왜곡될 때, 장애인 노동자의 권리

또한 파괴된다는 것을 확인하는 과정이기도 했다.

강미진 님은 노조 활동을 왕성하게 했고, 장성지회장까지 역임했다. 그는 투쟁에 참여할 때마다 어느새 맨 앞에 서 있는 자신을 발견한다. 노조에서, 도로공사에서, 경찰 내부에서 그를 모르는 사람이 없을 정도다. 그로 인해서 부당한 발령이나 감시를 받기도 했다. 도공 직원 폭행 혐의로 오랜 기간 재판을 받으며 직접고용으로 복귀한 이후에도 힘겨운 시간을 보내고 있지만, 일생을 이끌어 온 강한 생명력으로 부끄럽지 않은 싸움의 마무리를 기대하고 기다린다.

나 눈 한쪽 안 보이는데?

엄마가 어려운 살림에 혼자서 세 딸을 정말 강하게 키웠어요. 정말 생활력이 강하게. 엄마는 딱 한 가지였어요. 내가 어떻게든 너네들을 고등학교 때까지는 가르칠 테니까 나머진 다 너네들이 알아서 해라. 그렇게 상고 가서 취업했는데 제 첫 직장이 여기 장성에 있는 신협이었어요. 근데 제가 공부하는 걸 되게 좋아했어요. 배우는 거, 책 읽는 걸 워낙 좋아하다 보니까 전문대라도 가봐야겠다, 내가 벌어서. 신협에서 6개월 동안 모은 돈으로 들어갔는데 1년을 다니고 그만뒀어요. 전문대는 내가 생각한 대학이 아니더라고요. 그냥 돈을 다시 벌어야겠다, 그래서 이제 SK(텔레콤)에 계약직으로 들어간 거예요. 광주(지사)로 들어갔다가 서울(본사)로 옮겼는데 처음 들어갈 때 채용의 기회가 굉장히 좋았던 거 같아요. 그때 계약직이 파견직으로 바뀌려 할 때였는데 저는 무기계약직으로 들어갔거든요. 서울로 옮길 때는 힘들었어요. 그만두고 나갔다가 다시 들어와야 된다고 하고. 그래도 제가 본사로 옮겨달라 했는데, 티오가 나야 한대요. 근데 또 운 좋게 자리가 나서 갔어요. 놀고 싶을 때 놀지도 못했지만 어차피 저는 돈을 벌어야 했기 때문에. 고등학교 3학년 6월에 취업을 나가서 이제까지 한 번도 쉰 적이 없어요 직장 생활을. 지금 투쟁 때문에 쉬는 거지. 투쟁 때

문에 처음 쉬는 거예요. 이렇게 오랫동안 쉬어본 적이 없어요. (웃음)

　　결혼은 2002년 월드컵 때. 국제전자센터 아세요? 양재역 남부터미널 바로 앞에. 거기서 했어요. 제가 스물다섯에 결혼했거든요. 되게 빨리했죠. 시골에서 벗어나고 싶어서, 서울 남자 만나가지고. (웃음) 농사짓기가 얼마나 힘든지 몰라요. 저는 '농사나 짓지' 그러는 사람들이 제일 무식한 거 같아요. 지들이 안 해봤는데 어떻게 알아. 그렇게 있다가 2007년도에 큰애가 아토피 때문에 힘들어하고 남편도 어차피 직장 옮겨도 되면 그냥 같이 광주 가서 사업을 하자 했어요, 동생이랑. 그땐 동생이 인테리어 사업을 했어요. 제 신랑은 커피 사업을 했고. 커피 수입을 해와서 원두 볶아서 판매를 하고. 그러니까 커피숍을 같이 한 거죠. 그땐 정말 잘됐었어요. 한 달 매출이 3,000만 원을 찍을 정도로. 저는 바리스타를 했죠. 저희가 사업을 시작했을 때만 해도 거리에 커피숍이 별로 없었어요. 근데 한 2년 정도 지나니까 커피숍이 우후죽순 너무 늘어났어요. 진짜 한 집 걸러 한 집? 그때가 2009년 정도였는데 아, 안 되겠다, 접자. 그리고 신랑은 서울로 간 거죠. 저는 광주에 애들이랑 있고. 그러고 나서 신랑한테 다른 사람이 생기고… 저희가 (결혼 생활을) 다 정리를 한 거죠. 애기들은 내가 키우겠다, 서울로 보내기 싫다, 나 직장 다니니까 내가 키울 수 있다고 했죠. 제가 아마 능력이 없었으면 힘들었을 거 같아요. 직장 다니고 있고 옆에서 엄마가 케어를 해주고 있고, 그러니까 애들 키우는 데는 어려움이 없었던 거 같아요. 저는 남편에 대한 이상이 되게 컸어요. 근데 서울 남자는 아, 정말… 깍쟁이 같아요. (웃음) 경제적으로 도움도 안 되고, 한눈까지 팔고. 차라리 없는 게 낫겠다, 그랬던 거죠. 도움이 안 될 바에는 없는 게 낫다.

저희가 별거를 한 5년 하고 난 뒤여서 이혼한 지는 얼마 안 되었어요. 서류 정리하는 게 힘들었지 이혼하는 거 때문에 힘들진 않았던 거 같아요. 지금도 뭐 그다지 힘든 거 같진 않아요. 단지 이혼한 것 때문에 아이들이 혹시 사람들 입에 오르내리거나 할까 봐 싫더라고요. 밝게 좀 키우고 싶은데. 근데 워낙 밝아요, 성격들이. 너무 잘 크고 있죠. 덩치들도. 옷을 셋이 다 똑같이 입어요. 중학교 2학년 애는 키가 170이 넘어요, 여자앤데. 또 예쁘게 생겨가지고 다들. 근데 덩치가 커요. 살을 빼야 하는데 셋 다 못 빼고 있어서. (웃음)

제가 햇빛을 못 본다고 그랬잖아요. 햇빛을 못 보면 사람들이 물어봐요. 너 눈이 아파? 왜 눈을 감고 있어? 그러면 저는 "나 눈 한쪽 안 보이는데?" 이래요. 근데 그 사람들이 더 깜짝 놀라요. 말해놓고도 자기들이 더 깜짝 놀라요. 어렸을 때도 제가 한쪽 눈을 감고 다니더래요. 그래서 이상하다 왜 쟤는 눈을 감고 다니지, 그랬대요. 근데 그때까지도 아무도 병원에 가보라 하지 않았어요. 아무도 제 눈을 장애라고 생각을 안 한 거죠. 그냥 눈이 아파서 수술한 거고. 저 또한 그랬던 거 같아요. 근데 결혼하고 회사 다닐 때 차를 사러 갔다가, 영업사원한테 "근데 제가 한쪽 눈이 안 보이거든요?" 그랬더니 그거 장애인 등록 되는 걸로 알고 있는데 한번 알아보시라고. 그러고는 인터넷 찾아보고 알았죠. '아, 내가 장애인이었네.' (웃음)

근데 저는 눈이 안 보이는 게 부끄럽거나 창피하거나 그러진 않았던 거 같아요. 왜냐하면 외관상의 문제가 없었기 때문에. 외관상의 문제가 있었으면 창피해하고 숨기고 싶고 나가고 싶지 않고 그랬을 텐데 "나 되게 멀쩡했지? 몰랐지? 나 장애인이거든? 너 잘해. 나한테." 그냥 이렇게 말해요. "나 장애인. 오와, 나 그것도 모르고 있다가 가스차 인제 산다니까." 그때 제가 가스차 살 때는 가스비도 지원이 되었어요. 20퍼센트 정도는 정부에서 지원을 했어요. 사람들이 되게 부러워했어요. "그런지도 모르고 그냥 살았다, 허송세월 살았다." 이러면서 얘기하고. (웃음)

근데 시부모님이 교회 사람들한테는 얘기하지 말아라 그렇게 말하더라고요. 저는 그게 충격이었어요. 장애인이라는 게 사람들 일반 의식상에 안 좋게 보이잖아요. 그런 거 때문인진 모르겠는데 교회 가서 얘기하지 말아라, 그땐 좀 충격이었어요. 시부모님이 그 교회를 오래 다니셨고 장로님이고 아는 사람이 너무나 많고 조금 뭐라 하지 '가오'를 생각하시는 분들이거든요. 그래서 나는

156

말했어요 신랑한테. 왜 이게 문제가 되냐. 나는 아무렇지
도 않고, 내가 살아가는 데 지장이 있냐. 교회 생활하는
데 지장이 있냐.

뒤를 봐주는 사람이 있으니까
해먹는 거지

커피숍 정리하고 나서 구직신청을 해놨을 때 (장애인공
단에서) 계속 톨게이트를 가보라고 했어요. 실업급여 받
으려고 워크넷에 구직등록 해놨잖아요. 근데 그때 장애
인공단에서 계속 연락이 오더라고요. 제가 장애인이잖
아요. 차 바꾸면서 2005년에 장애인 등록을 해서. 2011
년부터 (광주)영업소에 들어가서 근무를 했어요. 그러고
나서 또 한 번도 안 쉬고 일했어요. 여기 그만두면 또 다
른 영업소 가고.

　(처음) 들어갔을 땐 출구 일을 하라 하더라고요. 출
구에서 통행권을 받아서 요금을 계산하거든요. 그 영업
소에 들어갔을 때 제가 제일 어렸어요. 그 당시에 나이가
30대 초반이었으니까. 서른세 살인가? 입사를 했는데,
여기는 테스트를 하는 거예요. 본인이 이 일을 할 수 있
는지. 본인들이 포기를 하는 경우도 굉장히 많아요. 출구
일이 굉장히 어렵거든요. 사고도 많이 치고, 돈 까먹는
사람도 되게 많아요. 계산을 잘못해서, 돈을 잘못 내줘

서. (통행료) 면제 차들도 처리를 해야 하고 특이한 경우도 굉장히 많아요. 그러다 보니 본인이 할 수 있는지 없는지에 대한 여력을 보는 거 같아요. 저는 하루밖에 교육을 안 받았어요. 그리고 그다음 날 바로 출근했는데, 아무리 내가 젊다 하지만 밤에 문을 다 닫고 제가 있는 출구 하나만 개방이 되어 있는 거예요. 광주 톨게이트가 엄청 크잖아요. 그래서 너무 화가 나는 거예요. 아니 날 뭘 믿고 이렇게 하냐 생각하고 있었는데 하루 하고 나서 그다음 날 사무실에 자리가 빈대요. 나와서 사무실 일을 배우래요. 그래서 바깥에서 출구 일 하루 하고 그다음부터 계속 사무실에서만 일했어요. 사무실에 있다가 주임으로 바로 가서 주임으로 있다가 다른 영업소 매니저 필요하다니까 이제 교대하기 싫어서 매니저로 일하고. 근데 주말에는 쉬지만 국경일 같을 때는 하나도 안 쉬더라고요. 혼자 애들 키우기에는 3교대 하는 게 더 낫겠다 싶어서 장성 톨게이트로 왔어요. 장성은 집하고 거리가 굉장히 가까워요. 10분 거리밖에 안 되니까 제가 왔다 갔다 하면서 애들 케어를 할 수 있겠더라고요.

주임으로 다시 일하는데, 밖에서 돈 관리하는 거 서포트해야 하고 제대로 처리했는지 심사해야 하고. (차량) 10대가 들어왔는데 10대를 다 처리 못 하고 9대만 처리하면 하나를 찾아내야 해요. 근데 이 차를 못 찾잖아요? 그럼 근무자가 최장 거리로 해서 가장 먼 거리 요금을 내야 해요. 그럼 근무자들이 정말⋯ 그게 억울하더라고요. 그래서 저는 기어코 그걸 다 찾아줬어요. 이 사람들도 매연 마시면서 힘들게 일하는데 억울하잖아요. 그렇다고 사장들이 우리한테 줄 돈을 다 주는 것도 아니고 뼁 뜯을 거 다 뜯어가면서 일 시키는데 우리가 이런 거까지 떼일 순 없다. 저는 오랫동안 직장 생활을 했기 때문에 어느 정도 보면 딱 눈에 들어와요. 특히나 돈 관련. 매니저는 항상 사장들 편이거든요. 사장들 뒤를 봐주고 돈을 땡겨와요. 근데 저한테는 함부로 못 했던 거 같아요. 너무 그걸 잘 알고 있어서. 그리고 저는 워낙 젊으니까 컴퓨터 쪽은 기본으로 하거든요. 그런데 하이패스 처리하다가 내 돈 들어가는 것도 많아요. '소액'이라고 부르는 게 있어요. 하이패스 위반 잔액이 1,000원대 미만인 것들은 사무실 주임들한테 알아서 채워 넣어서 위반 발생시키지 말라 그래요. 소액 위반이라도 고객들이 내야하는 돈이잖아요. 그런데 받아내기가 쉽지 않아요. 영업소 사장들은 실적 위주로 평가를 받거든요. 평가를 잘 받으려면 미납을 받아내야 하거든요. 근데 미납 받아내기가 힘드니까 건수를 적게 해서 발생률을 줄여요. 그 발생률을 줄이려고 1,000원 미만인 돈은 너네가 내고 가라. 쥐꼬리만 한 월급에서. 어떨 때는 다 합치면 만 원도 나가요. 차량이 얼마나 많은데요. 지금 하이패스 이용률이 80퍼센트가 넘어가는데….

우리나라 정책상 관리감독의 문제가 가장 커요. 관리감독이 정말 철저하게 된다 하면 이런 착복이라든가 불안정한 고용이라든가 이런 일이 일어나지 않을 거라 생각해요. 근데 관리감독이 안 되다 보니까 채용비리가 생기는 거고, 착복을 하게 되는 거고. 관리감독 자체가 형식적이라는 거예요. 이 사람한테 불이익을 줬는데도 눈감아 주는 거. 왜냐하면 회사만 돌아가면 되니까. 도로공사가 관리감독을 제대로 했으면 착복도 못 하고 성희롱도 못 했겠죠. 근데 이 외주사 사장들이 도로공사 직원이었다고 했잖아요. 그러니까 도로공사 직원에 대한 예우가 크지, 자기네들 돈 벌어주는 수납원의 역할이 크지 않았다는 거죠. 도로공사가 사장한테 다 알아서 해라. 뭘 하든 간에. 지지고 볶든 간에 정년 때까지 못 해먹었던 거 영업소 가서 해먹어라. 어떤 짓을 해도 우리랑은 상관없다 한 거죠. 영업소 사장은 도공에서 정년을 포기한 사람들이 해요. 먼저 나간 사람들. 정년 때까지 일하면 퇴직금을 받을 수 있는데, 외주사 가면 더 많이 벌어먹을 수 있는 뒷구멍이 있으니까 나갔던 거예요. 근데 모든 사회가 그런 거 같아요. 어디를 봐도. 뒤를 봐주는 사람이 있으니까 해먹는 거지 뒤봐주는 사람 없으면 해먹지는 못하잖아요. 심지어 국가 관리 회사가 이러는데, 일반적인 회사는 얼마나 심할까요. 그래도 공사는 국민들이 세금으로 만들어 낸 건데 그러면 안 되잖아요. 그래서 국가가 책임을 져야 한다는 거죠. 국민의 세금으로 이제까지 해 처먹었으면 올바르게 가라는 게 우리의 목적인데. 외주사 사장 다 불러다 놓고 먹었던 거 뱉어내라고 해도 우리는 억울한데.

이게 직접고용 요구와도 연결되는 거예요. 하나의 영업소 안에 도공에서 내려온 소장이 있고 영업을 관리하는 사장이 있어요. 소장은 도로공사에서 관리하기 때문에 결재 같은 걸 하러 나온 사람이었고 사장이 영업소 사람들을 관리했어요. 그래서 직접고용을 해야 한다는 대법원 판결이 난 거죠.

골칫거리 외주사 사장을 만든
도로공사의 책임

제가 정말 깜짝 놀란 게 엊그제에도 경기도 양평 쪽에서 근무했던 언니들을 만나서 얘기를 했는데, 우리 월급을 보고 깜짝 놀랐다는 거예요. 우리는 평균 수령하는 금액이 200만 원 좀 안 되었어요. 그런데 그 언니들은 300만 원씩 받았다는 거예요. 똑같은 근로 조건에 똑같은 일을 하고 똑같은 계약 조건인데도. 전국의 모든 톨게이트는 도로공사하고 똑같은 계약을 해요. 그러니까 월급을 전남은 이만큼만 주고 서울은 차가 많으니까 이만큼 주고 그러지 않아요. 도로공사에서 주임 시급은 얼마, 인건비는 얼마 하고 책정을 해요. 해마다 1월에. 그러니까 그걸 다 줘야 해요. 근데 장성에서는 횡령을 했다는 거죠. 복리후생비 이런 게 나와도 한 푼도 우리한테 쓰지 않아요.

제가 딱 들어갔는데, 도로공사 옷을 줘요. 위에만 주고 밑에 거는 안 줘요. 니트가 나왔어요. 니트가 실밥이 다 떨어진 거예요. 돌려 돌려 돌려 입다가 물려받은 거죠. 근데 새로 살 돈이 안 나오냐? 다 나와요. 복리후생비, 피복비 다 나와요. 근데 사장들이 가라(가짜)로 세금계산서를 만들어요. 그리고 그 돈을 다 자기가 갈취하는 거죠. 인건비도 다 주지 않아요. 도로공사에서 100퍼센트를 주라고 돈을 주면 94퍼센트? 근데 그 6퍼센트의 돈이 어마어마한 거죠. 광주영업소 같은 경우엔 사장이 1년에 2억씩 벌어간다는 소리가 나오죠. 도공에서 직원들한테 지급하는 돈 안 주면 다 자기 돈이 되는 거예요. 그 양평 언니들 300 받고 우리 200 받았으니까 인당 100만 원씩 떼먹었다는 소리잖아요. 근데 이걸 파헤치면 잘라요. 그 전권이 외주사 사장에게 있어요.

외주사 사장이 다 도로공사 소속이었다고 했잖아요. 처음에는 사무직군하고 영업직군이 있었대요. 영업직군은 표 팔던 사람들이에요. 예전엔 정읍이요, 서울이요, 그러면 표를 줬거든요. 톨게이트에 들어가면서 표를 주고, 나가면서 계산하고 갔었어요. 그 시대 사람들인 거예요. 톨게이트가 폐쇄식에서 개방식으로 바뀌면서 입구에서 일하던 사람들이 필요가 없어졌을 때 그 일을 하던 사람 중 일부를 도로공사에서 정규직으로 채용을 한 거예요. 그때도 그 일을 하는 사람 중에 여자가 많았을 것 같은데 남자만 채용을 했다 하더라고요. 채용을 하고 나니까 그 사람들이 아무 필요가 없는 거예요. 그래서 도로공사에서도 골칫덩이라고 생각하고 명예퇴직을 시키려고 했고 (이 사람들이) 영업소 사장을 맡은 거죠.

저 사람들이 우리보다 무슨 일을 많이 하길래 돈을 저렇게 받아 가나 싶었어요. 사장 하나가 영업소를 많게는 열몇 개씩 가지고 있다는데 돈 얼마를 빼먹었을까요. 그리고 여기 전라도 영업소에는 장애인이 많았다고 했잖아요. 장애수당으로 들어오는 돈이 몇 달에 3,000~4,000은 기본이었어요. 유독 전남 지역이 이런 관행이 심했는데, 전남 지역은 선후배 유대관계가 너무 끈끈하다고 해요. 도로공사에 신고를 해도 사장 편을 들지 우리 편을 들지 않고 눈감아 주는 거지. 우리가 손을 쓸 수 없을 정도로. 이제는 그 사장들이 거의 다 나갔죠. 자회사가 작년에 7월 1일 자로 출범을 했잖아요. 서비스주식회사(한국도로공사서비스(주))라고. 이제 도로공사도 편한 거예요. 돈 많이 먹는 애물단지였는데 이제 영업소 사장들도 1년에 한 번씩 계약서를 쓰는 거죠.

장애인 고용으로 채용했는데, 장애인을 인간 취급 안 했어요

김천에서 농성할 때도 눈에 띄는 장애를 가지신 분들이 한 50퍼센트 됐어요. 왜냐하면 광주, 전남에서 온 조합원이 많았고, 그리고 그중에 장애인이 정말 두 사람 중에 한 사람. 사장들은 장애인을 악용했잖아요. 장애인을 고용하는 건 상생이어야 하는데 이 사람들은 그냥 자기네 돈벌이 수단으로 봐온 거지. 내가 너희를 고용해 준 것만으로 너흰 고마워해야 한다 그런 마음, 너네 오갈 데도 없는데 누가 고용할 줄 알아 그런 마음. 그리고 이제 고용장려금 기간이 끝나면 다른 영업소랑 교환하는 거예요, 사람을. 미국에나 있던 노예제도 같았죠. 이 사람은 다른 영업소에 가게 되면 회사가 달라지는 거잖아요. 영업소마다 회사가 다 다르기 때문에. 그럼 이 사람은 또 처음부터 시작을 하는 거예요. 신입사원인 거죠. 그렇게 사람들을 사고파는 거잖아요. 우리한텐 이제 필요 없으니까 저쪽 가서 일하라고. 시간 지나면 다시 데려오고. 그리고 사장 맘에 안 들면 쉽게 잘랐어요. 왜냐하면 장애인은 경증 장애든, 중증 장애든 간에 어디든 널려 있다, 느그들이 아니어도. 그렇게 생각한 거죠. 그러니까 노동자 입장에서는 두려운 거죠. 나이도 많은 데다가 장애인인 데다가. 장애인을 채용하는 데가 드물잖아요. 대외적으로 볼 때는 '장애인을 많이 채용하고 대우를 해주는구나' 할 텐데, 대내적으로 볼 때는 곪아 터지는 거죠. 심지어 장애여성이 지원금이 더 세요. 그래서 (톨게이트 영업소에는) 여자가 많아요. 아마 남자 지원금이 더 많았으면 영업소에 남자가 다 들어갔을 거예요. 여기는 장애인을 인간으로 보지 않아요. 지원금도 타내고 일도 시킬 수 있는 그런 수단.

　장애인이 아닌 사람도 있어요. 어떤 사람들인지 아세요? 도로공사에 연줄 있는 사람. 누구 처제, 누구 동생. 도로공사 직원들하고 관련 있는 사람들이 붙들고 있어요. 일반적인 사람은 여기 발을 들여놓을 수가 없어요. 누구 조카, 누구 친척 아니면 못 들어와요. 광주는 웬만한 영업소에 가족이 다 있어요. 그 사람들은 노조 가입도 안 하고, 투쟁도 안 하고, 결국 거의 다 자회사 갔죠.

　〈피디수첩〉 같은 프로그램에서 외주사 사장이 인터뷰한 걸 봤어요. 장애인은 전생에 죄를 많이 지어서 장애인이 된 거지 않냐. 대접할 필요가 없다. 그런 말을 하더라고요. 저는 그게 충격이었어요. 그런 인식이라 생각하면 돼요. 영업소 사장들은 다. 사람답게 살갑게 대해주거나 그러지도 않아요. 알잖아요, 사람이 나를 대접한다는 걸. 이 사람이 내 직원이면 직원답게 처리를 해주거든요. 그러면 좋은데 그러지 않는다는 거예요. 말투부터 알잖아요. 나는 예전에도 나고, 지금도 그대로 나인데. 몸의 기능도 똑같고 능력이 적어진 것도 아니고 다른 사람이 된 것도 아닌데. 입사할 때 SK는 일반 전형으로 들어가고 여기는 장애인 전형으로 들어갔다는 이유로 대접이 달라진 거 아니에요. 장애인 고용해서 기업이 혜택을 받으면 기업도 그만큼 책임이 생겨야 하는데 오히려 반대예요.

관리기술로서 애인 만들기와 성희롱

'애인'이라고 불리는 사람을 왜 만들었을 거 같아요? 영업소가 돌아가게 하려면 자기 편이 있어야 하거든요. 그러니까 만들어 놓는 거예요. 그래야 본인이 없을 때도 영업소 직원들이 어떤 일을 하는지, (영업소가) 어떻게 돌아가는지 다 알 수 있으니까. 이게 관리의 한 방식이었다는 거예요. 애인을 두는 게 자기는 손 안 대고 코 풀 수 있는 방법.

명예나 권력을 이용해서 사람을 취하는 사람이나 취함을 당한 사람이나 저는 다 똑같은 거 같아요. 잘 보이려고 했던 사람은 편하게 일하고 싶거나 출구에서 일하다가 안에 들어오고 싶었다거나 그랬겠죠. 그래서 애인은 성적 폭력이 아니라 성적 대우였죠. 그게 특별 대우였죠. 친밀한 유대관계인데 너네들이 왜 유대관계까지 간섭하냐고 하면서 당당해요. 직장에서 유대관계로까지 뭔 말을 못 하잖아요. 직장 밖에서는 어떨지 몰라요. 우리한테는 적이죠. 왜냐하면 우리의 일거수일투족을 다 보고하는 사람이니까요. 그 애인한테 잘하는 사람은 좋게 평가할 것이고 아닌 사람은 낮게 평가할 것이고. 그렇게 되다 보니까 문제였다는 거죠.

전라도 쪽 고용 1순위가 장애인이라 했잖아요. 일반인 채용은 거의 드물고요. 근데 일반인이 채용이 되었다는 건 많은 의심을 샀어요. 어떻게 들어왔지? 무슨 관계지? 일반인 본인도 여기서 안 잘리려면 뭔가 시추레이션(?)이 있어야 할 거 아니에요. 그래서 사장 편이 되어서, 애인이 되어서 그럴 수도 있죠. 사장한테 막 고해바치고 이러는데 사장한테는 이익이잖아요. 그렇다고 월급을 더 많이 줘야 되는 것도 아니고.

결국 이것도 고용 불안 때문인 것 같아요. 자기도 결국 여기서 안 잘리기 위해서 하는 거죠. 여자로서 혼자 생계를 유지해야 하는데 여기서 잘릴까 봐…. 보면 그런 사람들은 어떻게든 먹고살려고 그러나 보다 싶은 경우도 있었고, 물론 자기가 그냥 만족하기 위해서 하는 사람도 있었고. 각양각색인 거 같아요.

— 그럼 성희롱 문제는 애인 문제랑 다른 별개의 문제인 거죠?

그렇죠. 성희롱도 얼마나 심한지. 저보고 정말 맨날 밖에서 만나자고 하고. 있어서는 안 될 일들이 공공기관에 만연하지만 눈감아 준다는 거 자체가. 다른 데에도 많았다고 하더라고요. 터치하는 거, 말로써 성폭력… 그런 것도 있었고.

싸운 이유, 끝까지 버틴 이유

영업소에서 이렇게 부당한 생활을 했기 때문에 나는 정규직 가겠다. 다 말려도 나는 혼자서라도 간다. 60세 정년을 넘긴 언니가 자회사 안 가고 왔다고 했어요. 그 언니가 젊은 니네들이 살아가려면 정규직 가야 하지 않겠냐, 나는 정년을 다 했지만 자기가 겪어왔던 걸 보니까 자회사는 아니다. 니네 얼마나 억울하냐. 그래서 우리가 이렇게 싸워주는 거다. 한편으론 그런 것도 있었어요. 젊은 너희들이 열심히 싸워야 하지 않냐. 그래서 더 많이 싸웠던 거 같아요. 원래 제 성격상 뒤로 빠져서 불구경하는 사람은 아니기 때문에. 어디 나가서 가만히 있으려 해도 맨 앞에 서 있고. 이상하게 분명 뒤에 서 있었던 거 같은데 눈 뜨고 나면 앞에 가 있는 사람. 이상하네. 뒤에서 밀려고 했는데 앞에서 경찰이랑 싸우고 악쓰고 있고. 막 그러고 있더라고요 제가. 정말 조신하게 살았어야 하는데. 삶 자체가 조신하지를 못해서. (웃음) 아시다시피 제가 경찰 앞에만 가면 맨날 방패 뺏고 도망가. 힘도 세요 제가. 어렸을 때부터 쌀 나르고 해서. 이 어깨가 그냥 어깨가 아니라니까. 제가 사실 어릴 때 성악을 전공하려고 했었거든요. 투쟁할 때도 노래를 한번 했더니 다 뒤집어졌어요. (웃음)

    제가 편하게 직장 생활하면서 이런 거 볼 때는 '저것

들 왜 그래? 왜 싸워? 왜 데모해?' 특별히 전라도는 많았어, 데모하는 거. '지랄한다 지랄해. 돈 벌어서. 느그들 세상 편하게 대학 다녀놓고 데모를 하고 처자빠졌네.' 그땐 몰랐던 거지. 이해를 못 했던 거고. 근데 지금은 '어. 싸워야지.' 지금은 어디 가서 파업하고 텐트 쳐놓고 이런 걸 보면 관심이 가요. '왜 그러지? 저 사람들이 왜 싸우지? 분명히 뭔가가 있을 텐데.' 예전에는 보면 '아, 또 지랄한다. 왜 저렇게 싸울까. 뭐 한다고' 그랬죠. 역시 사람이 경험해 보지 않으면 안 바뀐다는 거. 그게 인간이더라고요.

처음에 김천에서 농성할 때 저는 김천에 한동안 없었어요. 청와대로 복귀하라 해서 몇 명만 데리고 청와대로 복귀했어요 제가. 여기저기 다니면서 우리가 처해 있는 상황에 대해 알리는 활동을 주로 했어요. 기자회견도 하고 서울시 가족여성재단에 들어가서 토크도 하고. 조계종에도 혼자 가서 우리를 알리고, 마이크도 되게 많이 잡았던 거 같아요. 연대활동도 다니면서 얘기한 게 우리가 싸우고 있다, 단지 높은 지위나 명예를 원하는 게 아니고 돈을 바라는 게 아니고 지금까지 못 받았던 사람대접을 원한다.

예전에 이랜드가 투쟁할 때 제가 사랑의교회에 다니고 있었어요. 그 교회 앞에 천막이 다 쳐져 있었어요. 이랜드 정규직 복직하겠다 이런. 저는 솔직히 그때는 대기업을 다니고 있어서, 쟤들 왜 그래? 왜 교회까지 와서 저러는 거야? 그랬죠. 사랑의교회가 하루 예배드리는 인원이 5만이에요 5만. 근데 6부 예배까지 있거든요. 그 앞에 천막을 양쪽으로 쳐놓고 피켓 앞쪽에 놓고 투쟁을 하죠. 그때는 몰랐어요. 이 사람들이 왜 이렇게 하는지. 이것이 투쟁인 건지 뭔지. 근데 아이러니하게 제가 투쟁하고 있는데 청와대에서 뭐 한다고 저를 농성장에 남겨두고 갔어요. 그때 이랜드 투쟁했던 그 홍윤경 대표가 왔더라고요. 내가 투쟁을 하다 보니까 이분을 여기서 다시 만날 줄은 몰랐는데 그분이 시민으로서 저를 찾아온 거잖아요. 제가 그때 얘기를 했어요. 그때 봤다 교회 앞에서. 그분도 깜짝 놀라시더라고요. 제가 그랬죠. 이분들이 왜 싸우는지를 그때 내가 알았더라면 아마 나는 다르게 행동했을 것이다, 라고 얘기를 하면서 참 세상은 돌고 도는구나. 내가 어떻게 이 사람을 만날지 몰랐는데 딱 그렇게 되더라고요. 코레일 싸움할 때도 갔고 건보(국민건강보험공단) 파업해도 지지하러 가겠죠. 이런 연대가 굉장히 힘을 주는 거 같아요. 이길 수 있는 싸움은 진짜 끈질긴 거 같아요. 끈질김이 이기는 거 같아요. 그리고 너무 길게 와버렸잖아요. 내가 여기서 놓을 수는 없고. 놓기엔 너무 멀리 와버렸고. 처음에는 저희가 그랬어요. 길어야 100일? 근데 100일이 넘었잖아요. 그러다 보니까 이 사람들도 안 지치고, 우리도 안 지치고, 그래서 중재위원회가 나왔죠. 얘네 둘 다 안 지치니까. 계속 사회적으로 이슈가 되고 있으니까 어떻게든 해결은 해야 하고. 가장 큰 이슈는 청와대 앞에다가 노상 치고 못 살 거 같았는데 너

무 잘 살아. 아줌마들이 길거리에서 잠도 자라고 하면 잠
도 자고. 심지어 코로나도 살짝 비켜서 끝났어.

제가 생각하기에 끝까지 투쟁했던 1,500명은 깨어
있는 사람, 볼 줄 아는 사람들이죠. 이 사람들은 돈을 떠
나서 인간적인 삶을 살고자 했던 사람들 같아요. 이 사람
들은 장애인이든 아니든 인간적인 대우를 안 해줬기 때
문에 싸운 거고. 우리가 정규직이 되었다고 해서 돈을 더
많이 받는다거나 그러진 않잖아요. 더 많은 혜택을 받는
것도 아니잖아요. 인간적인 삶을 정말 살고 싶었던 사람
들, 억울한 사람들이라고 느껴져요. 다 똑같이 억울한 사
람들. 억울함을 알았던 사람들. 그 억울한 삶에 들어가지
않으려 했던 사람들.

직접고용으로 복귀하고 산재를 입다

졸음쉼터가 한 팀이에요. 근데 졸음쉼터가 다섯 개예요.
그 다섯 개를 한 팀이 다 관리를 해요. 그 주위에 쓰레기
있으면 줍고 풀 나 있으면 풀 뽑고. 그리고 또 한 팀은 나
대지라고 고속도로 법면 아세요? 고속도로가 높이 있으
면 밑에 쭉 풀 나 있고 그렇잖아요. 가드레일 밑으로. 그
걸 법면이라고 해요. 사람들이 여기다 쓰레기를 많이 버
리고 가는데 이 쓰레기를 다 주우라고 해요. 풀도 베라고
하고. 엄청 가파르고 위험해요. 그리고 도로공사가 50년

더 됐다 하잖아요. 그 50년 동안 (법면) 청소를 해본 적이 없어요. 해봤자 가드레일 밖으로 나오는 풀들만 제거해라 정도였어요. 근데 그 일을 저희한테, 안 해도 될 일을 갖다가 업무로 준 거잖아요. 그리고 다른 팀은 이제 휴게소 영업소를 관리해요. 영업소 안쪽에는 직원들이 관리하는 구역이 있고, 그 바깥으로 회차로 쪽이 있어요. 거기 또 풀을 베라고. 왜 그걸 시키냐면 영업소 직원들 보게 하려고. 자회사 직원들이잖아요. 니네들 봐라, 거기 (직접고용) 가서 쓰레기 줍고 한다고 하지 않았냐. 그런 것들을 보여주기 위함인 거 같아요. 이걸 시키는 건.

현장지원직이라는 새로운 직군을 만들어서 우리를 직접고용 했잖아요. 그런데 벌써 이 직군에 사람들이 줄어들고 있어요. 왜냐하면 임피자(임금피크자)들이 빠져나가고 있거든요. 서울 톨게이트 노조 같은 경우엔 거의 한 200명이 빠진다던데요. 최저시급을 받는 업체는 임피 적용을 안 받는다고 명시가 되어 있다 하더라고요. 근데 도로공사가 현장지원직을 신설해서 우리를 배치하면서 최저시급으로 맞춰놓고, 임금피크제까지 적용받도록 한 거예요. 그러니까 실질적인 임금도 적고, 오래 일하지도 못하게 만들어 놓은 거죠.

제가 나대지에서 가위질하다가 인대가 끊어졌어요. 산재 신청을 했는데 결국 승인은 됐어요. 근데 엄청 힘들게 됐어요. 재검을 계속 받고. 2020년 8월에 신청을 했는데, 12월에 승인이 됐어요. 엄청 심사가 까다로워요. 저

는 처음에 상해로 해달라고 요청을 넣었죠. 일하다가 다
쳤잖아요. 근데 그 사람들이 이건 반복적인 일을 계속하
다 보니까 다친 거다, 반복적인 행위를 하다가 다친 건
질병이다, 이렇게 몰고 가더라고요. 승인됐다고 별다른
혜택은 없었어요. 여기가 계속 재발을 하는데, 산재 인정
받은 뒤에는 계속 내 병원비 안 들고 치료받을 수 있는
정도.

　병가가 작년까지는 180일이었는데 올해는 또 바꼈
더라고요. 현장에서 너무나 일을 무리하게 시키니까 몸
이 아플 거 아니에요. 그래서 병가를 쓰는 사람이 되게
많아요. 그러다 보니까 이걸 60일로 축소시켜 버린 거야.
그 이후는 무급휴가가 되는 거죠. 자기네들이 볼 때 우리
가 너무하게 막 쓴다고 생각을 하는가 봐요.

끝은 누구도 모른다

2021년 1월 14일부터 대기발령 상태에 있어요. 자기들
이 검찰로부터 기소 통보를 받았다고. 도로공사가 조합
원 몇 명을 찍어서 고발했고 대부분 지부장님 같은 분들
인데 전국 16명 안에 제가 든 거죠. (웃음) 저는 폭행으
로 기소가 됐어요. 도로공사 직원을 물었어요. 무는 장면
이 너무 신랄하게 찍혔어. 김천에 처음 들어가고 다음 날
새벽, (도공) 직원들하고 대치를 하고 있었어요. 저희가

2층 로비를 장악했잖아요. 그때 경찰하고 구사대가 저희를 몰아내려 할 때, 구사대가 저희한테 막 욕을 했어요. 욕하고 있으니까 제가 비키라고, 욕한 놈 잡아내겠다 하는데 구사대가 저를 막더라고요. 제 손발을 못 쓰게 묶는 거예요. 그래서 제가 물었어요, 놓으라고. 근데 그게 찍힌 거예요. 저는 사람을 물었으니 형사사건이지만 다른 언니는, 그 정문에 회전문 있잖아요? 그걸 부수고 들어갔다고 기물파손죄로 덤터기 씌워놨더라고요. 1억 얼마의 손해배상청구에. 그리고 그때 경찰들이랑 대치하다가 쓰러졌던 언니가 병원에 갔다 왔어요. 병원에 갔다 오면서 약봉지를 던졌나 봐요. 그것도 약봉지로 경찰들한테 상해를 입혔다고. 돌도 아니고 약봉지로. 그날 그렇게 얽힌 사람이 한둘이 아니에요. 여섯 명을 묶어놨더라고요.

　그날이 있었으니까 우리가 여기까지 온 거죠. 가장 큰 이슈였잖아요. 공사가 점령이 된 건 처음이라잖아요. 그것도 여성들이 주도해서. 아줌마들이 주도해서. 아줌마들 정말 강하다니까요. 저도 진짜 강한 거 같아요. 지금 재판 기다리고 있고 검찰 조사까지 받았죠. 그때 변호사랑 통화를 하고 노조 집행부들이랑 다 통화를 했는데 그냥 인정을 하자, 인정 안 하면 더 길어질 수도 있는 상황이니까. 그래서 '그래, 물었다. 근데 어쩔 수 없는 상황이었다. 왜냐하면 손발을 묶어놓고 그러니까 그때 내 정신이 아니었다. 미쳤는가 보다' 했어요. 그래서 제가 미안하다, 합의해 주신다고 하면 합의하겠다, 그랬더니 도로공사 직원이라 안 할 거라 하더라고요. 그래서 "냅두세요 그냥. 어차피 제가 지금 노조 활동 하다가 이런 거지 그냥 지나가는 사람 개인적으로 문 것도 아니고. 개도 아니고. 제가 개예요? 지나가는 사람 물게?" 그랬어요. 4시간 조사받고 왔어요.

이런 일이 터져서 대기를 하고 있으니까. 일터가 집 근처에라도 있으면 스트레스가 덜할 것 같아요. 그런데 고의로 먼 곳에 발령을 낸 것 같아요. 이렇게 멀리 와서 대기를 한다는 게 정말 스트레스를 많이 받고, 일을 그만둬야 하나 회의감이 많이 밀려와요. 저희는 헌혈을 하면 하루 쉴 수 있거든요? 혈장 헌혈은 2주에 한 번 할 수 있더라고요. 그래서 오늘도 비번이에요. 사무실에서는 대기 상태로 가만히 있으니까 살이 엄청 쪄버린 거예요. 예전엔 제가 바깥에 나가서 잠깐이라도 돌아다녔거든요. 근데 그것도 못 하게 하고 있어요. 왜냐면 사무실 사람들이 싫어한다고. 그래서 내가 그 사람들에 맞춰서 일을 해야 되냐, 가만히 있는 것에 스트레스를 너무 받고 있는데. 그랬더니 일단 하라면 하는 거지 무슨 말이 많냐는 듯이 대해요.

요즘은 조합원들도, 노조도 힘이 빠지고 있는 것 같아서 저도 힘이 안 나죠. 요즘 저희 요구안은 임금 인상이에요. 지금은 노조에서 뭘 할 수 있는 게, 하는 게 없어요. 아침 선전전 정도? 저희가 매주 수요일마다 선전전을 해요. 전국의 지사 앞에서 민주노총 소속들만 선전전을 하는데 그것만 하고 있죠. 임금 문제 빨리 해결하라. 지금 임금 제대로 안 주고 있지 않냐. 임금 제대로 주고, 우리 근무 제대로 시키고, 호봉 제대로 인정해 주고, 그런 걸 가지고 싸우고 있어요. 기본급을 낮게 책정해 놓고 호봉이나 성과급 같은 걸로 채우는데, 호봉으로 산정된 예산을 전체 직원이 나눠야 하니까 그게 아까운 거죠. 이 문제 때문에 사장이 아니라 도로공사 전체 직원이 우리를 싫어해요.

그리고 몇 명이 현재 직위해제가 된 상태잖아요. 그래서 지금 주력하는 요구가 직위해제 건을 빨리 철회하라, 재판을 빨리하든가, 하는 거죠. 도로공사에서 소명자료를 제출해야 재판 날짜가 잡힌대요. 근데 그 소명자료를 제출을 안 하는 거예요. 제가 이제 불만을 토로하는 거죠 노조에다가. 할 데가 없잖아요 솔직히. 어디 말할 데가 없어서 저희 노조에다가 불만을 계속 토로하면서 빨리 해결해 줘야 하지 않느냐. 미쳐버릴 거 같다고. 솔직히 지금 우울증약 먹고 있거든요. 너무 지쳐서. 앞섰던 사람이 좀 더 나은 대우를 받았다거나 좀 더 나은 혜택을 누리고 있다거나 그랬다면 나았을 거 같아요. 아, 역시 투쟁은 해야 돼, 그래서 얻는 게 더 많은 거 같아, 이래야 하는데 투쟁 안 한 사람도 지금 혜택을 받는 마당에 투쟁을 열심히 한 사람이 타깃이 돼서 더 탄압을 받으니까 너무 화가 난다는 거죠. 물론 좋은 점은 있어요. 우리 민주노총 민주연합이 500명 정도 된다고 했잖아요. 거기서 제가 투쟁을 해서 가져온 게 틀렸다고 생각하는 사람은 하나도 없어요. 아는 사람들은 다 제 편이에요. 그래서 제가 저희 노조에다가 뭘 요청하잖아요? 그럼 바로 해준다는 거죠. 제가 전화해서 지부장님 한번 와서 보세요, 하면 왔다 가고 그래요. 제가 정말 감동했던 일이 뭐냐면, 제가 순천지사에 혼자 있다 보니까 민주연합 사람들이 다 저한테 전화를 하는 거예요 엄청나게. 너한테 순천에서 무슨 일이 생기면 나는 다 때려치우고 너한테 간다 무조건. 내가 연차가 딱 두 개밖에 안 남았는데 너한테 쓰려고 하나 남겨두겠다. 그것도 강원도 오빠가. 그런 사람들이 많다는 거죠. 내가 무슨 일이 있으면 달려오겠다는 사람들이 더욱더 많다는 거죠. 결국 사람을 얻은 거죠.

투쟁해서 여기까지 왔지만, 지금은 막막한 상황이죠. 누군가는 투쟁해도 어쩔 수 없구나, 보람이 없구나 생각할 수도 있어요. 그래도 결론을 모른다는 거예요. 정년이 이렇게 많이 남았는데 끝은 누구도 모른다는 거예요.

엄마가 옳다

딸 중학교 3학년 때 제가 아침에 근무하고 새벽에 퇴근해가지고 KTX 타고 대법원에 가서 1인 시위하고 그랬어요. 제가 이제 사진을 올리잖아요. 투쟁하고 있는 인증 사진을. 큰딸한테도 엄마가 이렇게 열심히 살고 있고 이게 틀리지 않았다는 걸 꼭 보여줄 것이다 나중엔 너도 이해할 것이고 그러니까 너도 너의 기준에서 최선을 다해 살면 되지 않을까, 이렇게 (문자를) 보냈어요. 그랬더니 나는 엄마가 옳다 생각하고 엄마가 자랑스럽다, 하더라고요. 친구한테 엄마 사진을 보여줬대요. 깜짝 놀랐어요. 친구한테 보여주면 어떡하냐, 너 창피하지 않았어? 이랬더니 엄마 나는 이런 엄마가 자랑스럽다 그래서 보여준 거다, 이 말을 하더라고요. 친구가 엄마한테 응원한다고 전해달라 그랬다, 딱 그러더라고요.

제 둘째 딸이 5학년 때 담임선생님이 야구장에 안 데려간다는 거예요. 다른 몇 명만 데리고 가고. 자기가 가고 싶다고 손을 몇 번이나 들었는데 안 데려간다는 거예요. 왜? 그랬더니 야구는 룰을 알아야 하고 경기 방식이 어떻게 돌아가는지 알아야 하는데 그걸 모르면 재미가 없어서 그렇대요. 근데 나도 가고 싶어. 그래서 막 검색을 하기 시작했어요. 티켓팅을 어떻게 하고 경기장은 어떻게 가고. 저희가 그해에 발품을 팔아서 어디 자리가 제일 좋은지, 그런 걸 다 알아보고 티켓팅했어요. 걔네들보다 더 나은 걸, 엄마는 만들어 줄 수 있어. 선수들 다 만나서 사인볼 받고. 저희 집에 사인볼이 한 100개 있어요.(웃음)

제 친정오빠가 갑자기 사고로 일찍 돌아가셨어요.

딱 그 말이잖아요. 태어나는 거는 순서가 있지만 가는 거는 순서가 없어서 내가 언제⋯. 평생 건강하게 애들을 지켜주면 좋겠지만 못 그럴 수도 있다는 생각을 하게 되잖아요. 그래서 엄마랑 같이 할 수 있는 일을 많이 만들어서, '항상 엄마가 이거 다 해줬었어' 이렇게 기억에 남을 수 있도록 해줘야겠다. 최선을 다해서.

좋은 삶이란 뭘까. 힘든 시간 잘 버텨서 이겨내는 거? 거기서 좌절하지 않는 거. 그래서 아, 나중에 회상했을 때 그 시간들을 이겨내서 내가 여기까지 올 수 있지 않았을까 생각하는 거. 내가 나락으로 가지 않고 우리 애들도 잘 키워냈으니 되었고, 자기들이 알아서 잘 살 수 있고, 나 스스로도 실패하지 않고 건강하게 잘 왔으면 된 거다, 생각하는 거. 그래서 결국 셋이 다 만족하면 그게 그냥 가장 큰 행복일 거 같아요. 투쟁도 그렇고 인생도 그렇고 내가 노력한다고 해서 좋은 결론이 난다는 보장은 없지만 그래도 딸한테 이렇게 문자를 보냈어요. "엄마도 이렇게 열심히 살고 있으니까 안 되더라도 좀 더 노력은 해보자. 노력해서 안 되는 건 어쩔 수 없다. 근데 노력을 안 했는데 안 됐어, 어쩔 수 없어, 하는 건 나를 방관하는 거, 나를 버리는 거랑 똑같으니까. 조금만 더 노력을 해보자" 이렇게요.

제가 살아왔던 길이 후회스럽다든가 그렇지는 않은 거 같아요. 최선을 다해 살았고 그때그때 최선을 다해 살았기 때문에 후회하지는 않아요. 부끄럽지만 않으면 되는 거 같아요. 최선을 다해 살았으면. "우리가 옳다." 우리가 옳았으니까. 틀렸으면, 부끄러운 행동이었으면 못하죠. 길바닥에서 자는 게 부끄럽고 창피한 일이었으면. 지금도 여전히 싸우고 있어요. 불합리한 대우와 환경을 대물림하고 싶지 않으니까.

모래사장에서 찾은 바늘 지키기

장애를 가진 여성이 임금노동자로 인정받으며 일할 수 있는 자리는 모래사장에서 바늘 찾기와 같다. 도로공사의 수납 업무는 '공공부문' 일자리였고, 앉아서 할 수 있는 일이라는 점에서 희귀하고, 자랑할 만했고, 지키고 싶었고, 버티고 싶은 일자리였다. 3교대 업무는 고되었지만 종종 양육을 위해 필요한 낮 시간을 낼 수 있다는 점에서 한부모 가정의 여성에게 또 다른 가능성을 주기도 했다. 하지만 장애여성을, 한부모 가정의 여성을 존중하는 일자리가 아니라는 점은 분명했다.

　존중의 파괴는 이윤의 극대화를 위해서 국가가 스스로 공공성을 파괴하고, 점차 사람의 일을 기계로 대체하는 구조적인 차원에서 벌어지기도 했지만, 공공성에 대한 자각 없이 무능한 장사치로 여러 개의 영업소를 거느린 사장들의 행태로 구체화되었다. 특히나 전라도 지역 사장들은 촘촘한 인적네트워크에 힘입어, 장애인 고용장려금을 적극적으로 자신들의 이익을 위해서 이용하였다. 장애인 고용장려금 정책은 2010년을 기점으로 큰 변화를 겪었다. 2010년 개편 이전에는 전체 노동자 중 장애인 고용률과 고용된 장애인의 성별 및 장애의 중

한 정도를 복합적으로 따지되, 고용률이 30%를 초과한 경우 지원금이 대폭 할증되는 방식이었다. 이에 반해 2010년 개편은 전체 장애인 고용률에 상관없이 장애의 중한 정도와 남성/여성만을 구분하였다. 또한 경증 장애인에 대한 장려금의 경우 근속 3년 후 30%, 5년 후 50% 감액이 이루어지게 되었다. 그 결과, 한국도로공사를 비롯한 기업, 사업체, 공공기관들은 장애인 노동자의 비율을 부담이 없을 정도로만 유지하고, 여성노동자 비율을 늘리고, 3년이 지나면 각각의 영업소가 이미 숙련된 여성노동자를 돌려가며 해고와 재고용하여 고용장려금을 수령했다. 그들은 이렇게 여성노동착취를 극대화하는 수법을 개발해 나가고 있었다. 장애여성 노동자들은 3년마다 사장의 이익을 위해서 영업소를 옮겨 다니면서 자신들의 존재가 지원금으로 환원되는 느낌을 받았다.

지원금이 나오는 경증 장애여성과 그렇지 않은 비장애여성의 일자리는 동시에 나빠졌다. 비장애여성들은 대부분 생계를 책임져야 하는 절박한 상황에 놓인 경우가 많았고, 훨씬 더 불안정했다. 장애인 고용장려금을 산출해 내지 못하는 비장애인의 몸은 환영받기보다 또 다른 부담을 지게 된다는 점을 장애여성 노동자들이 간파했다. 연줄이 없는 비장애여성은 입사가 매우 힘들었고, 절박하고 취약한 상황을 이용당하며 사장의 애인으로서 비공식적인 업무를 수행하고 사적인 요구를 들어줘야 했다. 그럼에도 '애인'이라는 호명으로 인해 마치 특별한 보호를 받는 것처럼 여겨져, 그러한 요구를 받아들이는 것이 고용을 안정시키는 장치라도 되는 양 착각을 일으켰다. 하지만 실상은 다른 동료들을 감시하고 보고하는 역할을 맡음으로써 오히려 관계로부터 고립되었고, 사장의 보호는 언제든 철회될 수 있었다. 연줄로 들어오거나 애인의 역할을 맡았던 이들은 과연 직접고용되었을까. 구술자들은 아닐 가능성이 높다고 했다.

　전국의 톨게이트 노동자들이 한자리에 모였을 때 사장의 '애인만들기' 문제는 왜 공식적으로, 전면적으로 드러나기 어려웠을까. 성희롱으로 인정받기 어려운, 하지만 취약한 여성 노동자에게 업무의 일부로서 부과되는, 동시에 다른 동료들과의 관계를 단절시키는 방식으로 이루어지는 이 관리의 기술은 새로운 것이라고 보기 어렵다. 주로 고위 상급자와 고립된 공간에서 일하는 노동자에게 일어났던 성적 괴롭힘은 '미투운동'을 통해서 상당히 드러나기도 했지만, 이처럼 영업소 안에서 공공연하게 벌어졌던 경우는 흔치 않다. 이 특이성은 명목상 공기업이긴 하지만 저임금의 고된 노동이었다는 점, 제도적으로 안정성을 갖춘 듯 보였지만 실질적으로 외주화가 되어 있었다는 점에서 기인한다. 생계가 절박한 여성노동자들은 일터에서 고군분투했지만, 결국 공공성이 파괴되고, 그 내부에서 발생한 구조적인 억압과 차별로 인해 사람에 대한 존중도 파괴되었다. 이러한 구조가 톨게이트 여성노동자들이 겪은 젠더/섹슈얼리티 폭력의 모양새를 만들어 냈다.

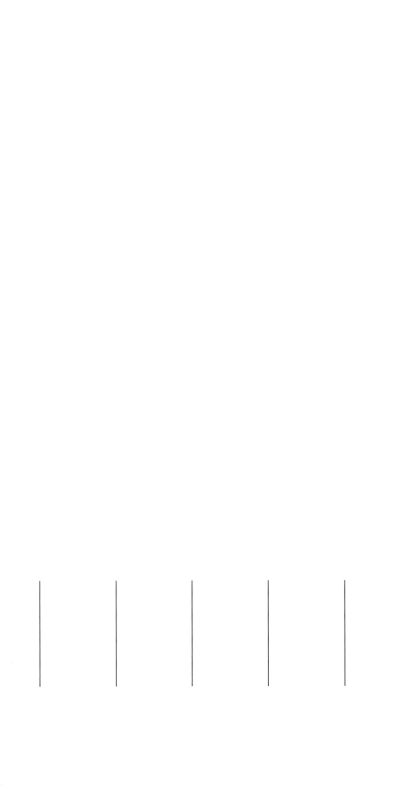

고분고분한
복지카드가
될
수는
없죠

☞ 구술, 박정숙(가명) ☞ 글, 타리

6장

장애를
가진
임금노동자로서
투쟁으로
그리는
미래

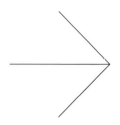

2019년 9월 장애여성공감에서 일하고 있을 때 민주노총 여성
국장으로부터 전화를 받았다. 지금 톨게이트 수납 업무를 하
던 여성노동자들이 고공농성을 하고 있는데, 가보고는 장애여
성이 매우 많다는 것을 알게 되었다고, 혹시 이미 알고 있었는
지 물었다. 나는 전혀 몰랐다고 대답했고, 우리는 장애여성운
동과 톨게이트 여성노동자들이 연대할 수 있는 방법이 있을지
고민해 보자고 하고 통화를 마쳤다. 동료들에게 이 소식을 전
하고 함께 이야기를 나누었지만 뭔가를 하지는 못했다. 장애
여성공감은 단체 창립부터 교육권과 노동권을 거의 보장받지
못하고 집이나 시설에서 평생을 보낸 중증 장애여성들이 중심
이 된 단체이다 보니 공공부문뿐만 아니라 공식 노동시장에서
일하는 장애여성을 만날 수 있는 기회가 거의 없었다. 그래서
톨게이트 수납 업무를 하는 장애여성의 노동경험이 매우 궁금
했는데, 톨게이트 노동자 구술작업을 시작한다고 했을 때 나
는 장애여성 노동자이자 파업투쟁에 참여한 조합원을 만날 수
있다는 기대감에 합류하게 되었다.

　박정숙(가명) 님은 지체 4급의 소아마비 장애를 가진,
8남매 사이에서 자란, 보행이 가능한, 운전이 능숙한, 주관이
뚜렷한 장애여성이었다. 1963년에 태어나 서너 살쯤 소아마

비가 유행하던 시기, 어느 날 비를 맞고 고열에 시달리다가 남동생과 함께 장애를 갖게 되었다. 아버지 자전거를 타고 등하교를 했고 고등학교에 다닐 때는 버스로 긴 통학 시간을 견뎌냈다. 졸업 후에는 몇 년간 집 안에만 머무는 생활을 하다가 결혼을 하고 나서야 사회생활을 시작했고 세 명의 자녀를 낳아 길렀다. 장애인고용공단을 통해서 직업 교육을 받고서 복지관에 취업을 했다가 위 수술을 계기로 그만두었고, 그 이후 남편의 사업을 함께 하다가 폐업하게 되면서 2008년 도로공사에 취업을 했다. 부당함에 굴복하지 않고 정당한 권리를 요구하는 것을 배우고 실천해 온 흔적은 장애여성으로서 학교에 다니고, 일을 하고, 자녀를 키우는 과정 전체에 녹아 있다. 살아가면서 사회로부터 기대받지 않는 일을 하고 성취를 해내기 위해서는 불굴의 의지가 필요하기 때문이다. 노동조합에 가입하고 파업투쟁에 참여하면서 여럿이 함께하는 단결투쟁이 가진 힘을 알게 된 것은 무엇과도 비교할 수 없는 값진 수확이었다.

박정숙 님은 기차역에 마중 나오는 것이 당연하다는 듯 광주송정역으로 나오셨고, 우리는 광주의 명물인 애호박 찌개를 먹고 좌식 방이 있는 카페에 가서 인터뷰를 했다. 안내해 주신 곳이 역과도 가깝긴 했지만 주로 거주했던 광산구였고, 고향 함평과 가까웠다. 2020년 4월, 2021년 4월 총 두 번의 인터뷰를 진행했다. 처음에는 장애여성으로 살아온 생애와 투쟁 경험을 중심으로 이야기를 나눴고, 두 번째에는 직고용 복귀후 상황에 대해 들었다.

소아마비 유행의 해

제가 63년생이에요. 8남매인데, 4남 4녀 중에 딸로 셋째고요. 옛날엔 처마 밑에서 비를 맞고 그랬잖아요. 네 살 때 비를 많이 맞았대요. 언니하고 둘이. 언니는 겁이 많아서 엄마가 들어와라 하고 엄한 소리를 하니까 무서워서 들어가고 나는 그래도 더 맞고 있더래요. 그날 밤에 날이 새기 전에 눈이 뒤집어지고 열이 올라오면서 이게 왔대요. 그 시대에는 소아마비 예방접종을 안 했잖아요. 그래서 소아마비가 유행했던 해, 그해가 66년, 67년도쯤이죠. 그 시대에 유행으로 온 걸 피해 가지 못한 거지. 거의 죽을 고비를 넘기면서 아부지가 병원에 데리고 다니고. 근데 그게 유행병이라 남동생한테도 온 거예요. 연년생이잖아요. 엄마 아부지가 저를 업고 병원이고 어디고 돌아다니다가 결국엔 못 고쳤잖아요. 제일 유명하다는 데로 데리고 갔는데 의사가 서울로 가시고 그 의원이 없어졌대. 그래서 내가 이럴 운명이었는가 보다 하고 지금 와서는 엄마가 그러시더라고요. 동생은 병원에서 치료를 하고 나왔대요. 근데 엄마도 저랑 동생의 차이가 뭔지는 정확히 몰라요. 의사가 아니니까. 어쨌든 동생은 의사한테 맡겼으니까.

학교는 남동생한테 보호를 받기 위해서 같이 들어갔어요. 나는 아홉 살에 동생은 여덟 살에 그렇게 입학을 시킨 거죠. 동생이 가방 갖다주고, 아부지가 자전거로 데려다주기도 하고. 겨울엔 눈이나 비 같은 거 많이 오잖아요. 그럼 부모님은 하루 쉬라고 하고. 어렸을 때는 어린 마음에 쉬었던 거 같아요. 근데 중고등학교 때는 결석 한 번도 안 했어요. 가지 마라 해도 고집이 있었대요. 못 막았다고 하더라고요. 가지 말라 해도 울고 이기고 갔대요. 기억나는 게, 학년을 올라가잖아요. 그러면 내 책상, 내 걸상을 내가 갖고 이동해야 했거든요. 근데 그 어린 마음에도 저걸 갖고 가야 한다는 게 너무너무 스트레스였던 거예요. 운동할 때, 체육시간에는 거의 안 나갔어요.

고등학교 때는 방황 시기였던 거 같아요. 그때 내가 남이랑 다르다는… 저희 때만 해도 장애를 가진 게 굉장히 수치스러운 거였어요. 그때는 학교에 사복을 입고 다녔는데, 내 몸이 초라하다고 많이 느꼈어요. 그리고 학교 다니면서 수학여행을 2박 3일 가잖아요? 엄마 아부지가 "가지 말고 그냥 집에서 쉬어라" 하더라고요. 그때도 너무 서운했는데. 아부지도 내가 내 자식을 이렇게 만들지 않았나 하는 자책을 많이 하셨던 거 같아요.

고등학교를 졸업하고는 집에서 생활했죠. 집에서 지낼 때는 라디오가 내 친구였고 텔레비전이 친구였고. 동네에 친구가 있어도, 거의 안 만난다고 생각해야죠. 학교 다닐 땐 모르지만 아가씨 때는 혼자 그런 생활에 우울해서. 그땐 몰랐는데 지나고 나니까 그게 우울증이었다는 것도 알고. 그냥 아무 이유도 없이 내가 사는 게 비참하

고, 의욕이 없고 그래서 혼자 울고 또 죽어버리고 싶다는
마음도 왔었어요.

장애를 흉으로 의식하기, 하지 않기

친척을 통해서 선이 들어와서 우리 집 쪽에서 한 번 만
났어요. 그런데 우리 쪽에서 한 달 넘게 연락을 안 해주
니까 거기서 연락이 오더라고요. 한 번만 더 보면 어떻겠
냐. 그래서 아버님하고 저하고 한 번 올라갑시다 했죠.
지금 같으면 카페지만 그때 말로 다방으로 갔죠. 가서 우
리 신랑이 이야기하는데 되게 착하고 솔직하더라고요.
가식이 없이. 자기한테 오면 고생을 좀 할 거라는 그런
말을 너무 진솔하게 하니까. 근데 그 착한 것이 지금 와
서는 아니야. (웃음) 사는 데는 도움이 안 돼. 절대 안 돼.
근데 그때는 착한 것이 좋잖아요. 그래서 괜찮겠다 생각
하고, 저희 집에서도 오케이를 하고 결혼식을 올렸는데,
일사천리로 이루어졌어. 왜냐하면 우리 신랑은 비장애인
이에요. 엄청 건강하고 잘생겼어요. 그런 데다가 우리 쪽
에서는 저한테 흉이 있다고 생각하잖아요. 그렇기 때문
에 일사천리로 이루어졌어요.

　또 제가 지금은 그렇지 않은데 아가씨 때는, 나하고
똑같이 장애를 가진 사람하고 결혼은 안 하고 싶다는 맘
이 있었어요. 나를 더 챙겨줄 수 있고 보호자 역할을 할

수 있을 거 같고 그런 부분을 중요하게 생각했어요. 왜냐하면 괜히 나하고 똑같으면 좀… 살아가면서 서로 도움이 될 수 없지 않을까 그런 생각도 했었고. 근데 지금까지 이렇게 살면서 우리 신랑이 내가 장애를 가졌다고 어떻다고 한 건 요만큼도 없어요. 속으로 어떤가 몰라도 겉으론 느껴본 적이 없어.

그래도 저는 계속 장애를 의식하면서 살았는데 두 딸 덕분에 더 이상 의식하지 않게 된 것 같아요. 큰딸이 대학교 때 백화점에서 알바를 했어요. 근데 이제 뭐를 안 갖고 갔다고 엄마 나 그것 좀 갖다주라고 하더라고요. 그래서 갔는데 8층 어디로 오라 하는데 못 가겠더라고요. 전화를 해서 내려오라고 그러니까 "엄마 올라와" 그래요. 안 올라간다고 하니까 괜찮다고 엄마 올라오라고 하더라고요. 딸이 그때 집에 와갖고 그 말을 했어요. "엄마 왜 오라니까 안 온다 하냐"고. 그래서 제가 마음을 열어서 말을 했어요. "다른 직원들 있는데 너 기죽이기 싫어서." 그러니까 펑펑 울더라고요. 막내딸 중3일 때 한번은 학교 앞에 우연히 갔다가 끝날 시간이 다 돼서 이렇게 보니까 나오더라고요. 친구하고 둘이. 그때 내가 자전거를 타고 갔었어요. 딸이 보이길래 이름을 불렀더니 엄마! 하고 친구랑 같이 달려오더라고요. 순간 혼자서 친구한테 창피할 텐데, 그랬는데 딸은 아무 거리낌 없이 "우리 엄마야" 막 그러더라고요. 저도 이런 사건 이후로 마음이 좀 편해져서 (장애를) 의식을 잘 안 하게 됐어요.

비로소 시작된 임금노동

1986년 5월에 결혼을 하고 텔레마케터나 컴퓨터 쪽을 배워서 복지관에 취업을 했죠. 함평에 있는 장애인개발센터에서 1년 정도 교육을 받았어요. 전화 응대하는 거, 텔레마케터, 리바운드 그런 걸 배웠는데 광주에서 함평까지 다녔었거든요. 교육받고 나니까 지역장애인협회에서 일할 수 있는 사람을 찾아서 연락이 왔더라고요. 근데 당시에 애들이 어려서 못 갔어요. 지금 생각하면 그래요. 그때 거기에 발을 디뎠으면 내가 지금 거기서 최고에 들지 않았을까. 그러다가 애들 다 키우고 장애인복지관에 재가팀이라고 새로운 사업이 생겼다고 누가 추천해 줘서 제가 투입이 됐었어요. 4년 정도 일했죠.

그러다가 직장 검진을 했는데 위에 용종이 발견되어서 서울 가서 수술을 받았죠. 가족력도 있거든요. 그때가 2004년 정도일 거예요. 그리고 직장 그만두고 신랑이 하던 일을 같이 하게 된 거예요. 작은 자동차 회사인데 공장에서 차가 나오면 차 임시 넘버 받아서 군대 납품 시키고. 군차량이 나오잖아요. 군납품 수출차, 그런 걸 했거든요. 신랑이 저한테 경리를 보라 해서 같이 일했는데, 자기 마누라는 못하는 게 없는 사람으로, 다 하는 사람으로 항상 이야기하고 믿어주는 것이 너무너무 고마웠어요. 그러다가 저희가 한 달 동안 미국에 둘이 갔다 왔어요. 같이 사무실을 비워야 하니까 일을 남한테 맡겨버렸는데 문제가 생긴 거죠. 막 제대한 사람을 서류도 안 받고 (일을) 시켜버린 거예요. 그 사람이 군차량을 끌고 가다가 완전 대형사고를 낸 거죠. 그때 아예 사업을 정리하고 저는 이제 도로공사 들어간 거지.

사업을 접고 쉬고 있는데, 장애인고용공단에서 거기를 한번 가보겠냐 연락이 왔어요. 제가 사는 지역은 장애인협회에서 장애인들을 관리하더만요. 명단을 가지고 있더라고요. 도로공사 사장들이 주민센터 연결해서 복지카드 있는 사람들만 찾아다녀요. 지금 같으면 안 되죠. (개인정보) 노출시키면 지금은 큰일 나잖아요. 그때만 해도 그런 게 되니까 한 영업소에서 제안이 들어왔는데 이력서까지 냈다가 못 다니겠다 했어요. 근데 이력서가 거기 계속 있었던 모양이에요. 또 다른 영업소에서 연락이 와서 "제 연락처 어떻게 아셨어요?" 그러니까 "어디에 한번 이력서 내신 적 있으시죠?" 그렇게 물어보더라고요. 그래서 하게 된 거죠. 근데 3교대를 선택하기가 1년이 걸렸어. 왜냐하면 애들이 셋이라서 3교대를 어떻게 하겠냐 싶었고, 또 그런 일을 안 해봤기 때문에. 그리고 2008년 2월 1일에 거길(도로공사) 들어갔던 거예요.

제가 들어간 영업소가 크고 종점이라서 차가 많았어요. 그러니까 거기서 일을 배워서 조금 작은 영업소로 가는 걸로 사장님하고 얘기가 됐어요. 사장님이 영업소를 두 개 가지고 있었거든요. 영업소에 대해서는 모르니까 하라는 대로 따라서 했어요. 처음에는 고객님한테 인사하는 거조차도 쑥스러웠어요. 근데 나중에는 자꾸 해버릇하니까 친절한 걸로 사람들한테 인정을 받았어요. 그리고 사장님이 인정을 했어요. 사장님이 저를 엄청 신뢰했죠.

고분고분하지 않은 복지카드

제가 조금 큰 영업소에서 일을 배우고 작은 영업소에서 일하고 있었는데, 일을 배운 곳에서 사장이랑 매니저하고 갈등이 생겨서 직원들이 다 그만두게 생긴 거예요. 원래는 매니저가 사장 오른팔로 모든 걸 다 쥐고 가죠. 대부분 복지카드가 있는 직원이었는데 새로 온 주임이 비장애인이었어요. 복지카드 없으면 들어오기 힘든데, 남편이 빚이 많아서 엄청 돈이 절실한 사람이었대요. 매니저가 그걸 알고 갑질을 했대요. 근데 사장이 주임 편을 드니까 매니저가 다른 직원들을 다 조직해서 다 같이 사직서를 내고 배수진을 친 거예요.

거기가 엉망이 되니까 사장이 저한테 그 영업소에 가서 1년만 일을 해달라고 간곡하게 요구를 하길래 알겠다고 했어요. 실은 정말 가기 싫었거든요. 매니저가 갑질하는 것 다 알고 있었으니까. 예를 들면 남자 직원이 진짜 눈에 보이게 다리가 불편했어요. 근데 매니저가 지 맘에 안 든다는 이유로 사장한테 꼰질러서 그만두게 하고. 거기는 이직률이 얼마나 높았냐면, 못 버티고 다 나가요 거의. 근데 매니저한테 내가 얼마나 눈엣가시였겠어요. 다른 사람은 지 하라는 대로 순종하고 있는데, 저는 좀 주관이 뚜렷하고 하니까 눈엣가시지. 그러다가 13개월이 되어서 3월 말까지 일을 하고 4월 1일인가부터 다시 일하던 영업소로 가는 때가 왔어요. 3월 29일부터 내가 이틀 휴무였어요. 그래서 28일에 마무리를 하고 보따리를 싸갖고 소장님하고 대리님한테 저 이제 돌아간다고 인사하고 집에 왔어요. 그런데 사장한테 느닷없이 전화가 왔더라고. "박정숙 씨, 돌아가지 말고 여기로 출근하시라"고 "사장님 왜요?" 그랬더니 "그냥 이유는 묻지 말고 와서 얘기하게 그렇게 하라" 그 말을 딱 하길래 "네, 알았어요." 그러고 나서 생각해 보니까 되게 기분이 안 좋더라고요. 참 자존심이 상하더라고. 그래서 잠을 못 자고 뒤척였어요. 그런 과정에서 여기 일자리를 많이 주선해 준 지역 단체 대표님한테 상의를 하니까 억지로 출근 안 해도 된다고, 그렇게 스트레스 받으면 쉬어야 한다고 하시더라고요. 그래서 입원을 했어요. 정신과 치료를 하고, 치료를 해서 못 가겠다, 병원에 입원했다 연락하고 자료를 영업소에다가 팩스로 집어넣었어. 근데 그것이 반영이 안 되고 병가가 아니라 무단결근이 된 거예요. 이제 전화를 했어요. "사장님 죄송합니다. 제가 몸이 안 좋아서 당분간 쉬고 싶으니까 사직 처리를 해주시고 실업

197

급여를 받게 해주세요." 그렇게 전화를 했는데 그것도 말이 안 통하고 탁 무단결근으로 해놔버린 거야. 나한테 해고통지서가 왔더라고요. 그래서 YWCA 상담소 소장님을 소개받았어요. 그분을 찾아가서 자세한 얘길 다 했더니 해고는 잘못된 거라고, 내가 정당한 거라고 말씀을 해주시더라고요. 그때부터 일을 추진한 거죠.

결국 사장이 자른 거고 나는 실업급여를 정당하게 타야 하는데 너무 부당하잖아요. 그래서 (소장님이) 노동청 가기 전에 나한테 노무사를 소개해 주더라고요. 그 노무사가 사장님한테 전화를 해서 좋게 해결을 해주셨으면 좋겠다고 얘기를 했대요. 그런데 사장님이 그랬대요. 박정숙이 나한테 전화 한 통만 해갖고 미안하단 말을 하면 실업급여 받을 수 있게 처리를 해주겠다. 저자세로 나가라는 식으로 그렇게 하더래요. 그래서 노무사가 직접 나한테 전화 안 하고 YWCA 상담소 소장님한테 연락을 한 거죠. "박정숙 씨가 사장님한테 전화해서 미안하다 하고 일을 처리하면 어떻겠냐"라고 한 거죠. 그때 당시에는 "알았어요" 하고 전화를 끊었는데 곰곰이 생각해 보니깐 내가 잘못한 것이 없는데 왜 미안하다 해야 하는지 모르겠더라고요. 그래서 다시 노무사한테 전화를 했어요. "노무사님 저 실업급여 타먹을라고 이거 하는 거 아니에요. 나 실업급여 안 타도 좋아요." 그거 타먹으려는 목적으로 그러는 게 아니고 내가 잘못한 게 없는데 왜 잘못했다고 해야 되는 거냐고, 나 안 한다고 했어요. 그리고 바로 노동청으로 고발했어요. 근데 (고발 가능) 기간이 3개월이라 하더라고요. 3개월 넘어가 버리면 노동청 고발도 끝나는 시점인데, 내가 며칠 남겨놓고 고발을 했어요. 그래서 노동청에서 조사를 나오고 내가 이겼죠. 저는 실업급여 타고 자기는 벌금을 냈잖아요. 사장이 그러더라고. 너는 어디 가서 영업소 일을 하나 보자고. 악담을 하더라고요. 나는 보란 듯이 영업소 일을 하겠노라, 너 보란 듯이 하겠노라 하고 마음을 먹었거든요. 그래서 노동청에 불려 다녔죠. 컴퓨터 앞에 앉아서 타이핑을 하면서 2008년부터 했던 직장 생활에 대해서 쓰고 나오는데 심장이 벌벌 떨리더라고요. 노동청에 간다는 게 좋은 게 아니잖아요. 지금도 그 생각만 하면 무서워요. 무섭고 겁이 나고. 겁이 얼마나 났는지… 지금은 말할 수 있지. 몇 년 전까지, 그때 가까운 때만 해도 무서웠어요. 많이 무서웠어요.

저랑 일하실 건가요?

그땐 일을 그만해야겠다 생각을 했어요. 그런데 실업급여 받으려면 구직활동을 해야 하잖아요. 그 구직활동을 하던 시기에 지나가다가 큰 영업소가 보이더라고요. 가서 구직활동 중이라고 하니까 매니저가 흔쾌히 연락처 하나 달라 그러더라고요. "혹시 제가 아무 때나 필요할 때 오시라 하면 오시겠어요?" 그러는 거예요. 근데 저는 영업소가 너무 커서 지하통로를 걸어 다니기 힘들어서 못할 수 있다고 말했어요. 왜냐하면 처음 영업소에 발을 들일 때 거기서 배웠거든요. 그러고 며칠 있는데 연락이 왔더라고요. 여기 와서 일 좀 해주시면 안 되겠냐고. 그래서 "나 겁나는데요" 그랬더니 한번 와서 교육을 받아보라고 그러더라고요. 그래서 가서 일하는데 사장님한테 먼저 물어봤어요. "저에 대한 건 다 알고 계시죠?" 들었다 그러더라고요. "그래도 저 채용하실 건가요?" 그랬더니 그건 그걸로 끝내고, 우리 일 잘해보자고 그러더라고요. 그래서 다시 일을 하게 됐어요. 제가 바로 일 시작한 날 저번 영업소 사무장한테 전화가 왔대요. 자기들끼리는 다 알잖아요. 사무장한테 전화를 해서 박정숙이를 왜 받았냐 난리를 쳤나 봐요. 근데 그 사무장님이 저한테 그러더라고요. "앞전에 있었던 일은 다 잊어버리고 새로 시작합시다." 근데 아무리 그래도 그 사람들은 지들끼리 편이에요. 우리 약자 편 아니에요. 그걸 알아요. 그렇기 때문에 나는 떳떳했어. 왜냐하면 내가 떳떳하지 않은 짓을 안 했기 때문에. 그래서 당당하게 일을 했어요.

하지만 부당한 일이 많죠. 아침에 6시에 나와서 오후 2시에 끝나고 한두 시간은 상추를 딴다든지 고추를 딴다든지 영업소 터에다가 (밭을) 갈아요. 땀 뻘뻘 흘리고 풀 다 베고 청소 다 하고. 일 끝나고 한두 시간 더 하는 걸 당연하게 생각했어요. 바로 영업소 옆에 평평한 데가 있으면 텃밭 갈기도 좋아요. 근데 언덕바지 내려가서, 장애인이라 내려갈 수도 없어요, 그런데 밑으로 내려가서 상추 심고 고추 따고 그렇게 해서 주방에 갖다주고, 다같이 먹고. 영업소가 두 군데인데 나주에서 해다가 갖다주고 그랬어요. 식비는 다 떼어먹고요. 우리는 그걸 처음엔 몰랐지. 식비를 떼어먹는지. 나중에 알고 보니까 오래 다닌 직원들은 알고 있었더라고요.

가진 것이 없는 사람들이 이용당하기가 쉬워요. 어떻게든 버텨야 하니까요. 그런 걸 소장들이 이용해서 자기 심복으로 삼아요. 저도 들은 얘기지만, 소장들이 반지도 사다 주고 챙겨주는 것처럼 하면서 마음을 사보려고, 환심을 사보려고 했다고 하더라고요. 술자리에서 애인도 하자 하고. 그런 말을 듣기는 했는데 나는 직접적으로 보고 경험하고 그러진 않았어요. 저희들은 복지카드가 있으니까 함부로 애인 삼고 그렇게는 못 하죠. 그런데 장애인이라 해서 함부로 대하죠. 애인이니 세컨드니 써드니… 그런 관계라는 거. 그렇게 관계를 맺고 소장이 자기 수족으로 부리는 거예요. 거부를 하기 힘든 게 생계를 두고 위협을 하니까요. 그 부분이 제일 크다 생각해요. 예를 들어 남편 없이 혼자 있거나 자기가 벌어야 먹고 산다거나 그런 사람들.

근데 저한테도 그런 비슷한 게 들어온 게 뭐냐면, 아니 애인 그런 게 아니라, 자기 사람을 만들려는 거 있잖아요. 내가 9시에 출근을 했는데 사무장님이 광장에 나

와 계시더라고요. 박정숙 씨, 박정숙 씨 불러. 들어가 얘
기를 하는데 그러더라고요. 내가 바깥 출구에서 일어나
는 일은 모르니까 출구에서 일어나는 일은 자네가 세세
하게 정보를 좀 주면 안 될랑가. 문제가 있는 사람을 알
려달라는 거죠. 그래서 제가 뭐라 했는지 알아요? "사무
장님, 출구에서 문제 있는 사람은 박정숙이 하나밖에 없
을 거 같은데요." 딱 그랬어요. 나 하나밖에 없을 거 같다
고. 나 하나만 주시하면 될 거 같다고. 그러니까 그다음
부터 전혀 말 한마디 안 해요. 그걸 노리고 받아주면 땡
이고 안 받아주면 말고. 그러잖아요. 자꾸 사람을 찔러보
는 거잖아요.

노동자가 진실을 알았다면
갑질함시롱 앉았을 것이고

투쟁 때 우리 원 없이 속이 뻥 뚫리게 다 했던 거 같아요.
도로공사한테 그대로 다 뿜어낸 거 같아요. 지난 10년간
쌓였던 거 다 터트리고 거기서 발언하는 사람들 얘기하
면 다 너무 공감돼서 툭툭 터졌던 거 같아요. 그래 맞아
맞아 하면서. 근데 강원도 지역에는 장애인이 하나도 없
더라고요. 여기에만 있어 전라도 쪽에만. 그쪽에는 한 명
도 없어요. 남자들도 한 명도 없고. 신기해요.

　　노조 가입하기 전까지만 해도 사장들이 인근 영업소

직원들하고 연락하는 거 제일 싫어했어요. 예를 들어 A랑 B가 같은 영업소에 있다가 서로 찢어져서 다른 데로 갔어요. 그럼 친하니까 연락해서 서로 공유하는 것도 싫어하고. 왜냐하면 자기 비리들이 많으니까 그러겠죠. 근데 노조에 가입하면서 전 영업소를 알게, 오픈하게 되었잖아요. 그때 정말 우리가 바보같이 살았구나. 너무나 어리석었다. 미리 알았다면 갑질함시롱 않았을 것이고 돈도 그렇게 착취하지 못했을 것이고.

돈 떼먹는 것은 그렇다 치고, 저희들은 그랬어요. 인격 대우라도 해줘라. 직접 들은 건 아닌데 모 직원 하나가 그러더라고요. 장애인 직원들끼리 트러블이 있어가지고 싸우고 다 나가버렸는데, 사장이 사람 구하기 힘들고 뭣하고 하니까 속된 말로 "병신들 데려다가 쓰니까 그런다" 그런 말까지 했다고 하더라고요. 우리를 돈으로만 보는 거잖아요. 마지막 영업소에 있을 때도 장애인공단에서 지원해 주는 게 상당히 많다고 하더라고요. 시각장애인이 근무하면 컴퓨터를 시각장애인 보호용으로, 그리고 의자 같은 거도 몇 개씩 지원이 되는데 우리는 사용해 본 적이 없어요.

투쟁하면서 여러 명이 함께하면 그 힘이, 똑같은 문제라도 힘이 크구나. 그걸 느꼈죠. 노조에서 그러더라고. 싸우면 우리는 얻을 수 있다고, 처음부터 집행부에서 그랬거든요. 싸워야 우는 애기 젖 준다고, 우리는 싸워서 정당한 거라고. 처음에 그 마음을 갖고 시작했는데 중간에 또 되게 힘이 빠질 때가 있었어요. 그러다가 시작했으니까 끝이 있겠지, 끝까지 가보는 거지 그렇게 생각하고 버텼죠.

노조를 처음 만난 게 2017년도인가? 정확하게는 기억이 안 나요. 연락이 와서 우리 직원들 다섯 명 정도 노조 사무실에 가서 설명을 들었어요. 소송을 하면 정규직 지위를 얻을 수 있고, 임금 차액을 소송해서 최근 3년간의 금액을 받을 수 있다. 우리가 직접고용을 주장해서. 변호사님도 그렇게 얘기를 하셨거든요. 여러분이 자회사를 선택하면 처음 들어가선 월급이 많은 거 같아도 그야말로 하청에 또 하청이 있다고. 그러면서 다 해고가 된다고 우리는 귀로 똑똑히 들었어요.

저는 도로공사에서 10년 넘게 일했어도 지사장이 영업소에 와서 얘기를 해준다거나 인사 오는 걸 한 번도 본 적이 없어요. 근데 자회사로 전환되는 과정에서 지사장까지 와서 우리한테 자회사를 선택해야 하는 이유를 설명하려고 했어요. 근데 저는 그런 말까지 했어요. "저는 직접고용을 주장하기 때문에 이런 걸 들을 필요가 없어요." 각 사무장님한테 다 이야기를 하잖아요. 자회사로 가게끔 해라. 저는 그랬어요. "사무장님 저한테 뭔 말씀 하지 마세요. 전 죽어도 직접고용 갈 거예요, 잘려도 가요. 그러니까 말씀하지 마세요." 솔직히 정년 1~2년 남은 우리 입장에서 자회사를 가는 게 나을 수도 있어요. 근데 우리가 10년 이상 일을 해보면서 너무나 부당한 게 많잖아요. 이날까지 이렇게 갑질을 하고 더 해먹을 것이며…
앞으로 우리가 목소리를 안 내면 더 밑에 우리 후세들이
얼마나 더 당하고 살겠어요. 나는 이 시점에 돈도 많지
않아요. 근데 지금 안 벌어도, 직접고용 주장하다가 잘려
도 괜찮아. 지금 놀고 있어도 다 불안해하잖아요. 생계인
사람들은. 근데 내가 "아야 우리 마음 비워부리자 마음
편하지 않냐?" 그럼 "언닌 마음 편하지만 우린 마음이
급혀요." "그런 마음을 각오를 안 했어? 잘릴지라도, 나
채용을 안 할지라도 후세를 위해서 직접고용을 하지 않
았냐?" 그렇게 이야기를 하거든요. 같이 만나서.

태어나서 처음으로 외박한 게
49일 농성이에요

도로공사 본사 거기서 몇 개월 동안, 약 3개월을 김천에
있었죠. 청와대에 3개월 있고. 거기서 3개월 동안 있으면
서 제가 49일 만에, 거기서 49일 만에 나왔어요. 추석도
거기서 지내고. 한번 나가면 못 들어올 줄 알고. 그땐 그
랬죠. 다 마음이 같았겠죠. 그때 화장실이 2층에 있었는
데, 거기에서 엘리베이터를 다 차단시켜서 2층, 3층까지
계단 타고 오르내리면서 씻고 했어요. 화장실까지는 상
당히 걸어서 가야 하는 상황이라서 체력이 정말 안 되더
라고요. 정말 집에 가고 싶었던 이유가 화장실이 불편하

고 씻기가 불편하니까. 얼마든지 안 먹고는 버틸 수 있는데. 물을 안 먹었어요. 화장실 한 번이라도 안 가려고. 그게 제일 불편했어요.

제가 거기에서 다쳤어요. 거기가 타일 바닥이잖아요. 그래서 로비가 되게 미끄러워요. 중간에 내가 돗자리를 펴고 있는데 거기서 청소를 한다고 물걸레로 밀더라고요. 그 과정에서 물기가 있으니까 돗자리가 미끄러지면서 넘어져가지고 그야말로 스키 탄 것처럼 넘어졌어요. 우리 집행부 직원들, 지회장님하고 크게 놀랐어요. 나는 덜 놀랐는데 보는 사람들이 더 놀랐어. 그래서 병원 갔다 와서 집에서 좀 쉬었지. 그땐 넘어져도 다른 사람 의식하느라고 아픈지 어쩐지. 얼른 일어났어 괜찮다고. 거기선 긴장해갖고 있지, 물도 제대로 안 먹지, 햇빛도 못 보고 안에 있으니까 정말 몸이 가더라고요. 그래서 깡으로 버텼던 거 같아요. 들어갈까 말까 하다가 몸이 안 좋아서 일단 병원 치료부터 했어요. 다시 들어가야 하나? 근데 나 하나라도 그 힘이 얼마나 큰지 알기 때문에 내가 이런 맘 먹으면 다른 사람들도 다 이런 맘 먹을 거다 하고. 나를 보고 건강한 사람이 더 버텨주지 않을까. 나 같은 사람을 보고. 그런 마음으로 다시 들어갔죠.

농성장에 장애인 많았어요. 정확한 숫자는 모르는데 나보다 장애가 심한 언니, 목포에 사는 언니도 있었고 나랑 같이 나갔던 애도 있었고. 상당히 많았어요. 한 10명 정도 있었어요. 안 보이는 허리 그런 장애도 있었지만,

우리처럼 육안으로 보이는 장애를 가진 사람은 한 10명 이상 됐겠다. 거의 다 광주, 전남 지역이었어요.

이제는 못할 거 같고, 아무것도 몰라서 49일을 있었던 거 같아요. 결혼 이후에도 신혼여행 외에는 한 번도 외박한 적 없어요. 애들 떠나본 적 없고 집 떠나본 적 없고 그랬는데 거기서 49일… 내가 지금 생각해도 이해가 안 가. 지금 하라 그러면 못해, 못해, 못할 거 같아.

그래도 조합원들이랑 수십 일을 같이 먹고 자고 하면서 정말 일거수일투족을 같이하고, 가족보다 더 같이 먹고 자고 울고 했던 기억은 정말 잊을 수가 없어요. 가족들은 모르는 경험이잖아요. 게다가 우리가 일단은 좋은 결과를 얻었잖아요. 평생 살면서 이런 기회가 올 수 있는 사람이 몇 명이나 있을까. 별로 없겠죠. 우리는 큰 경험을 했던 거 같고. 노조가 어떤 것인지 그런 것도 깨쳤던 거 같고요. 많은 것을 얻었는데 생각이 안 나지 지금은.

우리 딸들이 그래요. 우리 엄마 대단하다고. 막내딸은 노조원은 아닌데 직장에서 노조 활동 하는 분 연결해서 알더라고요. 김천 농성 할 때 한 번 찾아왔었거든요. 하필 엄청 힘든 상황에 왔어요. 경찰이 완전히 쫙 깔려서 얼굴도 못 볼 상황에 와서 밑에 유리창으로 얼굴만 보고 손잡고 울고 갔거든요. 그리고 저한테 편지도 써서 보냈어요. 저는 눈물 나서 읽지도 못하고 다른 사람이 대독했는데 다들 눈물바다였어요.

207

성치 않은 몸으로 젊어서부터 딸 셋 키우느라 청춘을 다 바친 우리 엄마. 여느 집 아들과 비교해 봐도 겁 없는 말괄량이 세 딸을 금이야 옥이야 키우며 엄마는 꽃 같은 2, 30대를 보냈습니다. 막내인 저를 학교에 보내고 나서야 안심이 되었는지 엄마는 느지막이 일을 시작하셨고 어떤 일을 해도 열심히 깔끔하게 착착 해결하는 엄마의 모습은 저에게 큰 본보기가 되었습니다.

엄마는 수납오차가 0이 나왔다거나 고객들이 엄마의 응대에 칭찬의 말을 할 때면 저희에게 '엄마가 이런 사람이야~'라고 이야기하시며 굉장히 만족해하셨습니다. 내가 하고자 하는 일을 성취하고 잘하는 것만큼 사람의 인생에 의지를 주는 것이 있을까요. 그런 이야기를 할 때면 엄마는 당장에도 운동장을 몇 바퀴나 돌 수 있을 것처럼 힘이 넘쳐 보였습니다.

이렇게 사랑해 마지않던 저희 엄마의 일터, 아니 수많은 어버이의 일터를 도로공사는 자회사 전환이라는 말도 안 되는 농락으로 앗아갔습니다. 몇 달간의 상경투쟁, 비가 와도 태풍이 와도 계속된 투쟁은 추석에도 예외가 없었습니다. 도대체 무엇이, 사랑하는 가족과 생이별을 하고, 바깥으로 나갈 수도 없는 차디찬 대리석 바닥에서 투쟁을 할 수밖에 없게끔 만들었을까요.

저의 짧은 생각입니다만, 우리는 당장의 앞만 보고 싸우는 것이 아닐 것입니다. 존경하는 여러분이 피와 땀을 흘려 일군 길은 앞으로 저를 비롯한 많은 노동자들이 걷게 될 길입니다. 권리 위에 잠자는 자는 보호받지 못한다는 말이 있지요. 여러분들이야말로 가장 깨어 있는 분들이십니다. 나와 우리의 권리를 찾고 주장하는 사람이야말로 자신을 보호할 수 있기 때문에 지금, 갖은 고생도 마다 않고 피땀 흘려 투쟁하시는 것이라고 생각합니다.

끝으로 이강래 사장에게 한마디 하겠습니다.

이강래 사장은 찔리는 게 없으면 이리저리 내빼지 말고 투쟁자와 당당히 마주하고, 수를 써보려는 얄팍한 생각은 당장에 버리고 대법원 판결대로 수납원 전 직원 1,500명을 모두 직접고용 하십시오!

사랑하는 엄마와 수납원 여러분 진심으로 응원합니다. 저도 함께 깨어 있겠습니다. 투쟁!

— 박정숙 씨 막내딸 올림

복귀 후에 어떻게 될까. 근데 우리가 직접고용이 되긴 되었는데 내가 원래 하고 있던 업무를 안 주니까. 앞으로 우리가 할 수 있는 게 정해져 있잖아요. 그게 문제예요 지금. 우리보다 먼저 한국노총 조합원들이 들어갔잖아요. 그 사람들 지금 청소하러 다닌다 하잖아요. 저희들은 뭔 일을 줄지 아직 몰라요.

2021년 2월 27일경에 교육을 받기로 했었어요. 그게 코로나 때문에 이렇게 미뤄져 버리고. 자기네들은 지금 좋겠죠. 4월 말쯤에 지사별로 진행한다 어쩐다 하고 있어요. 우리가 어디로 투입이 되냐, 서울로 보내냐, 강원도로 보내냐 그런 것도 관건인가 봐요. 끝까지 버텨야 한다고. 우리는 미국으로 보내도 가야 된다고 그렇게 말까지 나와요. 우리가 싸운 게 어딘데. 우리는 가라는 대로 가야 된다 그러고 있어요. 끝까지 할 수 있다는 걸 보여줘야 한다고 맨날 우리끼리 이야기하잖아요.

그래도 사는 곳과 상관없이 발령을 내는 게 너무 부당하다고 생각해서 어필을 했어요. 지체 4급의 장애인으로 수납 업무에는 지장이 없지만 일상생활하는 데 가족의 지원이 필요하기 때문에 가족과 갑자기 떨어져서 살아야 한다면 어려움이 있다는 점, 위궤양 수술을 받고 정기적으로 검진을 해야 하는데 주치의가 사는 곳이 근처에 있어서 이 또한 중요하게 고려되어야 한다는 점, 마지막으로 몇십 년간 누구보다 마음을 다해 고객을 대하고 열심히 일해왔으며 이는 현재 가족과 함께 살면서 안정적인 터전이 있었기 때문에 가능했다는 점을요.

미국으로 발령 나도 버틴다는
마음으로 복귀하니

월요일만 9시에 출근을 해서 6시에 퇴근하고 화요일부터 금요일까지는 8시 반에 출근하고 금요일만 4시에 퇴근이거든요. 주중에 두 시간을 세이브 해놓으니까요. 출근하면 쉼터로 출발해서 거기 쓰레기라든지 화장실이라든지 그런 거 치우는데, 아무리 오래 한다 해도 치우고 나면 대기시간이 생겨요. 월요일은 9시에 가니까 한 시간 정도 늦게 가죠. 그럼 11시 반에 복귀해요. 그럼 점심을 먹어요. 오후 시간에도 계속 대기를 하죠. 고객들이 들어가서 실수해 놓은 건 없나 그런 거 감시하고 다니는데 오후에는 두 바퀴를 돌아요. 몇 시간씩 대기하고 있다가 시간 맞춰서 들어가고. 날씨가 좋아도 차가 많이 다니니까 시끄러워서 있을 수가 없어요.

　청소 업무를 주겠다는 말은 우리를 자회사로 유도할 때 들었어요. 그때 이미 들었기 때문에 괜찮다. 우리를 설마 청소를 시킬까 그렇게도 생각을 했고. 차라리 여기서 3교대 하는 것보다 그냥 6시에 가고 9시에 출근해 가지고 3교대 안 하면서 풀 좀 뽑으면 어때? 우리는 이미 알고 왔어요. 우리 그런 거 시켜도 할 거야, 우리는 일단 싸울 거야, 직접고용될 거야 하고 선택했기 때문에 그건 별로 개의치 않았는데 그래도 설마 요금 업무를 주겠지,

라고 생각은 했었지. 이길 수 있다고 생각을 했었지요.

저는 어려서 대여섯 살 때 장애를 가졌다고 했잖아요. 근데 나는 건강한 사람으로 못할 게 없다고 생각하고 살았어요 지금껏. 시대가 그래서 상대방한테 나의 모습을 보여주기가 좀 그런 건 있었는데, 제가 이렇게 자신 있게 나올 수 있게 된 계기가 있었어요. 제가 복지관에서 근무했다고 했잖아요. 재가팀을 담당하면서 연세 드신 분들, 장애인 분들을 도와드리러 봉사를 한 번씩 가면 정말 나는 아무것도 아니더라고요. 내 손이 필요한 사람이 있구나, 하는 걸 그때 느꼈어요. 그래도 내가 도움을 줄 수 있는 사람이 있구나. 이렇게 내가 움츠리고 나를 숨기고 하면 안 되겠구나 그때 느꼈어요. 그때 봉사활동한 걸 계기로 다른 사람 앞에서도 당당해지고. 그러니까 성격은 활동적인 성격인데 많이 누르고 살았죠. 그랬는데 그 성격이 노조하면서부터 나왔지. 그래서 못할 게 없다. 왜 못해? 할 수 있어, 하고 생각했어요. 청소시키면 하고 풀 뽑으라면 뽑으면 돼. 마음은 그런데 몸이 말을 안 들어. 60이 되려고 하니까 마음은 다 할 수 있는데, 할 거 같은데 몸이 말을 안 들어.

그냥 저희들끼리는 그러죠. 업무적으로는 자괴감이 들고, 정말 들지만 우리가 솔직히 지사 안에 배치가 되거나, 사무실 업무가 우리들한테 지급이 된다고 하면 우리가 할 수 있는 게 과연 뭘까. 사무실에 앉혀놓는다고 스트레스 받고 일 시키면 또 상사 눈치 봐야지. 그냥 이게

212

우리에게 최고의 일이 아닐까. 그런 말도 하고 서로 다 그래요. 근데 급여 문제는 해결이 되어야 할 것 같아요.

　　지금 우리가 하고 있는 일은 제가 볼 때는 우리 선에서 끝날 거 같아요. 이 현장지원직으로는 더는 직접고용을 안 한다고 하더라고요. 지금 일하는 사람들이 정년이 되거나 나가도 더는 정규직으로 뽑지 않겠죠. 저희 지사에 11월부터 3월 말까지인가 기간제들이 있거든요. 제설 때문에. 그분들이 홈페이지나 공고를 보고 지원하는데 그것도 정말 치열하대요. 그분들은 우리가 어떻게 들어왔는 줄 알기 때문에 되게 부러워하더라고. 그 일은 주로 젊은 남자애들이 해요. 그런 계절노동이 아니더라도 청소 업무는 계속 필요한데 정규직이 아니잖아요.

앞으로 내가 할 수 있는 일

지금 수요일마다 선전전 하는 것은 임금 인상, 복지 처우 개선, 호봉, 경력 인정 요구하는 거예요. 그리고 손배 소송 취하하고 직위 해제 문제 해결하라고.

　　우리가 쉼터 나가서 관리하는데 넷이 차에 앉아서 있잖아요. 그 시간에 빠지지 않고 이야기하는 게 투쟁, 우리 투쟁 이야기예요. 남자는 앉으면 군대 얘기 한다던데 저희들은 앉으면 그 얘기를 해요. 민들레 노래나 그런 거, 정말 우리 살면서 흘릴 눈물 그때 거기서 다 뺐을 거예요. 그리고 딸들아 잘 있거라인가… 그 노래만 나오면 울어 막 우리가.

우리는 평생에 진짜 하기 힘든 경험을 한 거죠. 내가 평생 살면서 그런 경험을 언제 해보겠어요. 어느 누구한테 있을 수 없는 걸 우린 경험한 거잖아요. 정말 후회는 안 하고 잘했다는 생각을 하는데 지금 또다시 그런 일이 온다라고 치면 정말 못할 거 같아요. 왜냐하면 무식이 용감이라고 아무것도 모르니까 겁 없이 했는데 지금은 못할 거 같아요.

근데 어떤 생각을 하냐면 내가 좀 더 빨리 시작했더라면, 나이가 좀 더 젊었더라면. 우리 나이는 너무 늦었잖아요. 조금만 더 젊었더라면 더 열정을 가질 수 있지 않았을까 하는 생각을 저도 해요. 정년 이후에 건강만 주어진다면. 우리 애가 그러더라고요. “엄마 정년 2년 남았는데 많이 남은 거 아냐. 정년하고 집에 있으면 우울증 걸려서 안 돼. 무엇을 해야 될 것인지 지금부터 준비해야 돼” 그러더라고요. 그래서 “엄마가 할 수 있는 게 뭘까? 일단 건강해야겠지? 움직일 수 있어야겠지?” 그러니까 “엄마 운동을 해야지.” 근데 내가 할 수 있는 게 있을까요?

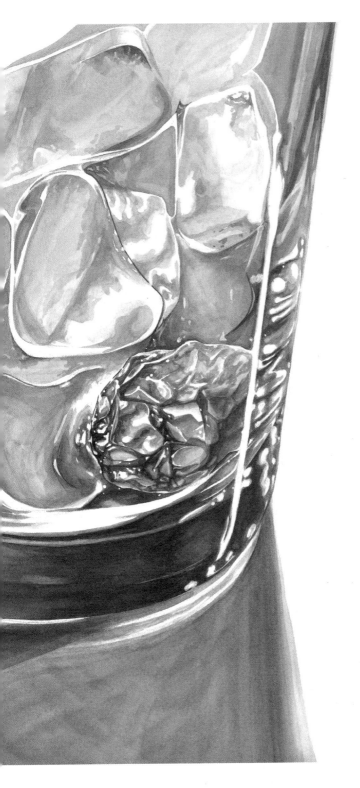

가족들이 다 알지 못하는 시간

장애인이 각자의 몸에 맞게 어떤 인정과 지원을 받으면서 살아갈 수 있는지 국가와 사회 차원에서 분명하게 밝혀놓지 않은 사회에서는 장애인의 삶이 가족에 의해서 '결정'된다. 가족은 분명 공적인 제도이지만 사적인 삶을 결정하도록 권한을 부여받기 때문에 각각의 가족이 어떻게 관계 맺고, 삶의 방식을 정하고, 사회와 연결될 것인가는 상당 부분 부양자와 친권자의 결정에 맡겨져 있다. 사회적인 권리에 대한 국가의 보장차원이 낮은 사회일수록 개인들은 가족에 운명을 맡겨야 해서 함께 사는 것을 원하지 않아도 떠나는 것이 쉽지 않다. 가족을 떠날 권리가 없다는 것은 가족을 벗어나 길 위에 서거나 가족에 의해 시설에 맡겨지는 경우에만 가족 밖에서 살 수 있다는 것을 의미한다. 특히 장애를 가진 가족구성원은 양육자 혹은 보호자의 결정에 따라서 인생의 향방이 상당 부분 좌우되어 왔다. 따라서 장애인 인권을 신장한다는 것은 장애인이 어떤 가족 안에서 태어나더라도 기본적인 권리를 누리고, 자신이 원하는 인생을 찾아나갈 수 있도록 교육과 자원을 제공하고, 일을 하고 소득을 얻을 수 있도록 하며 사회적인 관계를 맺을 수 있는 환경을 만들고, 자신이 원하는 사람과 함께 살아갈 수 있도록 결정권을 보장하는 것이다.

박정숙 님은 가족제도가, 가족구성원들이 장애인의 척박한 삶의 현실을 조력하고 보완하는 역할을 했던 경우라고 할 수 있다. 딸들이 자신의 장애를 숨기고 싶어 하지 않는 것을 경험하면서 자신의 장애에 대한 인식까지 변화되었다고 했다. 교육에 관심이 많은 부모를 만나서 다른 형제들과 다름없이 고등학교까지 마쳤지만 성인이 된 이후에 어떻게 사회적 관계를 맺어나갈 것인가에 대해서는 막막했다. 박정숙 님은 이 시기를 가장 어둡고 힘든 시기로 기억한다. 결혼을 통해서 원가족을 떠나고, 자녀를 출산하여 양육하면서도 직업 교육을 받아서 장애인복지관에 취업을 했다. 남편과 함께 사업을 하면서 큰 역할도 담당했다. 박정숙 님은 자신의 아버지와 남편, 딸들이 자신을 어떻게 존중했는지 강조했다. 하지만 장애여성으로서 유년 시절 스스로 불굴의 의지를 다지며 학교에 가고, 가부장적 보호주의에서 벗어나 결혼 이후 스스로의 삶을 일구고 양육을 했던 고생의 시간은 말로 다 표현하기 어려울 것이다. 또한 결혼을 선택하지 않았다면 장애여성이 어둡고 힘든 시기를 어떻게 타개하고 사회생활로 나아갈 수 있었을지 여전히 질문이 남는다.

남편과 함께 하던 사업을 접게 되면서 도로공사에 취업을 하는데, 강미진 님과 마찬가지로 장애인고용이 필요한 도로공사 사업소를 위해 장애인고용공단을 비롯해서 주민센터, 장애인협회가 동원되었다. 그리고 영업소는 장애인을 동등한 노동

217

자가 아니라 국가로부터 지원금을 타낼 수 있는 수단으로 인식하고 있었다. 박정숙 님은 그러한 일자리에서 영업소 사장의 부당한 지시를 고분고분하게 따르지 않고 거부했을 때 날아왔던 부당해고에 맞서 싸웠다. 이때는 아직 본격적으로 노동조합에 참여해서 노동자 권리를 위해서 싸워야겠다고 마음먹기 전이었다. 그럼에도 불구하고 이렇게 싸울 수 있었다는 점에서 보통의 강단을 가진 사람이 아니라는 것을 알 수 있다. 이후 도로공사에 맞선 거대한 싸움에도 주저 없이 참여했다. 노동조합이 도로공사의 부당함에 대해 설명하는 것을 듣고, 그것이 옳다고 생각해서 참여했던 것이다. 노동조합에 가입하는 것도, 집을 떠나 외박하면서 농성을 하는 것도 생각해 보지 못한 일이지만 부당한 대우를 감내하지 않겠다는 마음, 내가 싸움으로써 내 뒤에 올 장애/여성노동자들이 좀 더 안정된 일을 할 수 있을 것이라는 책임감으로 물러서지 않았다. 더구나 49일의 농성은 가족들과 떨어져 있는, 가족들이 다 알지 못하는 시간과 공간이었다는 점에서 박정숙 님 개인의 인생에서도 각별하다.

장애인 고용 정책을 왜곡시키고, 복리후생비등을 횡령하며 임금을 제대로 주지 않았다는 사실을 명확하게 인지했던 것은 김천 본사 농성을 하면서 전국의 노동자들이 한자리에 모였기 때문이었다. 전라도 지역이 장애인 고용 비율이 높고, 횡령이 유독 심하다는 것도 모인 사람들을 눈으로 보고 확인했다. 장애인 고용을 촉진하는 법제도가 장애인의 노동권으로 확립되지 않고, 사업주를 지원하는 방식으로 도입될 때 언제 어디서나 이러한 양상이 드러날 수 있다. 노동자들은 어떻게 공기업에서도 이럴 수가 있는지 분통을 터트렸지만 공기업 또한 이윤을 내는 방식으로 실적이 계산되는 국가 기조 아래에서 노동자의 권리는 쉽게 파괴되고 있다. 장애인의 노동권은 장애유형과 정도에 따라 큰 편차가 있다. 정창조는 장애인 운동가들이 80년대 생존권 요구를 하면서 장애인 의무 고용 제도를 쟁취해 냈으나 임금노동시장에 편입되기 어려운 중증 장애인을 고려하지 못했던 한계를 지적한다. 그는 장애인 노동권 보장을 위해서는 "기존 임금노동이 요구해 온 생산성 기준이나 규율이 적용되지 않는 일자리에 대한 상상을 실험해 나가는 것"이 필요하다고 지적한다.

북에서
온
나도
직고를
선택했는데

☞ 구술, 이명심(가명) ☞ 글, 슬기

7장

북한이탈주민,
교체 인력,
이방인으로서
투쟁하고
연대하기

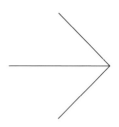

톨게이트 노동자들 중에 북한이탈주민이 많고, 함께 투쟁한 사람들 중에도 북한이탈주민이 있다는 이야기를 들었다. 북한이탈주민이 노동 투쟁에 함께했다니. 한국 사회에서 북한이탈주민은 주로 북한의 열악한 상황을 증명하는 피해자이며 남한의 지원을 받는 수혜자로 인식되고, 그렇기에 한국 사회에 감사하며 열심히 노력하여 잘 적응할 것만이 요구되어 왔다. '감히' 한국 사회에 문제를 제기하거나 불만을 말하는 것, (북한을 비판하는 것 외의) 정치적 목소리를 내는 것은 허용되지 않았다(그러면 북한으로 돌아가라는 배제의 말이나 간첩이 아니냐는 의심 어린 시선을 받게 된다). 거기다 노동자 투쟁에 따라붙는 '종북/빨갱이' 프레임이 여전히 존재하는 상황에서 북한이탈주민이 노동 투쟁을 하는 것은 쉽지 않은 일이라는 생각이 들었다. 그래서 어떤 마음으로 투쟁을 하게 되었는지 이야기를 들어보고 싶었다.

하지만 어렵게 연결되어 만난 이명심(가명) 님은 이런 생각이 무색하게, 투쟁을 하는 것이 너무나 당연한 선택이었다고 이야기했다. 그리고 이 투쟁의 의미에 대해 어떻게든 더 잘 전달하고자 열심히 단어를 고르고 문장을 만들었다. 북한에서의 삶이나 북한이탈주민으로서의 경험에 대해서는 별로 이야기하고 싶지 않고 개인사를 드러내는 것에 부담을 느끼면서도 인터뷰에 응한 것은 (내가 통일부 기자인 줄 착각해서이기는 하지만) 남한 사회에서 이렇게 잘 살고 있다는 것을 자랑삼아 이야기하고 싶었기 때문이라고 했다.

고향인 양강도를 떠나 한국에 온 지 약 10년이 되어가는 상황에서, 짧은 첫 직장 생활 이후 바로 톨게이트 수납 업무를 시작해서 약 5년간 일을 했고, 1년 넘게 투쟁하고, 현재는 복귀하여 3년째 지사에서 현장지원직으로 일하고 있는 이명심 님에게 톨게이트 노동과 투쟁은 한국에서의 삶의 아주 큰 부분을 차지하고 있었다. 그리고 그는 내가 섣불리 짐작한 북한이탈주민의 위치성에서도 벗어나 있었다. 차분하고 단정한 모습을 하고 작은 목소리로 조곤조곤 이야기하는 그녀와의 만남은 톨게이트 노동자들의 투쟁하는 마음에 대해 헤아려보는 시작점이 되었다.

나를 우선적으로 원하던 곳

톨게이트에 들어가기 전에 전자 회사에서 3개월 일한 적이 있어요. 그런데 그때는 처음에 들어가서 일하다 보니까, 일을 좀 잘한다 싶었는지 한 달 만에 야간을…. 처음에 들어갔을 때 언니들이 저보고 어려 보인다 했는데, 야간을 한 달 하니까 너 왜 이렇게 늙었냐고 하더라고요. 처음엔 와서 돈 벌어야겠다는 욕심에 했는데, 3개월을 하다 보니까 너무 힘든 거죠. 그리고 교통도 안 좋고. 처음에는 우리 집 앞에까지 출퇴근 버스가 왔는데, 퇴근할 때는 30~40분 거리에 내려주는 거예요. 나 하나 때문에 돌아갈 수가 없으니까. 그래가지고 한 3개월을 하고 안 되겠다. 돈보다도 내가 여기서 쓰러지면 안 되니까. 그래서 그만두고 나왔죠. 돈보다도 내 몸부터 돌보자.

하나원 나오면 우리는 하나센터[29]가 있어서, 거기 선생님한테 전화했어요. 너무 힘들어서 그 일은 못하겠는데 좀 쉬운 일을 잡아달라 그랬죠. 그래서 알아보고는 톨게이트가 괜찮다, 지금 톨게이트를 많이 들어가고 있

[29] 북한이탈주민은 남한에 입국하면 보호결정 여부를 위한 조사 및 임시 보호를 거쳐서 '하나원'이라고 불리는 북한이탈주민정착지원사무소에서 교육을 받으며 남한 사회 정착을 준비한다. 12주간의 교육 이후 거주지로 전입하게 되는데, 이때 거주지 적응을 지원하기 위해 북한이탈주민 지역적응센터인 '하나센터'와 연계된다. 하나센터는 전국적으로 운영되고 있으며, 북한이탈주민을 대상으로 거주지 적응 교육, 심리 및 진로 상담, 취업 지원 등을 제공한다.

다, 고용지원금[30]이 나오기 때문에 사장들이 북한이탈주민을 우선적으로 원하고 있다. 그래서 "그럼 그거 있으면, 자리 나면 잡아주세요" 해서 들어간 데가 톨게이트인 거죠.

다행인 것은 우리 탈북민을 받으면(고용하면) 지원해 주는 게 있어요. 그래서 아마 들어갔을 거예요. 그렇지 않으면 힘들어요, 들어가기가. 그 직업을 선호하는 사람도 많아서. 왜냐하면 여자 직업으로 딱이잖아요. 3교대이고 시간도 많고. 거기서는 사람도 잘 안 나오잖아요. 10년, 20년씩 다닌 언니들이 있었으니까. 그런데 바지사장들이 그냥 교체한 거죠. 자기가 더 이익 보기 위해서, 그 사람들을 내보내고 우리를 쓴 거죠. 그런 거죠.

복잡하고 무섭지만 재밌는 일

단순해 보이잖아요. 누가 하는 거 보면 단순해 보이잖아요. 처음에 배울 때 난 이거 죽어도 못한다, 너무 복잡한 거 죽어도 못해, 그 마음이 들어서 무서웠는데… 고객 응대도 해야 되고, 모니터 보고 돈도 받고, 자판도 다 누르

---

[30] 북한이탈주민의 채용을 활성화하기 위한 방안의 하나로 고용지원금 제도가 있다. 취업보호대상자(최초 취업 시부터 3년 이내 보호대상자)인 북한이탈주민을 고용한 사업주는 취업보호대상자 임금의 2분의 1의 범위(최대 50만 원) 안에서 기본 3년, 최대 4년까지 고용지원금을 지급받을 수 있다. (단, 취업보호대상자는 2014년 11월 28일 이전 입국하여 보호결정된 자에 한한다.)

면서 해야 되거든요. 그냥 돈만 계산하는 거 아니에요. 긴급 차량 오면 긴급 처리를 하고 보내줘야 하고, 통행권이 없는 경우에는 입구에서 확인해서 비용 처리해야 하고. 해야 하는 것이 많고 복잡해요. 그걸 보고 나는 죽어도 못 배우겠다 했는데, 그래도 배우다 보니까…. 처음 몇 달은 실수도 많이 했죠. 그런데 처음에 들어간 사람들은 나뿐만 아니고 그런 경험들을 다 한 거예요. 6개월? 거의 1년 가야 익숙해진 것 같아요. 1년 동안은 견인차만 와도 무섭고. 왜냐하면 견인차가 지나가면 대기가 뜨거든요. 그 대기가 뜨면 또 큰일이에요. 그럼 다음 차를 받을 수가 없어요. 시스템이 엉키기 때문에. 견인차는 두 개를 쳐야 되거든요.[31] 언니들하고 모여 앉으면, 처음엔 자기도 일이 무서웠다 해요. 그런데 다 배우고 나면 아무 것도 아니잖아요. 그래서 거기에서 재미가 붙고, 난 이 직업이 괜찮다, 월급은 적지만 업무 그만두라고 할 때까지 그냥 하겠다는 마음을 먹고 있었어요.

업무는 영업소마다 달라요. 출구 업무 따로 하는 사람 있고, 입구는 입구 전담반이 있는 영업소가 있고. 우리 같은 경우에는 출구, 입구 다 돌아가면서 했어요. 과적도 하고 높이도 다 했죠.[32] 수납도 하고. 수납을 이틀

---

[31] 고속도로 구간 내에서 사고가 발생해서 견인차가 차를 견인하여 톨게이트를 지나가게 되면 견인차와 사고 차량 모두 요금을 징수해야 한다. (단, 처음부터 견인된 상태에서 고속도로에 진입한 경우에는, 두 차량을 한 대로 간주한다.)

[32] 톨게이트 업무에서 '입구'는 고속도로 진입을 시작하는 입구에서 표를 받거나 뽑는 곳이고 '출구'는 고속도로 사용이 종료되어 계산하는 곳을 의미한다. '과적'은 도로를 보호하기 위해 도로에

하면 다음에 입구를 한다든지, 돌아가면서 하는 거예요.

수납 업무를 하다 보면 손님들이 욕도 해요. 출구 앉아 있을 때도 제때제때 차를 못 빼면, 괜찮은 사람은 넘어가는데 다 성격이 급하잖아요. 엄청 욕하죠. 욕 엄청 먹었어요. 그럼 그때부터 우리는 무조건 미안합니다, 무조건 그래야 돼요. 잘했든 잘못했든. 누가 지나갔는데 욕하고 가더라 그러면서 웃고 넘기죠. 그걸 다 마음에 담으면… 처음에는 깜짝 놀랐죠, 욕할 때. 그 욕에도 "죄송합니다" 그런 말이 빨리빨리 나와야 되는데, 처음에는 당황해가지고 눈만 껌뻑껌뻑. 욕만 더 먹었죠. 대처 능력이 없었던 거죠. 그런데 1, 2년 지나면 욕에도 웃으면서 "네, 죄송합니다" 이렇게 해서 빨리 풀어지게끔 하게 돼요. 요령이 생기는 거죠. 하다 보니까 화나 있는 고객님한테는 절대 굳은 표정을 하지 말고 오히려 친근하게 해야 이 고객님이 빨리 수그러드는 거예요.

중국 사람으로 오해받을 때도 있었어요. 손님들이야, 너 말고 사무실 나오라고 막 그래요. 그럼 전화하죠. 나와서 이것 좀 해줘라 하면 해결해 주고. 처음에는 마음이 급하니까 말도 제대로 못 하고 그랬는데, 이제 몇 년 지나니까 혼자 그런 건 다 대처할 수 있게 됐고. 또 오래 일하다 보면 매일 출퇴근하는 사람들은 얼굴이 익고 하

가해지는 무게를 제한하는 것으로, 요금소를 지날 때 센서를 통해 무게를 측정하여 위반 차량을 단속한다. '높이'도 유사하게 최대적재량을 벗어나지 않도록 폭 길이 및 높이를 측정하여 단속하는 것을 의미한다. 단속을 하는 과정에서 도주하는 차량이 있으면 이를 저지하고 차를 세워야 한다.

니까, 아 그렇구나 하고 그냥 지나가고. 오래 하다 보니까 조금씩 조금씩 완화되고 하는 거죠. 그런데 진상 손님들은 누구나 다 겪어요, 한 번씩은. 그건 어쩔 수 없어요.

그래도 재미있죠. 3교대 가면 일 끝나고 집 가야지, 수다 떨 시간도 좀 있지만, 하여튼 정신이 없어요. 그냥 근무 바뀌면 이 언니하고 같이 하고, 또 바뀌면 이 언니하고 같이 하고. 단골 손님도 있고. 화물차 운전 아저씨들은 커피나 자기네 드시던 빵을 주시기도 해요.

톨게이트 정규직화의 시작

톨게이트에서 일할 때는 임금이고 뭐고 그런 거 신경도 안 썼어요. 임금 차이 나는 것도 신경 안 쓰고, 당연히 계약조건도 비교 안 하고, 월급이 적어도 그냥 이 월급인 거 알고 들어왔으니까 신경 안 쓰고. 도공에서 얼마큼 떼먹든 그런 거 모르잖아요. 그냥 그렇게 지냈는데, 그때 문재인 대통령이 되면서 정규직화가 된다는 말이 나돌기 시작하고 톨게이트도 정규직화가 된다고 했어요. 그래서 우리 언니들이랑 농담 삼아, 언니는 만약 자회사 갈래, 정규직 갈래 하면 어떻게 할 거냐고 이야기하기도 했어요. 그때 언니들은 무조건 정규직 한다고. 사실 우린 정규직 시키면 그냥 톨게이트 전체(업무)를 다 시키는 줄 알았어요. 선택을 하거나 그런 게 아니고. 그때까진 뭐가 뭔지 몰랐죠. 그런데 2019년도에 임박해서 자회사를 택하겠냐, 정규직을 택하겠냐, 선택을 하라고 했죠. 우리 영업소에서도 의견이 반반이었어요. 그때 말들이 막 돌았죠. '정규직 되면 풀 뽑고 화장실 청소를 시킨다, 그래도 갈래?' 그런데 설마 그걸 하겠나 생각하면서 택했거든요. 나는 특별히 더… 저기서(북한에서) 왔지 하니까 나는 이 회사를 꼭 잡겠다, 내 일생에 있을 수 없는 기회다, 무조건 가겠다 하고 직접고용을 택했죠.[33] 택했는데 거기서 어떻게 됐냐, 우리 회사 언니들 반반이 갈린거죠. 절반은 직고를 택하고, 절반은 자회사 남겠다고 하고. 자회사 남겠다고 한 대부분이, 자기는 풀 뽑는 그런거 못 한다 그러면서…

나는 확고했어요. 정규직이 되면 일단은 잘릴 위험이 없다는 건 어디서 들었는지 잘 알게 됐고, 월급은 적지만 시간이 흐르면 인상이 있고 그러겠다. 하여튼 내가 여기서 끝까지 살아남으려면 정규직은 가야 되겠다는 그런 마음은 확실히 들었어요. 설사 나중에 잘리더라도 이게 맞기 때문에 하겠다, 어쨌든 기회를 잡아야겠다. 그런데 택하면 시켜주는 줄 알았지, 싸워야 되는지는 몰랐죠. 노조도 몰랐어요. 소속되는 거 싫어하고, 조직 그런 데 뭉쳐 다니고 그런 걸 싫어하는 타입이어서, 처음에

---

[33] 당시 북한이탈주민은 직접고용을 가지 못한다는 소문이 돌기도 했다고 한다. 북한이탈주민이 직접고용을 선택하면 스스로 나가게 만들 거라는, 어디 감히 북한이탈주민이 정직원이 될 생각을 하냐는 이야기도 있었다고 한다. (참고: 시야, "탈북여성, 장애여성 수납원들 '노동인권'을 말하다", 〈일다〉, 2020.5.5.)

는 노조에 들어갈 생각이 없었어요. 그런데 회사 언니들 일곱 명 중 절반, 직접고용 선택한 사람들이 다 노조에 든 거예요. 가만있어 보니까, 나는 힘이 없는 거예요. 선택은 했는데, 나 혼자서 뭐 할 수 있는 게 없는 거예요. 정보를 알아야 하지 뭣도 모르잖아요. 자회사는 자회사끼리 똘똘 뭉치고, 노조는 노조끼리 어디 술술 다니고. 난 정보를 알 수도 없고. 나 혼자 갈 길을 모르겠는 거예요. 그래서 안 되겠다, 어디 조직을 들어야겠다. 그래서 3일 후에 노조에 들었죠.

그렇게 노조에 들어서 처음엔 출근 투쟁 하다가, 그 다음에는 청와대로. 그때는 숙박도 해야 한다고 그래서, 숙박해 봤자 1박 2일, 3박 4일, 뭐 3박 4일까지 하겠냐 그렇게 생각했어요. 그런데 점점 길어지고…. 우리 6월 말에 해고되었잖아요. 한 달 전에는 출근 투쟁 했던 거예요. 일 끝나면 어디 모여라. 그냥 그렇게 하면 끝날 줄 알았죠, 사실은. 그러다 이게 진짜 해고가 된 거예요. 그러니까 악이 난 거죠. 내가 보면 4년이 되게 짧은 거예요. 4, 5년이. 다 20년, 기본은 10년이 넘은 언니들이에요. 그냥 30대에 들어와서 벌써 50, 60이 다 넘어가는 언니들이니까. 도로공사에 청춘을 바쳤다고 할 수도 있겠죠. 그러니까 뭐, 멈출 수가 없는 거예요. 그리고 또 하는 말이 맞는 말이잖아요. 노조에서 하는 말이 맞는 말이잖아요. 그때 좀 뭔가 배웠죠.

길고 지난했던 투쟁,
언니들이 있어 견뎠어요

처음에는 뭣 모르니까 여자들끼리 막 재밌었는데, 시간이 지나며 좀 힘들었죠. 6월 말 제일 더울 때 해고되었으니까. 7월, 8월 제일 힘들 때 광화문에서 6박 7일 서로 돌아가면서 있었잖아요. 오체투지도 하고, 광화문을 다 돌고. 그때는 후회도 잠깐 들었어요. 왜냐하면 이래도 안 해주고, 저래도 안 해주고, 대통령 문을 두드려도 안 되고. 더러워서 도로공사 안 들어간다는 농담도 했었어요. 하지만 그러다가도 아까운 거예요. 그냥 뭔가 될 거라는 희망이 있었고, 그 희망이 지켜줬어요.

대법원 판결 나고 도로공사 입장 발표 이후에 김천에 들어갔잖아요. 그때 저는 김천 본사에 가는지도 몰랐어요. 청와대 다시 가는 줄 알았죠. 김천 도착해서 버스에서 내리자마자 문을 부수고 들어갔어요. 도로공사가 그 문을 얼마나 든든하게 해놓았겠어요. 그 든든한 문을 부수고 들어간 건데, 들어가기를 잘했다고 생각해요. 사장실이 20층이었는데 우리 송탄영업소 사람들 다 올라간 것 같아. 더운데 땀 뻘뻘 흘리면서, 계단으로. 힘들게 올라가다 보면 5층밖에 안 되고, 또 막 올라가다 보면 10층밖에 안 되고. 언니들 다 땀에 젖고 힘들었어요. 그래도 뭔가 해내야겠다, 우리가 무언가를 해야 되겠다, 여기를 뚫어야 뭔가를 하겠다 그런 신념들이 있었어요. 왜냐하면 그때 당시에는 될 것 같으면서 안 되고, 될 것 같으면서 안 되고, 계속 그랬거든요. 그래서 뚫었죠.

그리고 우리 김천에 있을 때 들어낸다고 그랬단 말이에요. 경찰이 강제 진압 한다고. 경찰들이 끌어내려고 할 때, 언니들이랑 손에 손잡고 눈물 흘리면서 옷 다 벗고 그랬어요. 버텨내야 하니까. 뭔가 제안을 하고 합의를 하고 이러면 좋겠는데, 강압적으로 하는 건 싫은 거죠. 우리가 억지 쓴다고만 하니까… 그렇게밖에 할 수가 없었어요. 경찰들이 20대, 다 아들뻘이잖아요. 다 아들뻘 되는 총각들인데, 경찰들하고 싸우고.

우리 여자들이 또 대단한 게 뭔지 알아요? 앞에서 경찰들하고 대립하고 싸우고 있는데, 현관 쪽으로 쑥 들어가면 2층 로비에 우리가 주거하는 공간이 있고, 경찰들은 쭉 우리를 둘러싸고 교대로 근무를 서거든요. 그러면 우리는 경찰들이 다 보는 앞에서 생활해야 하는 거예요. 잠도 보는 앞에서 자야 하고. 그래서 또 싸웠어요. 왜 자는데 눈 똥글똥글하고 쳐다보냐고. 그래서 경찰들 뒤로서 있게 했어요. 사실은 경찰들 죄는 아니에요. 불쌍하지 진짜. 경찰들이 미운 건 아니지만, 그들하고 마주해야 하니까. 정말 나쁜 사람은 따로 있는데. 경찰이라도 밑에서 일하는 힘 없는 사람들인데 그들하고 싸우고. 또 어느 순간에 스티로폼으로 가림막을 만들었어요. 그러니까 환하게 다 보이던 것이 막아져서 경찰들이 하나도 안 보이는 거죠. 경찰들도 이것을 함부로 뜯지 못하고. 그러고 나니까 생활이나 이런 면에 있어서 조금 안정감이 들고 자유로웠죠. 그걸 또 우리가 해냈잖아요. 스티로폼에 테이프로 다 벽을 만들고, 막아놓고. 그렇게 해놓으니까 우리도 참 웃기기도 하고 그랬어요. 그런데 경찰들도 시원했을 거예요. 시선이 차단되니까 오히려 낫지. 무슨 눈싸움도 아니고, 서로 불편했죠.

그런데 김천에 들어갔을 때, 개인적으로는 제일 힘들었어요. 처음에 청와대부터 시작해서… 그 무더위도 다 견디고, 장마도 와서 그 비를 다 맞으면서 짐 비닐 씌우고, 그런데 다 젖고 난리도 아니었어요. 그거 다 거치고 김천에 들어갔을 때, 조금 우울증이 오더라고요. 정신없이 다니다가 거기에 딱 갇히게 되니까. 시간이 많아지니까 어느 순간에 살짝 우울증이 온 것 같았어요. 밤에 자다가 11시인가 12시쯤 혼자서 4층에 갔다가 막 운 적이 있어요. 딱히 속상한 것이 있거나 그런 것은 아닌데, 그냥 아무 생각 없이 눈물이 나더라고요. 그때가 내가 좀 심리적으로 힘들었을 때예요. 그리고 해결이 안 되니까, 너무 진전이 없으니까, 다른 계획을 짜서 김천에서 나와서 광화문으로 간 거죠. 그때가 겨울이었어요. 광화문에서 먹고 자고 지내다가, 마지막에는 국회 사무실까지 갔어요.

처음에는 나뿐만 아니라 언니들 모두 이렇게 길어지고 힘들 줄 몰랐어요. 언니들 다 평범한 가정주부였는데… 지금 와서 생각하면 어떻게 버텼는지 모르겠어요. 천막에서 밥 먹고, 씻지도 못하고, 자고 일어나서 아침에 화장실에서 찬물로 머리 감고… 그래서 제가 탈모도 생겼어요. 나는 스트레스 안 받는다고 생각했는데, 몸은….

그런데 그래도 같이하는 언니들이 있어서 내가 좀 더 견뎠을 거예요. 왜냐하면 내가 힘들 때 위로도 해주고, 힘들 때 다 같이 술 한잔하면서 이렇게 지내가지고. 언니들 보면 다 나보다 10년 위죠. 그래도 언니들이 날 되게 예뻐해 주고, 자기네 말 상대로 봐주시고. 언니들하고 진짜 잘 지냈어요. 언니들 보면 재미있는 이야기 많이 하잖아요. 그거 들으면서 웃기도 하고. 투쟁도 그렇지만 언니들이 좋았어요. 좋아하면 버틸 힘이 있고, 힘들어도 마음만 편하면 되니까. 만약 사람들 사이에 트러블이 있었으면 못 견뎠을 거예요.

제대로 된 일을 줬으면 좋겠어요

2020년 5월부터 지사에서 일하고 있는데, 뭐가 크게 와 닿지는 않아요. 왜냐하면 아직 우리를 직원으로 인정 안 해주니까. 우리 업무를 제대로 안 주고, 화장실 청소하고 쓰레기 줍고 하는 거 시키고 있잖아요.

아침에 졸음쉼터 화장실 청소하고, 점심은 지사 들어가서 먹고, 1시부터 나가서 오후에는 한 세 바퀴 돌라는 거예요. 그럼 길에서 도는 거죠, 그 고속도로에서. 차들이 씽씽 왔다 갔다 하는데. 한 조에 여섯 명이거든요. 한 조로 움직이는데 만약 연차 내면 또 다른 조에서 지원을 가야 해요. 그리고 운전을 못하면 눈치 보이는 게 있어요. 사실 운전하기 무섭거든요. 고속도로 한 바퀴 돌아봐요. 그게 얼마나 무서운가. 언니들 다 허리 아프고 해서 운전에는 서로 민감해요. 다 하기 싫어하죠. 동료들을 여섯 명을 싣고 다녀야 하는데, 부담감은 엄청나요. 우리끼리 차 몰고 다니면서 하라는 것은 무슨 배짱인지 모르겠어요. 그리고 집게질 하고, 풀 뽑고, 넝쿨 같은 데 정리하고 하면 힘들어요. 특히 월요일에는 쓰레기통을 치우는데 쓰레기가 몇 포대씩 나오고 엄청나요. 다 나이 있는 언니들이다 보니, 손목이 많이 아파요. 그런데 제일 큰 문제는 안전 문제예요. 우리가 운전을 하고 다녀야 하니까, 사고 날까 봐 무서워요.

정직원으로 우리가 하던 일을 주면 좋긴 한데, 여기들어와서 좋은 건 정시 출퇴근하고 야간 없고 하는 게 나한테는 제일 좋아요. 규칙적인 생활을 할 수 있는 것은 좋지만, 그래도 진짜 제대로 된 일을 주면 좋겠어요. 사실 수납 업무를 하는 것이 맞지만, 그건 자회사로 넘어갔기 때문에 쉽지 않다는 것을 알아요. 그래도 입구를 우리한테 전담으로 주든지, 다른 업무를 주든지, 1,400명이할 수 있는 일을 줘야 하는데, 안 주고 있잖아요. 그냥 방관하는 거죠. 그냥 다 같이 수납 일을 한다면 가장 좋고,

아니면 주유소나 휴게소에서 일하는 것도 괜찮은데, 혼자 다른 일을 하거나 배신하게 되는 건 죽기보다 더 싫어요. 내가 민주노총에 들었고, 내가 하기 싫어도 조직과 같이 움직여야 하는 것은 명백하니까. 일부만이 아니라 다 같이 할 수 있는 일을 빨리 줬으면 좋겠어요. 그게 제일 큰 바람이에요. 진짜 당당하게 이 사람들이 도로공사 직원이다, 라는 것을 인정하는 그런 업무를 할 수 있으면 좋겠어요.

그리고 아무래도 우리가 어느 회사에 들어가면 조직이니까 사람들하고 소통하고 해야 되는데, (도공)직원들하고는 섞이지가 않아요. 사장 얼굴 보지도 못하고 그냥 밥 먹으러 갔을 때 한 번 인사할 정도고. 어떤 직원들은 우리한테 인사도 안 해요. 우리한테 선입견이 있어서 그런가, 받아들이기 싫은가 봐요. 얘네는 싸우고 들어온 거지 절차를 밟아서 온 것이 아니니까 직원이 아니다 하고 부인하는 것 같아요. 무슨 인식인지 모르겠지만, 10년이 지나면 달라질까요? 20년이 흐르면 될까요? 사람이 바뀌면 바뀔까요?

지금은 우리를 인정하고 있지 않아요. 인정이라는 단어도 쓸 수가 없죠. 지사에 들어가도 사무실 사람들은 우리를 피하듯 인사도 안 해요. 책임지는 사람들이나 몇 명 와서 업무 지시나 하고 그럴 뿐이지. 2층에 사무실 사람들 있고, 우리는 밑에서 생활하고 있거든요. 그냥 소 닭 보듯 쳐다보고 지나가고. 내가 직원이라는 느낌을 못 받아요. 내가 도로공사 직원이다 하는 그런 긍지감이 없어요. 그래도 이제는 좀 무뎌졌죠. 왜냐하면 안 보는 사람들은 안 보고 사니까. 직원이, 과장이 누군지 아직도 몰라요. 그냥 우리 책임지는 사람만 몇 명 알지. 얼굴을 제대로 대면한 적도 없어요. 큰 문제잖아요. 어떻게 같은 지사 사람인데, 같은 직원 얼굴도 제대로 모르고, 인사도 어색하게 하고. 뭐가 뭔지 모르겠어요. 여기 들어오면 뭔가 이렇게… 다닐 줄 알았는데, 아니야. 항상 위축이 되고… 문제죠, 문제야.

그래도 난 그만두진 않아요. 왜냐하면 그보다도 더 힘들었으니까. 내가 김천에도 가고, 광화문에서 바닥까지 기어봤는데, 그것보다는 안 힘들어요. 그래서 버틸 수 있어요. 투쟁한 기간이 나한테 되게 엄청난 힘이죠. 내가 그것까지 했는데 이걸 못 버틸까. 집에서 출퇴근하면서 이걸 못 버티나. 암만 그래봐라, 다 견딜 수 있다. 그리고 다른 사람들도 다 버틸 거예요. 난 버틴다고 봐요. 못 버텼으면 벌써 나갔어요. 우리가 투쟁할 때, 광화문에서 엄청 비 왔을 때 비 맞으면서도 버텼어요. 광화문에서 경찰들하고도 싸우고… 그보다 더 힘든 일이 있을까 싶어요. 내가 오죽했으면 38선 넘어올 때보다 더 힘들다고 했어요. 옛날에 텔레비전에서 노조 투쟁하고 그런 거 볼 때, 아 신기하다, 저거는 뭔가 했는데 내가 직접 겪었잖아요. 완전히 가열차게 겪었잖아요. 그런데 그때 당시는 어떻게 하루하루 버텼는지 모르겠어요. 그걸 다 지내왔는데,

지금 이거는 아무것도 아니죠. 다 버텨요.

잘한 선택, 함께하는 힘

잘했다고 생각해요. 진짜 잘했죠. 제가 운이 좋다고 봐야죠. 이렇게 되기도 쉽지 않은데. 맞죠? 내가 선택을 잘한 거죠. 톨게이트 들어온 것도 잘한 거고, 내가 여기 직접 고용 선택해서 민주연합 가입해서 투쟁한 것도 잘한 거예요. 투쟁 안 했으면 판결도 못 냈어요. 우리가 청와대 가서 대통령 대문을 두드렸기 때문에 이만한 결과가 나왔을 거예요. 난 그렇게 생각해요. 아니면 먼저 막 대법원 가서 너네 판결 났다고 그렇게 해줄 사람이 누가 있나요. 내가 직고라는 것을 선택을 잘했고, 또 노동조합, 민주연합에 들어간 것도 잘했고, 지금도 후회스럽지 않고, 그게 나한테는 든든한 백이에요. 지금 제가 나이가 많다면 많고 적다면 적잖아요. 앞으로 살아가야 될 40년 세월, 50년이 될 수도 있겠지만, 한국에서 계속 살아갈 때 힘이 되는 거죠. 원천이 되는 거죠. 나 혼자가 아니다, 나 혼자 싸우는 것도 아니다, 여기서 힘을 얻어요. 조직 속에서, 그러니까 우리를 위해서 누군가가 같이하고 있다는 것이 큰 힘이 돼요.

도로공사에 들어왔으니까 도로공사에 소속감을 느끼고, 민주연합은 그냥 한 번씩 가는 이런 식이 되어야 하는데, 오히려 지금 나를 견디게 하는 제일 큰 힘은 민주연합이에요. 그곳에 소속감이 제일 큰 거예요. 항상 알람이 울려요. 대화방에 한 200~300명 있거든요. 그냥 뭐 할 때마다 서로 공유하고, 난리 난리, 어디 뭐 사장 어떻고… 막 욕도 하고.

나 혼자 들어갔으면 배겨내지 못했을 거예요. 우리가 환영받으며 들어간 것이 아니잖아요. 그래도 노동조합이라는 것이 항상 든든한 백이에요. 사람들이 여자들이 그렇게 싸울 줄 몰랐대요. 그러니까 투쟁의 역사에서 좀 성공한 것 같기는 해요. 여자들이 진짜 똘똘 뭉쳐가지고. 진짜 다 열심히 했죠. 그러니까 뭐 건드는 사람이 없어요. 우리 담당 과장하고 이야기해도, 조금 무시 그런 것은 있어도 함부로 못 하는 뒷배가 있는 거거든요. 내가 목소리 못 내도, 여기 같이 다니는 언니들이 있거든요. 예전 같으면 그냥 네, 네, 네 이랬을 거예요. 그런데 이제는 알기 때문에, 나보다 조금 더 높은 직책에 있다고 머리를 조아릴 필요가 없다는 것을 알기 때문에, 내가 노동자지만 내가 찾을 권리가 있다는 것을 알기 때문에, 이제는 큰소리를 내는 거죠. 진짜 이제는 알죠. 이건 아니다, 아닌 것에 대해서 이제는 당당히 말할 수 있죠. 그런데 나 혼자면 못해요. 무슨 일이 있으면 주변에 우리 든든한 언니들이 같이 우르르 올라가요. 혼자서는 안 해요. 같이 해야 힘이 되니까.

북한이탈주민 고용지원금이
고려하지 못한 것

많은 수의 북한이탈주민이 남한으로 입국하기 시작한 지 20여 년이 되었고, 2022년 12월 현재 3만 명이 넘는 북한이탈주민이 한국사회에서 함께 살아가고 있다. 북한이탈주민에 대한 지원 정책은 한반도의 북에서 남으로 오는 주민들의 성격 및 동기부터, 남북관계와 이를 둘러싼 세계정세 등에 따라 변화해 왔다. 1960년대 남과 북이 대립하는 상황에서 북의 정보를 가지고 온 소수의 사람들은 '국가유공자 및 월남귀순자특별원호법'에 의해 특별 대우를 받았고, 1970년대에는 '월남귀순용사특별보상법'에 의해 북한 체제에 항거해 귀순한 용사로서 보상을 받았다. 당시 정부는 이들에게 정착금과 주택을 제공하고 원하면 대학 진학도 지원했다. 이들은 일종의 정치적 '망명자'로서 정보 제공 외에도 체제 경쟁의 논리 속에서 남한 사회의 우월성을 증명하고 홍보해야 했기 때문이다. 그러다 전 세계적인 냉전체제가 무너지고 북한의 경제난이 심화되면서, 북한을 떠나 중국 등을 거쳐 남한으로 들어오는 사람들이 많아지며 이들에 대한 지원은 축소된다. 1990년대 초에는 '귀순 북한동포보호법'이 제정되며 이들을 담당하던 부서가 국가보훈처에서 보건복지부로 이관된다. 그리고 1997년에 '북한이탈주민의 보호 및 정착지원에 관한 법률'이 제정되어 현재까지 적용되고 있다. 이러한 흐름 속에서 북한이탈주민 지원 정책은 점차 자립·자활 능력을 강조하는 방향으로 변화했고, 교육을 받거나 취직을 하면 그에 따라 정착금을 지급하는 인센티브제가 도입되었다.

고용지원금 제도는 이러한 지원 정책의 하나로, 북한이탈주민을 고용하는 사업주에게 임금의 2분의 1(최대 월 50만 원)에 해당하는 금액을 지원해 주는 제도이다. 고용지원금 지급 기간은 3년이지만, 동일 사업장에서 계속 근무하는 경우에는 4년까지도 가능하다. 이 제도는 북한이탈주민의 고용을 촉진하기 위해 도입되었으나, 톨게이트 영업소에서는 북한이탈주민을 도구화하는 제도로 활용되었다. 영업소에서는 고용장려금 지급 기간이 끝나면 해당 북한이탈주민을 해고하거나 스스로 나가도록 괴롭히며 스트레스를 주기도 했다. 그래야 새로운 북한이탈주민을 고용해서 고용지원금을 또 받을 수 있기 때문이다. 이는 북한이탈주민이 고속도로 요금소에서 근무하는 경우, 3년의 계약 기간이 끝나면 퇴사해야 하는 것이 일반적인 사례라고 이야기될 정도로 흔한 일이었다(북한이탈주민을 허위로 고용하여 부정수급한 업체들이 적발되기도 했다). 이런 문제가 계속 발생하자 2014년 11월 29일 이전 입국자까지만 고용지원금 제도가 적용되고, 이후 입국한 북한이탈주민에게는 정착 자산 형성을 위한 미래행복통장제도가 실시되는 것으로 변경되었다.

이명심 님은 2014년에 한국에 왔다. 그래서 고용지원금 제도의 혜택(?)을 받을 수 있었다. 지원금을 받기 위해 북한이탈주민이나 장애인을 채용하기 원하는 사장의 이익에 부합하여, 전에 일하던 사람들을 자른 자리에 들어갔다. 이명심 님은 그렇지 않으면 톨게이트에서 일하기 힘들었을 것이라고 했다. 그리고 정규직이 될 수 있다는 말에 직접고용을 선택하고, 투쟁을 했다. 그런데 나는 그녀가 왜 그렇게 '정규직'이 되고 싶었는지, 어떻게 그렇게 열심히 싸울 수 있었는지 잘 모르겠다는 생각이 들었다. 그래서 왜 '직고'를 택하고 힘든 투쟁을 이어갔는지에 대해 여러 번 질문했는데, 그때마다 돌아온 것은 그것이 옳으니까, 라는 아주 간단한 대답이었다.

인터뷰를 마치고 헤어지기 전, 작성되는 글이 어떤 이야기면 좋겠냐고 물었을 때, 이명심 님은 북에서 온 사람도 '이렇게 했다'는 이야기이지 않을까, 라고 대답했다. 정작 인터뷰 중에는 북에서의 생활이나 북한이탈주민으로서의 경험에 대해서는 거의 언급하지 않아서, 북한이탈주민 노동자의 생애사 기록을 맡은 나의 머릿속을 복잡하게 만들었으면서 북에서 온 사람으로서의 이야기라니. 약간의 불만을 담아서 북에서의 이야기는 말씀 안 해주셨잖냐고 되물었더니, 북에서 와서 아직 잘 적응도 못한, 잘 모르는 나도 직접고용을 선택했는데, 왜 이 사회에서 살면서 여러 경험을 통해 잘 아는 사람들이 직접고용을 선택하지 않았는지 모르겠다는, 그런 이야기라고 부연해주었다. 그래서 다시 한번 어떻게 당신은 그렇게 확고하게 직접고용을 선택했냐고 물었더니, 그냥 그래야겠다고 생각했다고, 후회하고 싶지 않았다고 대답했다. 아마도 그녀는 이 당연한 것을 이해 못 하고 여러 번 되묻는 내가 답답했을 것이다.

인터뷰를 마치고 한참이 지나서야 그 말의 의미를 조금은 이해할 수 있게 되었다. 북한이탈주민 지원 정책을 '활용'한 톨게이트의 고용 방식은 북한이탈주민을 취약한 위치로 내몬다. 한편에서는 지원금 지급에 따라 쉽게 뽑고 교체하고 돌릴 수 있는 인력으로, 또 한편에서는 동료를 밀어내고 들어온 이방인으로 취급된다. 사업장에서는 함께 일할 수 있는 환경을 조성하기 위한 어떠한 조치도 취하지 않으면서, 다른 조건을 가진 사람들과 함께 일하는 것의 부담은 노동자들에게 전가된다. 그리고 이들을 구분 짓고 서로를 배척하도록 만들어서 동료가 되지 못하게 하기도 한다. 이러한 환경은 직접고용을, 투쟁을 선택하게 하는 동기이면서, 동시에 선택하지 못하게 하는 제한 또는 한계로 작용하기도 했다.

나중에 다른 일을 하더라도 이 '기회'를 잡고 싶었고 놓치면 안 된다고 생각한 그녀에게 정규직 또는 직접고용은 어떤 의미였을까? 아마도 대체할 수 있는 인력이 아니라 함께 일하는 직원이고 동료가 되는 것이 아니었을까. 그리고 이를 통해 어딘가에 속하고 싶었던 것이 아니었을까. 물론 직접고용이 당연하다는 판단이 가장 큰 이유였겠지만 말이다. 그녀의 '선택'은 그것이 옳기 때문이었고, 언니들과 함께 한 투쟁은 자신이 속한 자리를 만들어가는 과정이었을 것이라는 생각이 아주 뒤늦게 들었다.

17년,
길지도
지겹지도
않았어요

☞ 구술, 백해정   ☞ 글, 이호연

8장

동료들을 떠나보내며, 정년퇴직까지 멈추지 않은 투쟁

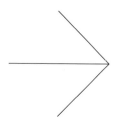

서울에서 영광으로 가는 고속버스표를 예매했다. 새로운 만남을 앞두고 늘 하는 질문, '어떤 분일까?'를 시작으로 질문이 꼬리를 물고 계속되었다. 정년퇴직을 하셨다는데 요즘 어떻게 지내실까? 퇴직 후 지난 시간을 얘기하는 것은 이분에게 어떤 의미일까? 퇴직을 앞두고 투쟁을 하기로 결정한 것은 어떤 마음에서였을까? 만나기 전 머릿속 가득히 떠오른 질문들에 마음이 설렌다. "여기서 제가 맛있게 먹는 음료가 있는데 한번 먹어볼래요?" 우리의 만남은 한적한 곳에 위치한 카페에서 이루어졌고, 백해정 님이 추천한 음료를 함께 마시면서 대화는 시작되었다. 백해정 님은 17년 동안 영광영업소에서만 일했다고 한다. 톨게이트 영업소 운영 구조의 특성상 다른 영업소로 옮기지 않고 장기 근무를 하는 건 드문 일이다. 백해정 님은 요금수납, 과적 단속, 미납요금 관련 업무 등 두루두루 다양한 일을 했다. 그녀는 영업소에서 문제해결사의 역할을 하던 든든한 동료이기도 했다. 그녀의 활약상을 듣고 있노라면 어느새 웃거나 울고 있는 나를 발견하게 되었다. 이야기의 힘이 느껴지는 백해정 님의 삶 속으로 모두를 초대하고 싶다.

돈으로만 보이는 사람

"엄마, 여행 갈까?" 2020년 6월 30일, 정년퇴직을 앞두고 있는데 딸이 묻더라고요. 3박 4일, 처음으로 길게 떠난 여행이었어요. 하루는 강릉, 다음 날은 속초, 강원도 이곳저곳을 다니면서 같이 밥 먹고 자고 얘기하고… 너무 좋았어요. 어느덧 서른이 넘은 애들이 엄마가 어떤 삶을 살았는지 기억해 주고 알아주고 마음 아파해 주는 게 큰 위안이 되더라고요. 내가 고생한 시간을 알아주는 것 같아서.

2003년 3월 1일에 영광영업소에서 일을 시작했어요. 꾸준히 다니다 보니 17년을 하게 됐어요. 시작할 때는 이렇게 길게 할지 몰랐는데…. 17년이라는 시간이 길지도 지겹지도 않았어요. 번쩍 지나갔어. 어느 날 장애인협회에서 연락이 왔었어요. 고속도로 톨게이트 영업소에 일자리가 있는데 한번 가보지 않겠냐고. 제가 예전에 손가락을 다쳐서 장애인으로 등록이 돼 있었거든요. 면접에 갔는데 제 얼굴이 어두워 보여서 오래 못 다닐 것처럼 보였나 봐요. 일단 수습으로 3개월 일을 하라고 해서 시작을 했죠.

서울에서 영광 올 때 톨게이트 보셨어요? 목포는 일평균 교통량이 현재 거의 1만 2,000대 되거든요. 영광은 일평균 교통량이 2,000대밖에 안 되는데 영업소 크기는 목포랑 비슷해요. 영광에 핵폐기물 처리장이 들어서고 영광영업소 바로 옆 대마 산단에 전기자동차 관련 공장들이 들어선다는 얘기가 있었어요. 교통량이 많이 늘어날 거라고 예측해서 영업소를 너무 크게 지은 거죠. 교통량 산정에 실패한 거예요. 첫 차도에서 끝 차도까지 가려면 100미터가 넘어요. 과적이 울리면 지상에서 전속력으로 달려서 가거나 지하로 다다다다 내려갔다 다시 계단을 올라가야 해요. 사장님하고 사모님까지 하면 직원이 15명인데 그중 13명이 장애인이에요. 사장 입장에서는 장애 급수가 높을수록 고용장려금을 더 많이 받을 수 있으니까 일하고 있던 비장애인은 해고하고 장애가 심한 사람을 채용하려고 해요. 고용장려금이 아무리 좋다지만 사람 욕심이 참 무서워요. 일하는 곳 상황에 맞게 사람을 채용해야 하는데 사람 얼굴이 다 돈으로 보이는 거죠.

근로복지공단에서 전화가 왔더라고요. 회사가 폐업해서 ○○직원이 그만뒀다고 하는데 맞냐고. 그럼 ○○씨도 그런 거냐고. 모두 맞다고 했죠. 만약에 사실이 아니면 지금 전화 받으시는 분이 처벌받습니다. 같은 내용의 전화를 자주 받으니까 힘든 거예요. "같이 일했던 직원들 다 잘려서 속상해 죽겠는데 자꾸 전화하지 마세요." 네 번째 전화가 왔을 땐 제가 화를 냈어요. 동료들이 해고돼서 가슴 아파 죽겠는데 거짓이네 뭐네 사실 확인을 하려고 지금 전화해서 계속 내 속을 뒤집는 거냐. 궁금하시면 직접 현장에 나와서 점검하시면 될 거 아니냐. 그다음부터는 전화를 안 하더라고요. 한 회사에서 여러 명이 실업급여 신청을 하니까 근로복지공단에서는 의심을 하는 거죠. 2011년에 새로 사장이 오면서 장애인을 고용하려고 비장애인 고용승계를 하지 않았어요. 전 회사는 계약 기간 만료로 폐업 처리가 된 거죠.

목발 짚고 의족을 한 동료 A가 있었어요. 화장실에 가려면 계단을 내려가야 하니까 출근하면 물도 잘 안 먹고 커피도 안 마셨어요. 일하는 사람이 적으니까 한 사람이 요금수납 업무, 과적 업무 등 여러 가지를 할 수밖에 없는데 A는 이동이 어려워서 출구 쪽에서만 일을 했어요. 직원들이 A와 짝이 되는 걸 꺼렸어요. 요금소 부스 안은 더울 때는 에어컨이 있어서 시원하고 추울 때는 히터가 있어서 따뜻하거든요. 요금소 밖에 있으면 여름엔 덥고 겨울엔 춥죠. 교대하면서 일을 하면 괜찮은데 A와 일하면 그게 안 되는 거예요. 왜 내가 다리 많이 불편한 사람이랑 짝이 돼야 하냐고 직원들이 짜증을 내는 거죠. 원래는 장애인 직원 수가 이렇게 많지 않았어요. 비장애인하고 장애인이 섞여서 일을 할 때는 불편함 없이 원활하게 일이 돌아갔어요. 나랑 같이 짝꿍 하자. 이번에는 내가 이 업무 할게. 협조하면서 같이 일을 해나갔어요. 근데 비장애인 여덟 명 정도를 해고하고 장애인만 채용한 후 상황이 달라진 거죠. 아마 사장은 6년 4개월 동안 장애인 고용지원금으로 돈을 많이 벌었을 거예요.

어떤 직원이 잘못을 했는데 사장이 이때다 싶었는

지 잘못한 게 없는 직원들까지 해고를 한 일이 있었어요. 사장이 직원들을 불러서 오늘 사직서 쓰고 내일부터 나오지 말라고 했다고 전해 들었어요. 한 직원이 오늘은 절대로 사직서를 못 쓰겠다, 생각해 보고 작성을 해도 내일 와서 하겠다고 하고 왔대요. 갑자기 해고를 통보받았는데 이 사람이 밥을 먹었겠어요? 제가 2005년부터 운전을 해서 술을 전혀 안 먹는데 속상해서 한잔하자고 동료들을 불렀죠. 진짜 이건 아닌 것 같다, 우리가 요금소에서 일을 한다고 사장에겐 보잘것없이 보일지 몰라도 다 한 집안의 가장들이다. 어떻게 내일부터 회사에 나오지 말란 소리를 하냐. 다음 날 출근을 했는데 직원들이 바로 해고를 당했어요. 장애인 고용장려금이 더 이상 안 나올 때가 됐는데 싶긴 했어요. "너 다른 영업소 가서 일 좀 해 볼래?" 하면 고용장려금 때문인 거죠. 계속 여기에 있겠다고 하면 "응 그러면 너 그만둬라" 이런 식이에요. "사장님, 제가 11월 말까지만 다니면 다른 계획이 있는데 그때까지만 다니면 안 될까요?" 직원이 이렇게 말해도 10월 말에 해고를 해버리는 거죠.

부당함의 책임

2014년 8월쯤에 주식회사로 바뀐다면서 퇴직금을 중간정산 해주더라고요. 무슨 이익이 생기길래 바꾸나 싶었

252

는데 갑자기 급여가 줄어든 거예요. 급여 명세서 받고 황당하고 서운했어요. 직원회의 때 사장한테 물어봤어요. "이번 달은 근무 일수도 더 많았는데 왜 급여가 적어요? 바뀌기 전에 설명을 해주셔야 되지 않나요?" 저도 참 입이 문제예요. 다른 사람들은 뒤에서 얘길 하는데 "가만 있어 봐, 내가 총대를 메고 물어볼 테니까" 그랬거든요. 사장은 100퍼센트 다 준 거라고 하는데 말이 안 되는 거죠. 다음 달인가 전 직원들에게 10만 원씩 주더라고요. 그러면 뭐 해요? 임금은 적어졌는데.

빼먹을 수 있는 만큼 다 빼먹는 거지. 저희가 식비를 알뜰하게 써서 이월되는 돈이 생겼어요. "이걸 어떻게 쓸까요?" 제가 나이가 많으니까 동료들이 저한테 물어봐서 이월금이 커지면 한 달 식대는 내지 말거나 절반만 내는 걸로 하면 좋겠다고 했죠. 이렇게 하면 전체가 공평할 수 있잖아요. 근데 사장이 이 얘길 듣고 그동안 회사에서 사줬던 커피를 안 사주는 거예요. 식대에서 사 먹으라는 거죠. 커피 자판기는 자주 고장이 났어요. A/S 오신 분이 수돗물을 커피 자판기에 연결해서 넣어보라고 그랬대요. 자판기에 물을 넣으니까 설탕 가루 같은 침전물이 보이는 거예요. 지하수를 먹는데 정수기에서 정수된 물이지만 질소질이 많아서 하얀 가루가 자판기 기계 안에 쌓여 있었던 거죠. 우리는 정수기 물을 먹는데 눈으로 볼 때는 맑아 보이니까 몰랐던 거예요. 자판기 커피도 정수기 물이지만 필터로 다 걸러지지 않았던 거죠. 하루에 7,

8잔씩 자판기 커피를 먹는 직원이 있었어요. 제가 그 직원을 불러서 말했어요. "이리 와서 봐. 여기 수질이 안 좋아서 침전물이 생기는 거야." 그다음부터 이 직원이 자판기 커피를 안 먹더라고요. 저는 사무실에 있는 물을 안 먹으려고 물을 끓여서 가지고 다녔어요. 2017년 5월 1일부터 영업소 선정이 공개입찰로 바뀌었어요. 입찰받은 새 회사는 영업소 10개를 위탁받았어요. 새 사무장이 시급하게 개선해야 할 거나 건의 사항을 말해보라고 해서 제가 생수를 구입해 줬으면 좋겠다고 했죠. 물은 건강과 직결되는 거니까 운영비를 줄여서라도 사주겠다고 사무장이 말했어요. 그때부터 생수를 구입해서 먹기 시작했어요.

　"이제 입구 전담, 출구 전담 이런 거 없어요. 무조건 업무 배치 돌아갈 거예요." 바뀐 회사의 사무장이 말했어요. A는 일을 그만두기 싫으니까 '이해할 수 있다'고 했지만 차도는 길고 이동은 어려운데 어떻게 같이 일을 할 수 있겠어요? 같이 일하는 사람들도 장애인이잖아요. 나도 장애가 있어서 힘든데 그 사람 상황도 고려해야 하니 더 힘든 거지. 겉으론 장애가 심하지 않은 것처럼 보여도 많이 아픈 사람들이 있거든요. 류마티스 관절염으로 아픈 사람, 사고로 발뒤꿈치 뼈가 으스러져서 아픈 사람, 자기 몸이 힘드니까 다른 사람 신경 써줄 여력이 없는 거예요.

　어느 날인가 밴드에서 A와 일을 할 수 있냐 없냐를

놓고 비밀 투표를 하기로 했어요. 근데 에고, 실수로 A도 들어와 있는 밴드에서 투표를 하게 된 거예요. 동료들에게 '같이 일을 할 수 없다'는 얘기를 들어버린 상황이 된 거죠. A는 끝끝내 계속 일을 하겠다는 입장이었어요. 4월 30일은 A와 제가 같은 팀으로 마지막 근무를 하는 날이었어요. 다음 날인 2017년 5월 1일부터는 공개입찰로 된 새 회사에서 일을 시작하는 거였고요. 야간 근무자 동료가 저한테 A를 만나서 설득을 해보라는 거예요. 이제 출구와 입구를 왔다 갔다 하면서 일을 해야 하는데 어렵지 않겠냐. 오늘 그만두면 실업급여를 받을 수 있지 않냐. 새 회사에서 며칠 일하다가 못하겠다고 그만두면 실업급여도 없다. 집에 농사를 많이 지어서 기계로 하니까 네가 할 수 있는 일도 있지 않겠냐. A는 결국 일을 그만뒀어요. 같이 일하던 동료인데 저도 마음이 아프죠.

　　영광영업소 개소 때부터 같이했던 동료 B가 있어요. B는 교통사고로 다쳐서 오래 못 걸어요. 어느 날 B가 그만두고 다른 곳으로 간다는 얘기를 들었어요. 제가 만나서 B에게 얘길 했죠. "다른 곳에서 오라고 하니까 거기서 너를 대접해 줄 것 같지? 아니야. 숙식을 제공해 주니까 일 처리가 안 되면 한밤중이라도 너를 부를 것 같지 않아? 쉬는 시간에도 일하라고 너를 부를 수 있어. 24시간 일을 한다고 봐야 돼. 각오를 하고 가야 돼. 네가 각오를 했다면 가는 거지. 근데 여기 영업소는 너희 집과도 가깝고 퇴근하면 자유롭게 시간을 쓸 수 있잖아. 몇 년 동안 같이 일한 사이니까 너한테 꼭 이 얘기 해주고 싶었어. 그다음 날 사무장을 만났어요. "B가 계속 일한다고 하네."

해야 할 말의 무게

저희가 회사에서 밥을 먹거든요. 주방에서 일하시는 분이 있어요. 이분이 10시쯤 출근하는데 빵이나 떡을 사서 갖다 놓는 거예요. 직원들이 11시 반에서 12시 사이에 점심을 먹는데 '누가 먹는다고 이렇게 많이 사 오는 거지' 싶었어요. 그달에 식대가 적자가 난 거예요. 제가 매니저한테 영수증 좀 보자고 했죠. 빵집, 떡집 내역이 있는 거예요. 식대는 식사에 필요한 걸 구입하는 게 우선이지 간식을 사 오라는 게 아니다. 여사님에게 말씀드려라. 우리가 아침을 먹고 왔든 아니든 개인 사정이니 그건 본인들이 알아서 할 일이고 걱정하실 문제가 아니다. 식대는 점심이나 저녁 식사비로만 써야 한다. 여사님과 얘기해서 정확하게 짚고 넘어가고 직접 말을 못 하겠으면 사장님에게 얘기를 하는 게 좋겠다고 매니저에게 얘길 했어요. 근데 다음 달도 그다음 달도 계속 식대가 적자인 거예요. 제가 사장님에게 면담을 요청했죠. 이건 아닌 것 같다. 우리가 밥을 제대로 잘 먹고 있는 게 아니지 않냐. 부실하게 먹고 있는데 제대로 된 밥은 해주지 않으면서 간식이 무슨 필요가 있냐. 간식에 쓸 돈으로 차라리 반찬 한 가지를 더 해줬으면 좋겠다. 사장님이 여사님에게 얘기했는데 그분이 사장님에게 그랬대요. "먹을 거 사다 놓으면 자기가 제일 잘 먹으면서…" 개선이 안 되는 상태가 계속되더라고요. "저는 지금 이 시간부터 회사에서 밥을 먹지 않겠습니다." "안 그래도 직원들이 불만이 많은데 해정 씨가 밥을 안 먹으면 직원들이 다 따라 할 텐데…" "그러니까요. 사장님이 개선을 해주셔야 될 거 아니에요?"

사장 부인은 자기가 곤란할 때마다 저보고 대신 말을 해달라고 하거든요. 그럴 때마다 제가 하는 말이 있어요. "아니, 월급 주는 사장님 말도 안 듣는데 일개 직원인 제가 뭐라고 얘길 합니까?" "알아서 하시고 저한테 시키지 마세요." 더 이상 아무 얘기 안 하고 1년 2개월 동안 식대만 내고 밥을 안 먹었어요. 무섭죠? 사장이면서 잘못된 상황이라는 것도, 직원들에게 잘못하고 있다는 것도 알면서 아무것도 안 하는 거잖아요. 그 외에도 여러 문제가 있었는데 제가 말을 해서 개선을 해달라고 해도 사장은 못 들은 척하고 움직이지 않았어요. 결국 사장도 안 되겠다 싶었는지 얘길 해서 그분은 그만두시게 됐죠. 나중에 보니 매니저가 제 식대를 식비로 사용하지 않고 따로 모아놨더라고요.

사장이 저를 엄청 해고하고 싶었을 거예요. 여기서 오래 일했고 장애 등급이 낮아서 고용지원금도 적고 사장이 뭘 잘못하거나 아니다 싶으면 가만히 있지 않으니까. "내일부터 나오지 마세요" 하는 말 들을까 봐 저라고 걱정 안 했겠어요? 한 명씩 사람이 나갈 때마다 얼마나 불안했겠어요? 그래도 꿋꿋이 사장한테 할 말은 해야죠. 어떻게 돌아가는지 알고 나이도 제일 많은 저 같은 사람이 말 한마디라도 해줘야 하잖아요. 근데 왜 사장이 저를 안 잘랐을까요? 이유는 모르겠어요. 해고됐다면 저도 안 참았을 것 같긴 해요. "그거 아닌데요, 이렇게 하셔야죠." 참지 않고 말했을 것 같아요.

반란, 탈출 그리고 새로운 삶

지금의 저를 보면 그동안 하고 싶은 말 다 하면서 살았을 것 같죠? 영광에 오기 전까지 굉장히 폐쇄적인 삶을 살았어요. 제가 시어머니와 시누이를 10년 넘게 모시고 살았어요. 우리 집은 대문이 늘 잠겨 있었어. 누가 집에 자주 오지도 못해요. 제가 조금만 집에 늦게 들어가면 난리가 나요. 그래서 친구 한 명을 못 사귀었어요. 집에 입식 부엌이 있어서 사용하면 되는데 시누이가 그걸 못 쓰게 했어요. 추운 겨울에도 마당에서 설거지, 빨래를 하니까 저체온증이 오고 손가락이 다 터져요. 면장갑, 고무장갑을 끼어도 소용이 없어요. 제 남편이 늦게 얻은 막내아들이었어요. 시누이랑 애들 아빠도 나이 차이가 많이 나요. 시누이는 애들 아빠를 아들처럼 생각하고 살아서 제가 미움을 많이 받았어요. 그런 거 있잖아요. 내 자식 같은 동생이 결혼 전에는 누나와 엄마만 생각하고 살았는데 결혼해서 아내와 자식이 생기니까 자신에게 소홀해진 것 같은….

결혼하면 무조건 순종하고 살아야 된다는 생각이 머릿속에 박혀 있었어. 왜 그렇게 바보같이 참고 살았는지. 만약에 내 자식이 나처럼 산다면 당장 이혼을 시킬 거야. 내가 참고 순종하면서 사는 게 부모 형제들 욕먹지 않게 하는 거라고 생각을 해서 그렇게 산 거지. 집에 있으면 가슴이 답답해서 나오고 싶더라고. 조리사 자격증을 따서 지역에 있는 학교에 조리 보조원으로 취직을 했어요. 완전 신세계지. 돈이 문제가 아니에요. 직장에 나가는 게 놀러 나가는 기분이야. 일을 힘들게 해도 힘이 하나도 안 들었어요. 진짜예요. 숨통이 트이는 거죠. 저에겐 일이 탈출이었어요. 손가락은 일을 하다가 다쳤어요. 학교 급식실에서 고추 가는 기계를 쓰는데 고무장갑이 빨려 들어가서 장애를 갖게 됐어요. 제가 학교를 그만두겠다고 했더니 학교에서 걱정하지 말고 치료하고 쉬었다 다시 출근하라고 해서 계속 일을 할 수 있었어요. 손가락 두 개에 감각이 없어요. 손가락이 미끄러져서 컴퓨터 자판도 못 치고요. 겨울이 되면 지금도 손이 저려요.

97년도에 남편이 세상을 떠났어요. 췌장암이었는데, 병을 알았을 땐 이미 말기였어요. 애들 아빠가 죽고 나니까 시집살이가 더 심해졌어. 별걸 가지고 다 트집을 잡는 거지. 시누이가 애들한테 말하는 걸 들었어요. 니들 아빠가 아파서 죽고 나니까 너희 엄마가 벌써 바람 나가지고 너희들 갖다 버리려고 한다고 따라가지 말라고. 10년을 순종하며 살았는데 눈이 확 뒤집히는 거예요. 내 자식들 기죽이면서 남편도 없는데 내가 왜 참고 살아. 남편 죽은 지 보름 만에 애들 데리고 집을 나왔어요. 자기 안에 숨어 있는 의식이 반란을 일으키면 두려울 게 없어요. 동네 사람들이 저 집에 무슨 일이 있나 했나 봐요. 내가 짐을 싸니까 이웃 사람이 왔다가 '아 나 바쁜 일 있네' 하면서 안 도와주고 딱 가버리는 거야. 시댁 식구들이 얼마나 사나운지 아니까. 집을 떠나려고 아는 기사를 불렀는데 그 기사가 그러는 거지. 자기가 짐을 싣고 나오고 형수가 안 보이면 시댁 식구들이 자기를 쫓아다니면서 괴롭힐 테니까 후배를 보내겠다. 형수 말 다 들어주라고 말해놓을 테니까 뭐든지 부탁하라고. 필요한 건 챙기고 제가 썼던 장롱이나 물건들은 다 태워달라고 돈을 주고 부탁했어요. 살림살이 하나 안 가지고 나와버렸어. 살던 곳에 있던 모든 사람들과 연락을 끊고 영광으로 왔어요. 애들은 전학을 시키고 전화국에 번호를 올리지 않았어요. 이름으로라도 우리를 찾을까 봐.

영광에 와서 4개월 동안 밖을 나가지 않았어요. 우울증인지 집 안에서만 지냈어요. 어느 날 딸이 서류를 가지고 왔더라고요. "엄마, 학교 급식실에서 일할 사람을 뽑는데 서류 내봐." "네가 다니는 학교에서 엄마가 일해도 창피하지 않겠어?" "응 엄마. 선생님이 그러는데 직업에는 귀천이 없대. 그러니까 서류 한번 내봐. 내 생각에는 엄마가 1순위로 뽑힐 것 같아." "왜 그렇게 생각하는데?" "엄마는 자격증도 있고 경력도 있잖아."

딸 덕분에 중학교 급식실에서 일을 하게 됐어요. 출근은 했지만 퇴근하면 집에만 있었어요. 말도 별로 안 하고 사람들하고 어울리지도 않았어. 책만 보고 지냈어요. 수없이 생각을 했던 것 같아. 아, 내가 정말 바보같이 살았다. 내가 일찌감치 훌훌 털어버렸어야 했는데. 무슨 부귀영화를 보겠다고 참고 견뎠을까. 언제 떠날지도 모르는 게 인생인데 어떻게 남편이 평생 있을 거라고 믿고 살았을까. 부질없다.

시댁 사람들과 연락을 끊고 지내고 싶었는데… 애들 둘째 큰아빠가 교육청에 연락해서 결국 찾아오셨더라고요. 시댁 다른 분들이 다 놀랐대요. 제가 어디 나가지도 못하고 시어머니, 시누이랑 계속 같이 살 줄 알았는데 그렇게 말도 없이 떠날 줄은 몰랐다고. 시어머니가 아파서 병원에 계신다는 소식을 들었어요. 친정 언니하고 아들하고 같이 병원에 갔어요. 누구인지 알아보겠냐고 하니까 안다고 그래요. 손자를 보고 많이 컸다고도 하시고. 저를 보면서 시어머니가 잘해주지 못해서 정말 미안하다고 하셨어요. 돌아가시기 전에 그렇게 말씀을 해주시니까 마음에 맺혀 있던 게 풀리더라고요. 그리고 한 달 후에 시어머니가 돌아가셨어요. 장례식장에 갔는데 시누이가 있었어요. 얼굴을 보는데 제가 숨이 안 쉬어지는 거예요. 다른 시댁 식구들이 여기 일은 알아서 할 테니까 집에 가도 된다고 해서 저는 돌아왔어요. 나중에 들어보니 시누이는 치매가 와서 요양병원에 갔다고 하더라고요. 시누이가 몇 년째 병원에 있는데 아직 병문안을 가지 않았어요. 옛날 일이 아직 마음에 남아서 발이 떨어지지 않아요. 에고, 이 얘기를 하니까 몸에서 땀이 팍 나네.

돌아보니 예전에는 나 자신을 위해서 산 게 아니라 가족들 욕 안 듣게 하려고 참고 견디기만 했던 거지. 제 자신은 없었던 거예요. 시댁 식구들이 저를 오해해서 이상한 얘기를 하면 이제는 전화를 해서 화를 내요. 지금 사람을 어떻게 생각하는 거냐고. 나를 그렇게 보는 거냐고. 그런 말 하지 말라고. 그럼 시댁 식구들이 그러죠. 아유, 제수씨를 우리가 얼마나 아끼는데 그런 말씀을 하시냐고 아니라고. 우리가 잘 모르고 한 거니까 마음 풀라고. 제가 할 말을 하니까 시댁 식구들이 엄청 놀랬나 봐요. 예전에 알았던 제수씨 어디 갔냐고 하죠.

서로 생각하는 마음

17년, 세월 가는지도 모르고 일했어요. 민원인에게 시달리면 힘들다가도 출근하면 재미있으니까. 진상 부리는 사람들만 있는 건 아니잖아요. 단골처럼 톨게이트를 항상 지나는 고객 중에 안내해 줘서 고맙다고 간식 주고 가는 사람도 있고요. 어떤 고객이 수박 좋아하냐고 해서 제가 좋아한다고 하니까 농사지은 수박을 차에 가득 싣고 왔더라고요. 직원들이 수박 여러 통씩 집에 갖고 가서 나눠 먹었어요. 하이패스가 생기면서 무정차 통과인데 일부러 요금소에 들러서 어느 지역 특산물이라고 하면서 주고 가기도 하고요. 오래 일하다 보면 지사에 근무하는 직원도 아는 사람들이 생기잖아요. 함평지사 직원이 오면 근무 편성표에서 이름을 먼저 봐요. "응? 아직도 여기 계시네. 다른 데 안 가시고 대단하여잉." 심사 나오면 "아유, 백 주임이 했으면 이거 더 이상 볼 것도 없네, 잘했겠지" 얘기를 들었어요.

2018년 12월까지 같이 일했던 사무장이 자회사로 가라고 했어요. 여기 계속 있으면 임금피크제 걸려서 급여도 줄어드는데 자회사로 가면 정년 1년 늘어나고 월급도 30퍼센트 올려준다고 저한테 자회사를 가라고 하더라고요. 제가 가면 따라갈 사람이 여럿 있을 거라고 하면서. 다른 직원들이 제가 자회사로 가는지 안 가는지 살피고 있었어요. "저는 자회사 안 가요. 일할 수 있을 때까지 하다가 그만둘래요." 그다음부터 광주 전남 본부에 팀장이 자꾸 설명을 하러 오고 본부 영업팀장도 여러 번 찾아왔어요. 어떤 사람이 자회사를 안 간다고 주동을 하고 있는지 살펴서 이 사람이다 싶으면 공략을 하는 거죠. 저는 주동을 전혀 안 했어요. 그 정도로 영향력 있는 사람도 아닌데 괜히 오해를 한 거지. 저희 영업소는 자회사에 한 명도 안 갔어요. 자회사 설명회 한다고 하면 듣고 와서 따져보는 거지. 자회사가 무슨 직접고용이야? 정직원하고 자회사는 엄연히 차이가 있어. 파고들면서 같이 공부를 했어요.

처음에 가입했던 노조를 탈퇴하고 민주노총으로 갔어요. 집회를 몇 번 가보니까 발언에 진심이 담겨 있고 싸움도 열심히 하더라고. 한국도로공사에서 해고가 된 후 집회가 뭔지, 투쟁이 뭔지도 모른 채 시작을 했는데 2019년 7월 1일에 청와대 앞에 내가 가 있더라고요. 혼자가 아니고 같이 싸우고 깔깔깔 웃고 했지. 경찰하고 몸싸움을 하잖아요. 저는 앞에 가려고 했던 게 아닌데 어느새 하다 보면 앞에서 방패를 밀고 있어요. 이런 상황이 되면 내가 이렇게 해야지 저런 상황이 되면 난 빠질 거야 미리 생각해 놓고 하는 게 아니라 몸이 먼저 움직이는 거죠. 몸이 저절로 반응을 하는 거지. 행진에 한 번도 안 빠졌어요. 힘드니까 오늘은 쉬라고 동료들이 말해도 나는 괜찮아 할 수 있어 하면서 함께했어요. 나 혼자만 힘든 게 아니잖아요. 암 수술하고 나와 있는 동료도 있는데 힘들어서 안 하겠다는 소리를 어떻게 해요. 집에 가 있으면 마음이 안 편하지. 지부장이 나를 포함해서 정년 앞둔 사람을 세워놓고 동료들에게 말을 하더라고요. 정년이 얼마 남지도 않은 분들인데 우리와 함께하니 고맙게 생각하고 항상 경로 우대를 해야 한다고. 제가 그랬죠. 한 가지 부탁이 있는데 나는 경로 우대 같은 거는 절대 바라지 않습니다. 똑같이 합시다. 내 말을 듣고 사람들이 웃더라고. (웃음)

서울에서 투쟁하다가 잠깐 영광에 내려와서 5년 넘게 다닌 수영장에 갔거든요. 사람들이 제 눈빛이 달라졌다고 하더라고요. 저는 제가 안 보이니까 모르겠는데 제가 무섭다고 하더라고요. '나한테 걸리기만 걸려봐' 하는 눈빛이라고. 내가 그런가? 집회를 하다 보니까 내가 변하나 보다. 사람 눈빛이 변하기도 하는구나. 7개월 동안 재밌고 즐거웠지만 돌이켜보면 제가 대단하게 느껴지기도 해요. 항상 집에만 있던 사람인데 나가서 사람들하고 어울리면서 지내고 사람들 앞에서 제 생각을 얘기할 수도 있고. 서로 관계가 끈끈해지니까 집에 오면 몸이 아픈 동료가 먼저 생각나요. 내가 빨리 가서 그 사람을 집에 보내줘야 하는데, 빨리 가서 교대를 해줘야겠다. "아니, 언니 벌써 집에 갔다 온 거야?" "명단 보니까 사람이 별로 없는 거 같아서 빨리 왔어." 전부 그런 마음으로 끝까지 했어요. 서로 먼저 하려고 하고 아껴주고 하는 마음을 보면서 그 시간을 버텼어요.

2019년 9월 9일에 김천에 있는 한국도로공사 본사 로비 점거를 했잖아요. 비가 막 퍼붓는 날이었어요. 우리가 김천으로 오는 건 말하자면 비밀 작전 같은 거였어요. 아무에게도 말하면 안 된다고. 본사 앞에 도착해서 달리기 잘하는 사람은 선두에 서고 못 달리는 사람은 뒤쪽에서 가는데 건물 20층에 올라가는 게 목표였어요. 이미 문은 다 막아놓았더라고요. 부지부장이 가서 문을 흔들고 도로공사 직원들은 우리가 못 들어가게 로비를 막고 있고 우리 다리를 잡고 끄집어내려니까 사람 몸이 공중에 뜨는 거예요. 계단 쪽이 뚫려서 20층까지 걸어서 올라가는데 사실 제가 숨이 차서 계단을 잘 못 올라가거든요. 근데 내가 20층까지 제일 먼저 올라간 거야. 도착하긴 했는데 숨이 너무 가빠지고 숨쉬기가 힘든 거예요. 119에 전화를 했죠. 금방 쓰러질 것 같다고. 119 대원 세 명이 왔는데 저를 업고 계단을 내려가려고 하니까 아무래도 안 되겠다 싶었나 봐요. 사람들을 막으려고 엘리베이터는 작동 중지를 해놔서 이용을 할 수 없었거든요. 소리가 어렴풋이 들리더라고. 지금 응급환자가 있으니 빨리 엘리베이터 작동시켜 달라고. 근데 엘리베이터 안에 이미 동료들이 있었나 봐요. 저 때문에 엘리베이터 작동이 된 순간에 동료들이 20층으로 올라와서 사장실에 들어갔어요. 저는 구급차에 실려서 병원에 가고요. 눈을 뜨니까 옆에서 누가 울고 있는 거예요. 제가 3시간 넘게 깨지 않아서 동료가 걱정을 했던 거죠.

한쪽 뒤에 처져 있는 게 싫어서 할 수 있는 만큼 다 했더니 나중에 몸이 아프더라고. 차가운 바닥에 오래 앉아 있었잖아요. 고관절이 아프고 어깨 인대도 찢어져 있었어요. 고관절은 치료를 했는데 아직도 아프고 어깨는 수술을 해야 돼요. 마치 훈장처럼 남았어. 나만 이렇게 아픈 게 아니라 다른 동료들도 몸이 많이 상했어요. 힘들기만 했던 건 아니에요. 사실 옆에 영업소 사람들 얼굴 볼 일이 별로 없거든요. 제가 다니는 영업소 동료들만 알죠. 근데 전국에서 노동자들이 다 모였잖아요. 어느 영업소인지는 모르겠는데 한 영업소에서 가장 오래 있었던 사람이 21년인가 일했더라고요. 저도 한 곳에서 17년 일했잖아요. 사람들이 일한 기간을 듣고 대단하다고 하더라고요. 노조 활동을 안 했을 때 사측에서 많이 들었던 말이 노조원들이 맨날 떼쓴다고 하거든요. 노조에 가입해서 겪어보니까 사측이 노동자를 함부로 대하지 못한다는 걸 알았어요. 저를 지지해 주는 배경이 생긴 것 같아요. 굉장히 든든해요.

외롭지 않았던 위로와 축하의 자리

도로공사에서는 정년퇴직 3개월 전부터 재택근무를 한다고 해서 출근 없이 집에 있었어요. 집회하러 바쁘게 다닐 때는 못 느꼈는데 복직 후에 무기력해지고 상실감이 몰려왔어요. 열흘 정도 손가락 하나 들기도 싫을 만큼 심하게 앓았어요. 그렇게 아프고 나니까 비워지는 마음도 있고 떨쳐지는 것도 있더라고요. 제가 나이가 많아서 복직이 돼도 얼마 다니지 못할 거라는 것은 알았지만 집회가 이렇게 길어질지는 몰랐거든요. 코로나19도 있었고요. 완전히 집에만 있다가 그만두는 거잖아요. 퇴직 앞두고 홀가분한 마음일 줄 알았는데 그렇지 않더라고요.

　퇴직 전날 저녁에 저를 보러 동료들이 영광에 왔어요. 같이 투쟁하면서 만난 사람들이지. 다들 멀리서 와줘서 너무 놀랐어요. 영광에 있는 동료들하고 식사 정도 하려고 했던 자리였는데 다른 곳에서도 사람들이 많이 온 거지. 다음 날 낮에 서울에서 큰 행사가 있어서 가야 하는데 밤 10시까지 같이 있었다니까. 금으로 된 민주노총 배지를 선물로 받았어요. 다른 동료들이 우리도 퇴직하면 다 해주냐고 물으니까 지부장이 오늘이 마지막이라고. (웃음) 저에게 명예 조합원이라는 이름을 줬어요. 동료들이 저한테 텔레그램 모임방과 밴드에서 나가지 말고 계속 있으라고 하더라고요. 바쁜 사람들이 저를 보겠다고 와줘서 너무 고마웠어요. 근무하고 내려와서 밥 먹고 다음 날 일정도 있는데 얼마나 피곤했겠어요. 운전하고 이동하는 거 자체가 힘든 일인데 끝나면 완전히 뻗겠지. 투쟁하면서 새로운 사람들을 많이 알게 됐어요. 모임도 만들었는데 나한테 죽을 때까지 빠지지 말라고 하더라고. 이런 사람들을 알게 돼서 너무 좋아요.

취약한 몸들의 고통을 외면하는 세계

장애인 고용장려금 정책은 비장애인 중심 사회에서 만들어진 장애인의 '취약성'을 제대로 보호하고 있을까? 이 정책은 차별과 배제를 차단하기 위한 효과를 제대로 발휘하고 있을까? 우리는 백해정 님의 이야기에서 그렇지 않은 현실을 만나게 된다. 고용인은 이 정책을 적극적으로 이용해 이익을 취한다. 불안정한 일자리의 특성들이 고용장려금을 더 챙기려고 하는 꼼수와 만난다. 계약 기간이 만료되자 고용인은 노동자인 장애인을 다른 영업소로 이동시킨다. 빈 자리엔 새로운 장애인이 들어온다. 취약한 몸의 고통을 외면하는 정책이라니…. 비장애인이 알지 못하는 세계가 여기에 있다. 초기 정책의 취지는 장애인 고용 차별을 개선하기 위함이었을 것이다. 하지만 장애가 낙인으로 작동하는 사회에서는 취약성에 대한 보호가 또 다른 차별과 분리를 만들어 낸다. 비장애인 중심적 사회에서는 차별을 시정하는 정책들이 평등으로 나아가기보다 취약성을 이용하는 상황으로 이어진다.

우리의 몸이 다양한 질병과 사건, 사고로부터 자유롭지 못하다는 점에서 취약성은 보편적이다. 하지만 취약함이 보편성으로 인정되지 않는 사회에서 그것은 특정 집단에 대한 낙인으로 작동한다. 소수자에 대한 편견과 차별에는 취약성을 향한 부정적인 시선이 담겨 있다. 취약성을 노출하면, 그 취약성은 약점이 되어 공격당하고 이용당한다. 그렇기에 많은 사람들이 자신의 취약성을 절대 드러나지 않고자 노력하며 더 강해져야 한다는 자기 암시를 건다. 제도가 '취약한' 개인을 제대로 보호하지 못할 때 차별과 낙인은 개인이 감당해야 할 몫으로 남는다. 취약성을 부정하고 이용하는 사회에서는 누구나 원하지 않는 차별을 경험할 수 있다. 내가 지금 그 상황에 있지 않다고 해서 안심할 수 있을까?

토
다는
사람이
많아져야
사회가
바뀐다고
생각해요

☞ 구술, 최교일(가명) ☞ 글, 이호연

9장

자부심과 소외감 사이에서, 젊은 노동자가 바라본 톨게이트 노동

'톨게이트 요금수납 노동자들의 투쟁'에 대한 기록을 제안받았을 때 나는 요금수납 여성노동자와의 만남을 상상했다. 하지만 인터뷰 명단을 확인하면서 내가 만나는 사람이 인터뷰이 중 유일한 남성노동자라는 것을 알게 되었다. 최교일(가명) 님은 톨게이트에서 과적 단속 일을 하는 노동자였다. 인터뷰 당시 30대 중반이었던 그는 군대를 다녀온 후 사정이 생겨 대학에 복학하지 못하고 스물네 살 때부터 일을 했다. 다니고 싶던 회사는 부도가 나서 더는 다닐 수 없게 되었다. 지방에서 마음에 드는 회사를 찾기는 어려웠다. 톨게이트에서 과적 단속 일을 하기 전까지 그는 주로 유통 쪽에서 일했다. 일을 하면서 재미를 느낀 적은 별로 없었다고 했다. 2015년부터 하게 된 톨게이트 과적 단속 업무는 잘하고 싶은 마음에 혼자서 공부를 하며 욕심을 냈던 유일한 일이었다. 알지 못하는 직업이나 직무에 관심이 많은 나에게 과적 단속 일은 굉장한 호기심을 불러일으켰다. 기록자가 구술자를 통해 모르는 세계를 만날 때 인터뷰는 훨씬 더 매력적이고 풍부해진다. 더구나 과적 단속 일에 대한 그의 애정이 읽히는 순간, 나도 그가 하는 일의 매력에 빠져들었다.

2020년 4월 그를 처음 만났을 때, 나는 그의 말과 말 사이에서 자신의 일과 투쟁을 소개하고 자랑하고 싶은 마음을 느꼈다. 인터뷰 섭외를 할 때 말을 잘 못해서 자신이 없다고 했던 그는 그 자리에 없었다. 7개월이 지나 11월에 만난 최교일 님은 직접고용이 되어 회사에 복귀한 상황이었다. 일을 향한 그의 자부심은 여전히 유지되고 있을까? 복귀 후 그는 어떤 혼란과 부딪힘을 경험하면서 삶을 꾸려나가고 있을까? 그는 자신이 겪은 시간을 '삶의 전환'이었다고 표현했다. 그가 찾은 새로운 삶은 어떤 모습일까?

처음엔 무슨 일을 하는지도 몰랐어요

한국도로공사 외주업체에서 일하는 저희 형 친구한테 연락이 왔어요. 화물차 과적 단속 자리가 비는데 일을 해볼 생각이 있냐고. 마침 제가 일을 찾고 있었어요. 이력서를 내니까 면접 보러 오라고 연락이 왔어요. 어떤 일인지 구체적으로 몰랐지만 재밌어 보였어요. 2015년 11월에 입사를 했어요. 그때 제 나이가 스물아홉이었어요. 입사하고 과적 단속 업무에 대한 교육은 거의 없었어요. 국토관리처 직원이 한 번인가 와서 관리청 지시사항 전달해 주고 그 정도였어요. 국토 관리청 직원은 톨게이트 과적 단속 업무를 하는 사람이 다 도로공사 직원인 줄 알았대요. 외주업체 직원들이 단속을 하고 있다며 황당해했어요. 법 위반을 처리하는 일을 하니까 그렇게 생각했겠죠. 별도의 교육이 없으니까 혼자 정보를 찾으면서 일을 배웠어요. 제가 관련 법을 알아야 위반 시 벌금을 내야 하는 이유를 화물 기사들에게 설명해 줄 수 있잖아요. 공부를 하다 보니까 점점 일에 관심을 갖게 되고 재미가 있었어요.

업무 강도가 엄청 세요. 영업소 직원 38명 중에 과적 단속 일은 4명이 했어요. 너무 부족한 인원이에요. 한 명씩 돌아가면서 8시간 일을 해요. 오전 7시에 출근해서 오후 3시까지 일하고 오후 3시 출근해서 밤 11시 퇴근하고 밤 11시에 출근해서 다음 날 아침 7시에 퇴근하기를 교대로 해요. 저는 정해진 시간보다 30분 일찍 출근을 해요. 야간 업무는 일주일에 두 번 하고 월, 화요일은 새벽에 출근해요. 수, 목요일은 오후 2시에 출근하고 금, 토요일은 밤 9시에 출근하고 야간 업무하고 새벽 6시에 퇴근하면 그날은 쉬는 거죠. 일주일 동안 낮과 밤 근무가 섞여 있어서 어떤 날은 일찍 나오고 어떤 날은 밤새워 일하고 아침에 자야 돼요. 자고 일어나는 패턴이 바뀌니까 건강에 문제가 생겨요. 직원이 번갈아 가면서 쉬기 위해서 한 명이 쉬는 동안 다른 사람들은 일하는 방식이죠. 네 사람 중 한 명이 일을 못 하게 되는 상황이 있잖아요. 가족 중 누군가가 돌아가셨거나 직원 중 한 명이 병가를 내면 쉬기로 한 사람이 나와서 일을 할 수밖에 없어요. 근데 그 사람도 못 나오는 상황이면 일을 할 수 있는 사람이 두 명밖에 없으니까 한 명이 16시간 근무를 하게 되죠. 아침 6시 출근해서 밤 9시에 퇴근하는 거예요.

제가 한 달 동안 병가를 낸 적이 있어요. 남은 직원 세 명이 죽어나는 거지. 진짜 한 번도 못 쉬고 열흘씩 계속 근무를 하는 거죠. 이 업무를 대신 해줄 사람이 없거든요. 다른 직원들은 이 일에 대해서 잘 모르잖아요. 사무실에서 일하는 사람 중에 팀장이 있어요. 이 사람이 할 수는 있는데 사무실도 똑같이 3교대로 돌아가요. 과적 단속 업무를 한다고 사무실 업무에서 한 사람이 빠지면 거기도 안 돌아가는 거죠. 과적 단속 업무는 누가 대신 못 하는 업무라서 직원 한 명이 사정이 생겨서 일을 못 하면 다른 사람들이 너무 힘들어요.

과적 단속 업무로 입사했지만 그것만 하진 않아요. 하이패스에서 사고가 나면 순찰반이 오기 전에 우선 안전 조치를 해야 하는데 차가 쌩쌩 달려서 위험해요. 도로 한가운데에 서서 혼자서 차를 유도하는 일을 해요. 입사 하기 전에는 몰랐어요. 쓰레기 줍고 청소하는 환경 정리 일도 해요. 인수인계는 입사 후에 받게 되니까 이런 일들 도 내가 하는 거구나 그때 다 알았죠.

도로의 안전을 지킨다는 자부심

화물 기사와 엄청 실랑이를 해야 하니까 스트레스를 받 아요. 과적이 되면 벌금이 나오잖아요. 한 번 걸리면 최 소 40만 원부터 500만 원까지 내는데 한 번 걸리면 경제 적으로 타격이 커요. 과적 단속에 걸린 화물 기사들이 저 희한테 엄청 뭐라 해요. 무게를 재는 기계가 잘못된 거 아니냐. 다시 무게를 재보라고 하는데 다시 재도 계속 우 기는 사람이 있어요. 그런 사람들을 상대하는 게 힘들어 요. 민원인이니까 화를 낼 수도 없어요. 화물 기사가 도 로공사에 민원을 넣으면 회사는 고객한테 왜 그렇게 하 냐고 우리를 비난해요. 직원인 우리가 잘못한 것처럼 되 니까 민원인이 무슨 말을 해도 참고 가만히 있어야 해요.

민원 때문에 무서웠던 적이 있어요. 세 번 과적이 되면 벌금이 배가 되거든요. 과적 중량을 많이 초과하면 비례해서 벌금도 많아져요. 과적에 걸려서 고발을 당한 기사가 사무실로 찾아왔어요. 너 때문에 벌금이 300만 원이 나왔다. 두고 봐라. 내가 언젠가는 죽일 것이다. 죽이네 마네 하면서 협박을 하는 거죠. 죽인다는 말 진짜 많이 들었어요. 측정은 기계가 하고 저는 서류만 받으니까 제 잘못은 하나도 없거든요. 저한테 뭐라 해도 소용없는데 기사는 억울하다고 따지는 거죠. 잘못이 없는데 왜 내가 욕을 먹어야 하나. 나를 죽인다 했는데 정말 그런 일이 있으면 어떡하나. 부스 문 열고 그 사람이 들어와서 해코지를 하면 어떡하나. 요금수납 부스에 혼자 있으면 섬뜩해요. 이렇게 중요한 업무를 맡겨놓고 안전 교육 이런 것도 없어요. 책 한 권 주면서 우리가 알아서 보고 파악을 하라는 거지. 그래도 모르겠으면 도로공사 본사 과적 업무 담당자에게 물어보라는 식이에요.

화물차 구조가 참 이상하게 돼 있거든요. 불법 개조가 많아요. 4.5톤 트럭 같은 경우는 앞바퀴가 하나 있고 뒷바퀴가 두 개 있어요. 두 개 중에 하나는 바퀴가 올라갔다 내려갔다 해요. 자기가 짐이 없을 때는 바퀴를 하나 떼고 짐이 있으면 바퀴를 내려서 세 바퀴로 운전을 해요. 앞바퀴가 9톤이고 뒷바퀴 하나는 9톤이고 다른 하나는 12톤이 나와 버렸네. 그럼 과적에 걸리니까 불법으로 차를 개조해요. 바퀴를 올리고 내리면 공기압의 영향이 있는데 공기압을 바꿔버리면 수치 변동을 할 수 있어요. 세 번째 바퀴가 12톤이면 차 안에서 기사가 무게를 조절하는 거예요. 무게가 넘지 않도록 초과된 무게를 앞바퀴로 빼는 거지. 그걸 다 맞춰서 조작을 해서 톨게이트에 들어와요. 조작은 불법이니까 벌금이 더 커지거든요. 조작을 제대로 못 해서 과적이 나오면 기사는 다시 무게를 재보자고 하지만 그건 절대 안 돼요. 차 안에서 기사가 조작을 하면 수치가 바뀌고 과적에 안 걸리니까. 우리 용어로는 압을 잘못 맞춰서 들어온 거라고 기사는 생각하니까 자기가 잘 맞추면 안 걸릴 수 있다고 하면서 억울해하는 거죠. 공기압을 조절해서 무게를 조정하면 되는데 우리가 안 봐준다고 화를 내는 거지. 기사도 자기한테 화가 나겠지. 덤프트럭은 바퀴가 네 개잖아요. 차가 지나가면 무게가 딱 찍혀요. 예를 들어 바퀴 네 개가 각각 10톤이면 총 40톤이니까 과적에 걸리지 않아요. 근데 바퀴 하나가 다른 바퀴와 다르게 무게가 더 나가면 과적이 되는 거죠. 포크레인이 짐을 실어주니까 어떻게 할 수가 없어요.

마음이 안 좋아요. 화물 기사도 우리랑 같은 노동자인데 벌금을 매기고 싶겠어요? 기사들도 돈 벌려고 하는 일인데. 화물 기사는 직원이니까 화주가 벌금을 내게 할 수 있죠. 근데 대부분의 화주가 그렇게 안 해요. 화주는 차만 사고 기사에게 차를 관리하게 해요. 내가 월급 주니까 과적 관리도 네가 알아서 해라. 기사 입장에서는 짐을 많이 실어야 운행비가 나오니까 엄청 싣고 가요. 그래야 생활이 되니까 자기들도 그렇게 할 수밖에 없다는 거지. 사정을 아니까 안타까운 마음에 봐주고 싶지만 우리도 어쩔 수 없어요. 여기 영업소에선 과적 단속에 걸렸는데 봐주더라. 화물 기사들 사이에서 소문이 나면 우리 입장이 곤란해지잖아요. 과적 단속 업무가 쉽다고 생각하지만 엄청 스트레스를 많이 받는 일이에요. 하지만 제가 하는 일은 사고를 방지하기 위해 꼭 필요한 일이에요. 무게가 40톤씩 되는 차들이 도로를 달린다고 생각해 봐요. 도로가 파손되겠죠. 승용차가 파손된 곳을 지나다 사고가 날 수도 있고 도로가 파손되면 포장을 다시 해야 하니까 비용이 들어요. 도로 앞쪽에서 사고가 난 경우에 과적을 한 차는 무게가 많이 나가서 멈추지 못하니까 대형 사고가 나기도 해요. 화물차 중에서 덮개 안 씌우고 다니는 차 있죠? 도로에서 쌩쌩 달리는데 물건 하나라도 떨어지면 엄청 큰 사고가 날 수 있어요. 이런 여러 문제 때문에 과적 차량을 단속하는 거예요.

'위험한' 차량을 내가 잡고 있으니까 사고가 덜 나겠구나. 내가 잘 막으면 다른 사람에게 피해가 없겠구나. 더 열심히 '위험한' 차를 막아야겠구나. 일을 하면서 자부심을 느꼈어요. 경찰들도 안전벨트 맸는지 단속하잖아요. 똑같은 거죠. 제가 화물 기사들에게 항상 하는 말이 있어요. "돈 벌려고 초과해서 짐을 실으면 기사님은 10만 원, 20만 원 더 벌지만 그 돈 때문에 사람이 목숨을 잃을 수도 있고 한 가정이 파괴될 수도 있어요." 오늘은 단속에 걸렸지만 경험 삼아 경각심을 갖고 짐을 많이 싣지 마시라고 기사님도 위험하다고 말을 해요. 기사들 중에는 제 말이 맞다고 인정해 주고 좋게 대하시는 분들도 있어요. 그럴 때마다 일에 보람을 느끼고 기분이 좋아요. 회사에 대한 자부심도 느꼈어요. 제가 도로공사 직원은 아니지만 이 일을 하고 있기 때문에 도로공사 직원이 된 것처럼 느껴져서 기분도 좋았어요. 자부심을 느낄 수 있어서 이 일을 계속할 수 있었어요.

다행스러운 늦은 깨달음

'공공기관 비정규직을 정규직화하겠다.' 문재인 정부가 공약으로 내세웠잖아요. 저도 공기업에서 일하기 때문에 가이드라인이 생긴 거예요. 한국도로공사에 톨게이트 수납원 6,500명이 있는데 거의 외주업체 직원이에요. 근데 한국도로공사는 직접고용을 안 하고 자회사를 만들어서 직원을 관리하겠다고 한 거죠. 저는 자회사가 아니라 직접고용을 원했어요. 직접고용을 원해서 노동조합에 가입을 했어요. 2018년 7월 10일에 처음으로 한국노총에 가입을 했어요. 저뿐만 아니라 영업소 직원 38명이 전부 노조원이 됐고 대략 사오천 명이 노동조합에 가입을 했던 걸로 알고 있어요.

　노조에 가입한 이유요? 문재인 정부의 정규직화 공

약도 있었지만 더 중요한 건 지위 및 임금에 대한 소송 때문이었어요. 이 소송을 먼저 시작한 거는 민주노총이고 나중에 저희는 얘기를 들었어요. 2017년에 판결이 났는데 2심까지 이겼어요. 이 소식이 점점 영업소로 퍼진 거예요. 지방이라서 소식을 늦게 들은 것도 있지만 사람들이 문제가 뭔지 잘 몰랐어요. 우리가 얼마나 부당한 대우를 받고 있는지, 임금은 제대로 받고 있는지. 그냥 시키는 대로만 했기 때문에 부당하다든가 지위에 어긋난다든가 그런 건 아무것도 몰랐으니까. 우리 영업소에 찾아온 한국노총 쪽 사람이 같이 소송을 하자고 제안을 했어요. 이때는 노조 가입을 안 한 상태였는데 소송 참여 모집이 있었고 단체로 소송에 나선 거죠. 그동안 제가 못 받은 게 1,000만 원은 된다고 하는데 그걸 못 받았네. 밑져야 본전이니까 2년이든 10년이 걸리든 일단 소송을 걸어놓자. 이미 정규직화에 대한 얘기는 있던 상황이었고요. 도로공사 소속이라는 지위 소송을 걸어놨으니 노동조합을 만들어 보자. 도로공사 직원이 되어보자 하면서 소송을 했던 사람들이 한국노총 소속으로 노동조합을 만든 거지.

　예상치 못한 일이 생기기 시작했어요. 우리가 노동조합을 만드니까 도로공사에서는 자회사 설립을 들고나왔어요. 직접고용을 지지하던 노동조합은 갑자기 자회사를 지지한다고 입장을 바꿨어요. 자기들끼리 얘기해서 말을 바꾼 거죠. 자회사에 가면 지금 받는 임금의 30퍼센트 이상 인상을 해준다, 승진 기회가 있고 호봉이 생기니까 월급에 차이도 생긴다는 얘기가 들렸어요. 용역업체에서 일하면 10년을 일해도 승진이 없어요. 자회사는 정년도 65세로 연장해 주고 회사도 엄청 커진다. 쇼킹한 얘기였어요. 다른 소문도 돌았어요. 한국도로공사 직원으로 지위가 인정이 되어야 임금이 들어온다. 지금 지위 소송을 하고 있는데 자회사로 가면 지위가 인정이 안 되니까 돈이 안 나올 수 있다. 처음엔 저도 자회사 선택으로 마음을 먹었어요. 직접고용은 힘들 것 같았어요. 직접고용은 제 욕심이 아닌가 하는 생각도 있었어요. 직접고용이 돼도 임금이 많이 올라가는 건 아니라 하고 더 좋아진다는 말은 별로 없었어요. 자회사와 직접고용의 갈림길에서 정년 보장, 임금 인상, 상여금 얘기가 나오니까 자회사를 생각한 거죠. 자회사로 가려는 사람들 중 젊은 사람이 많았어요.

아, 잘되겠지. 자회사 가서 월급 받으면서 재밌게 일해야지. 2018년 9월에 자회사 지원으로 서류에 사인을 하고 한동안 잊고 있었어요. 어느 날 도로공사에서 자회사 관련 자료를 보내왔어요. 자료를 확인하기 전에 제가 생각할 때 자회사는 엄청 좋은 곳이고 건물도 지어서 체계적으로 일하는 것처럼 보였거든요. 근데 자료를 보니 회사 자본금이 생각보다 적어서 우리 월급을 줄 수 있을까, 하루아침에 쉽게 민간에 팔아넘길 수 있는 회사네 그런 생각이 드는 거예요. 하이플러스카드라고 도로공사에서 만든 카드 충전 단말기 자회사가 있는데 민간업체에 팔렸거든요. 자동화되면 수납 업무가 없어질 수 있는데 그러면 회사는 더 이상 사람이 필요 없는 거 아닌가. 나중에 다 정리해고 시키는 거 아닌가. 뭔가 수상하다는 생각이 들었어요. 도로공사 직원들이 우리에게 자회사 가면 좋다고 부추기는 것도 이상하고요.

예상되는 급여 안내가 있었어요. 6단계로 나눠서 호봉에 따라서 지급한다. 말은 30퍼센트 급여 인상이지만 원래 우리가 받는 금액에서 20만 원 오른 금액이었어요. 지금 자회사 다니는 사람들 보니까 그게 딱 맞아요. 용역업체로 받은 월급이 야간수당 포함해서 220만 원이었는데 240만 원 되는 거죠. 별로 많이 달라질 것도 없더라고요. 자회사는 민간업체에 팔릴 수 있고 저를 해고하면 어떻게 할 수가 없잖아요. 생각을 해보니까 뭔가 좀 낚이는 것 같다. 왠지 꼼수라는 느낌이 드는 거죠. 처음부터 파악을 했어야 하는데 뒤늦게 깨달았어요. 이 일을 소개해준 형님한테 "저 그냥 직접고용 갈랍니다" 그랬더니 형님도 "나도 그쪽으로 갈 거야" 그러는 거예요. 근데 우리가 자회사로 간다고 사인을 했잖아요. 민주노총 부지회장에게 문의를 했더니 도로공사에 철회해 달라고 내용증명을 보내면 된다고 해서 취소를 해버렸죠.

잘 생각했다. 힘들겠지만 이게 정답이다. 제가 자회사 취소하고 직접고용을 선택했다고 하니까 민주노총에 먼저 들어간 사람들이 해준 말이에요. 2019년 4월에 민주노총에 가입을 했어요. 영업소에서 자회사를 선택한 동료들도 우리를 응원해 줬어요. 지금 젊으니까 길게 보고 직접고용 쪽으로 가서 1, 2년 버티면 해결될 거다, 직접고용으로 가야 되지 않겠냐. 직접고용 쪽으로 가면 아쉽지만 더 이상 과적 단속 업무는 못 한다고 생각했어요. 요금수납과 과적 단속 업무는 자회사로 넘어갔으니까. 도로공사는 공기업이니까 직접고용이 되면 설마 자르겠어? 어떤 업무든 주겠지. 그렇게 생각했죠.

점점 제가 전사가 되는 것처럼 느껴졌어요

자회사로 안 오면 다 퇴사시킬 거다. 제가 민주노총에 들어갈 때쯤 도로공사에서 했던 말이에요. 설마 우리를 해고시키겠어? 문재인 정부에서 정규직화한다는데. 처음에는 자회사와 직접고용 선택이 3,000명씩 비슷했는데 도로공사의 협박 때문인지 직접고용 입장이었던 직원들이 자회사로 가더라고요. 점점 사람이 줄어서 결국 1,500명이 남았어요. 같이 싸우는 사람들이 돈 때문에 직접고용 입장에 선 게 아니었어요. 2년 후면 퇴직하는 사람들도 온 거죠. 자회사로 가면 월급 올려 받고 일하다가 퇴직하면 되는데 힘든 싸움을 해야 하는 쪽으로 선택을 한 거예요. 심지어 도로공사에서 소문을 내기 시작했어요. 자회사로 가더라도 지위 소송 판결에 따라 임금을 지급할 거다. 이 얘기 듣고 직접고용 쪽에 있다가 자회사로 넘어간 사람들도 있어요. 하지만 직접고용 쪽에 계속 있던 사람들은 우리는 도로공사 직원으로 이미 판결이 났기 때문에 자신이 선택한 방향이 맞다는 걸 이미 알았던 거죠. 저는 그걸 늦게 깨달았지만 처음부터 이 길이 맞다고 생각하고 힘들어도 온 사람들이 태반인 거야.

이 많은 사람들을 진짜 해고시킬 줄 몰랐는데 도로공사는 하더라고. 하루아침에 일자리를 잃고 생계도 어려워졌어요. 도로공사에 말해봤자 소용없으니 청와대로 가자. 2019년 6월 30일에 집단 해고 되고 바로 청와대 노숙농성을 시작했어요. 2013년부터 (근로자)지위확인소송을 했는데 2015년도 1심에서 노동자들이 승소하고 2017년에 2심도 승소를 했고 마지막 대법원 판결만 남아 있었어요. 7월 뜨거운 여름에 1,500명의 노동자가 행진을 하고 집회를 하고 노숙농성을 하니까 사회적 이슈가 되는 거죠. 정부도 반응을 보이고요. 일자리 수석이 와서 우리 얘기를 듣기 시작했어요.

계약직이 비정규직이라는 걸 노동조합에 들어와서 알았어요. 그저 일만 하면 된다고 생각했으니까. 도로공사에서 일하면서 용역업체를 처음 접해본 거죠. 다른 데서 일할 때는 정규직이었으니까. 근로계약서를 썼다고 해도 그냥 쓰라니까 썼지. 사인만 하고 잘 읽지도 않았어. 3년 넘게 일하는 동안 용역회사가 세 번 바뀌었거든요. 사장님이 세 번 바뀐 거죠. 비정규직, 정규직 개념 이해를 못 해서 내가 비정규직으로 3년 동안 일했다는 걸 몰랐던 거예요. 비정규직이라고 부당한 대우를 받고 있다는 걸 알게 된 거죠. 진짜 내가 멍청했나 봐. 미리 좀 알걸 후회가 되더라고. 현실적으로 다가온 건 급여 차이였어요. 비정규직은 정규직하고 똑같은 일을 해도 진짜 차이가 크구나. 정규직들은 말만 하고 우리가 현장에서 다 뛰고. 자기들은 꽃만 갖다 놓고 우리한테 다 심으라고 해요. 따지고 보면 도로공사 직원은 내 상사도 아닌데 우리한테 꽃을 심어라, 청소를 해라, 지사장 지나가니까 나와 있어라 다 시키는 거지. 영업소도 도로공사 소속인데 본인들도 같이 하면 되잖아요. 굳이 내가 안 해도 되는 것들을 했구나. 알고 나니까 엄청 화가 나는 거예요. 본사에서 차장, 과장 오면 차장님 과장님 하면서 깍듯이 했는데 과장이면 과장이지 나랑은 상관이 없는 거잖아요. 도로공사 가서 싸울 때 "야, 야" 그랬다니까. 기분이 좀 풀리더라고.

제가 그전에 투쟁을 해봤겠어요? 아무것도 모르는데 얼마나 어색하겠어. 집회 때 부르는 노래도 몰랐어요. 왜 노동가요가 이렇게 나한테 와닿지? 왜 지금 내가 이 뜨거운 태양 아래 아스팔트를 걷고 있을까? 대한민국에서 노동자로 산다는 게 화가 나고 이 나라가 싫은 마음도 올라오고요. 나도 모르게 악에 받쳐서 구호를 외치는데 나한테 이런 모습이 있었나. 이런 것도 창피하지 않구

나. 점점 제가 전사가 되는 것처럼 느껴졌어요. 노동자임을 스스로 느끼는 시간이었어요. 함께 싸우는 현장에서 노동자의 삶을 느낀 거지. 내가 노동자라는 걸 알게 된 게 엄청 감사했어요. 이제는 내 권리를 찾아야겠다. 전처럼 쥐 죽은 듯이 시키는 대로 하는 게 아니라 잘못된 점을 지적할 수 있는 노동자가 됐다고 느꼈어요. 권력을 가진 사람이 부당하게 나를 대하면 말을 할 수 있을 것 같은 거예요. 전에는 왜 비정규직 노동자들이 시위를 하는지 진짜 몰랐거든요. 내가 그 입장에 서니까 이게 당연한 거구나 느꼈어요. 우리가 하지 않으면 세상이 변하지 않고 노동자는 계속 부당한 대우를 받으니까. 우리 같은 사람이 더 많아져야 하는 거죠. 내 자신과의 싸움이기도 했어요. 하지만 싸움을 그만하고 싶은 생각은 없었던 거 같아요. 결혼해서 가정이 있었다면 솔직히 못 했을지도 몰라요. 하루라도 벌이가 있어야 하니까. 지금 할 수 있으니 힘들지만 포기를 하지 말고 한번 정했던 걸 이뤄보자.

2019년 8월 29일을 잊을 수가 없어요. 노숙농성을 하고 있을 때 지위 소송에 대한 대법원 판결에서 승소를 했어요. 맑았던 하늘이 어두워지면서 갑자기 비가 쏟아지기 시작했어요. 하늘이 우리 마음을 아는 것 같았어요. 우리가 흘리는 눈물 같았어요. 기분이 좋아서 비를 다 맞았어요. 동지들하고 껴안고 울었어요. 아, 이제 다 끝났다. 이제 다 됐다. 길바닥에서 자면서 씻지도 못하고 힘들게 이 여름을 버틴 거잖아요. 지난 시간을 생각하니까 눈물이 나는 거예요. 겪은 일들이 스쳐 지나가니까 엄청 울게 되더라고요. 내가 이렇게 눈물이 많았나. 전에는 잘 울지 않는 사람이었는데 그때 좀 많이 울었어요.

합창단 단장을 하면서 유명세를 타버린 거예요. 저는 원래 조용한 사람이거든요. 김천 도로공사 본사 점거 농성 할 때 저는 건물 안에서 유튜브로 밖에서 진행하는 문화제를 보고 있었어요. 갑자기 집회 사회자가 "최교일 조합원" 하고 부르는 거예요. 내 주위에 있던 사람들이 다 나를 쳐다보는 거야. 에? 누가 노래하라고 추천했나 봐. 친하게 지내는 누나가 나가보라고 해서 나갔어요.〈안동역에서〉를 불렀는데 그 후로 계속 노래를 시키는 거야. 합창단 모집을 한다 해서 처음엔 거절했는데 계속 권유를 하니까 결국 들어갔어요. 어쩌다 보니 합창단 단장까지 하게 된 거지. 이상하게 내가 들어갔는데 사람들이 모이는 거야. 저는 노래를 잘 부르는 사람을 찾기보다 같이 노래를 부르자고 하면서 합창단을 권했거든요. 10명도 안 되던 사람이 20명이 돼버린 거야. 연대하러 온 사람들이 우리한테 잘한다고 하는 거예요. 합창단장을 하니까 현장에서 제가 음악 담당을 하게 됐어요. 재미있게 보내야 농성장의 하루가 가지. 분위기에 맞는 노래를 선곡해서 틀어주고 디제이도 하고요. 동지들에게 새로운 곡을 들려주고 싶어서 찾아보니까 노동가요도 좋은 게 많더라고요. 힘들면 짜증도 냈어요. 몸이 안 좋을 때는 자고 싶고 쉬고 싶으니까. 근데 내가 음악을 맡아서 하니까 계속 일을 해야 하는 거지. 그래도 합창단 연습하고 음악 담당하면서 즐기면서 투쟁을 했어요.

　같이 싸운 분들 대부분은 저보다 나이가 많으세요. 이분들이 같이 싸우는 게 나를 위한 것이라는 생각을 했어요. 자신들은 비정규직으로 살았으니 너희들은 그렇게 살지 말라고 정부에 호소하는 거잖아요. 젊은 나를 위해서 이분들이 싸운다고 생각하니까 감사했어요. 싸우면서 힘든 거 많았거든요. 그 뜨거운 햇볕 속에서 싸우고 태풍도 맞고 엄청 힘들었지. 그래도 내가 포기하면 안 되겠구나. 이분들을 보면서 버틴 거 같아요. 같이 싸우는 동지들이 항상 '너는 똑똑한 사람'이라고 직접고용 선택한 건 잘한 거라고. 1, 2년 힘들겠지만 너는 젊으니까 지금 들어가면 오래 근무할 수 있다고. 다 모르는 사람들이었는데 투쟁하면서 엄청 돈독해졌어요. 투쟁을 마무리하면서 시원섭섭하고 아쉬웠어요. 어차피 다시 만날 텐데 함께했던 사람들이 보고 싶더라고요.

　그동안은 나만 생각했지 다른 사람의 삶을 별로 생각하지 않았어요. 우리의 미래라든가, 후손이라든가, 지금 내가 싸워서 만드는 세상의 변화라든가 솔직히 전에는 생각해 본 적이 없어요. 연대 온 분들의 얘기를 들으면서 세상에 힘든 사람이 많구나. 철탑 위에 올라가서 싸우는 사람도 있고 노조 만들면서 탄압받은 사람도 있고 위험한 고비를 겪었더라고요. 답도 없는 길을 10년 넘게 싸워온 사람들이 있는 거예요. 먼저 싸우고 있는 사람들을 봐서라도 계속 싸워야겠다. 연대해서 싸울 때 우리가 연결될 수 있지 않을까. 지금 우리의 직접고용을 위해서 싸우지만 비정규직을 없애기 위해서도 싸우는 거잖아요. 지금 싸우지 않으면 계속 차별과 부당한 대우가 있을 거예요. 우리가 싸워서 더 나아진 세상으로 갈 수 있다면 보람찬 거잖아요.

또 속았구나, 진짜 지독한 놈들이다

화가 치밀어 올랐어요. 직접고용으로 전환된 후 새로운 근무지로 발령이 났는데 한국도로공사에서 황당한 얘기를 하는 거예요. 2015년 이전 입사자는 직접고용을 하는데 이후 입사자는 임시직으로 발령을 내겠다. 법원에서 판결이 난 후에 2015년 이후 입사자를 어떻게 할지 결정을 하겠다는 거죠. 제가 2015년 이후 입사자거든요. 2015년 이후 입사자가 민주연합과 공공연대 합치면 100명 정도 될 거예요. 발령을 받았으니까 저도 직접고용이 된 줄 알았는데 또 속았구나, 갈라치기 하는구나 생각이 들었어요. 직원 의무 교육이 있었는데 받지 않겠다고 나섰고 2015년 이전 입사자들도 입장을 같이했어요. 다음 날인 5월 15일에 2015년 이후 입사자에 대한 직접고용 여부 판결이 있었어요. 저희가 승소를 했고 도로공사에서 2015년 이후 입사자도 직접고용을 하겠다고 한 거죠.

그래서 2015년 이전 입사자는 입사일이 5월 14일이고 이후 입사자는 5월 15일이에요. 이런 일을 겪으니까 도로공사에 정이 떨어지더라고요. 진짜 지독한 놈들이다.

회사에 들어가서 제2의 투쟁을 시작해 보자 생각했죠. 먼저 복귀한 사람들이 최저임금을 받으면서 어떤 일을 하고 부당한 대우를 받는지 알고 있었으니까요. 복귀해서 현장지원직으로 배치됐고 지금은 환경 정비 일을 하고 있어요. 저를 포함해서 25명이 이 일을 나눠서 해요. 회전과 램프 구간, 녹지대를 청소하는 도로팀과 졸음쉼터를 청소하는 교통팀이 있거든요. 저는 도로팀인데 안전을 생각하면 매우 위험한 일이에요. 회전 구간에서 갓길에 차를 세워 놓고 차도를 건너서 청소를 해요. 차가 다니니까 위험하죠. 직선도 아니고 회전 구간이니까 오는 차가 잘 안 보이다가 가까이 왔을 때 보이거든요. 계속 차가 다니니까 '공사 중' 팻말이라도 세워놓아야 안전이 확보되는데, 도로공사에서는 이런 것 없이 안전이 확보되지 않은 일은 하지 말라고만 하는 거죠. 결국 본인이 알아서 판단하라는 거잖아요. 안전이 확보되지 않으면 일 안 해도 되는 건가요? (헛웃음)

과적 단속 업무할 때보다 임금을 60, 70만 원 적게 받아요. 현재 받는 임금이 세금 떼고 157만 원이에요. 한 달에 정기적으로 나가는 돈이 있으니까 타격이 커요. 방법이 없으니까 친구도 안 만나고 지출을 최대한 줄이려고 노력해요. 제가 결혼을 했다면 어려웠을 것 같아요.

이런 상황이 계속되면 진짜 어떻게 해야 할지 모르겠어요. 부당하다고 생각하지만 무조건 거부를 할 수도 없어요. 일을 거부하면 징계를 받거나 안 좋은 상황이 벌어질 수 있잖아요. 대안이 뭐냐고 물으면 도로공사에서는 매일 똑같은 대답을 해요. 협상 횟수만 늘어나고 대화의 진전은 없으니 기다리고만 있는 거죠. 일에 귀천이 없다고 하지만 솔직히 이 일을 하려고, 이 월급을 받으려고 노숙농성하면서 그렇게 싸웠나. 이런 생각을 하면 많이 힘들어요. 주위 사람들에겐 공사에 다닌다는 게 크게 인식이 되는 것 같아요. 사람들이 어디 다니냐고 물을 때 저는 공기업 직원인 거잖아요. 부모님도 좋아하시죠. 왜냐하면 월급을 얼마 받든 무슨 일을 하든 정년이 보장된 일이라고 생각하시니까. 고용 불안이 없어지면 안정감을 가질 수 있는 거잖아요. 친구들도 제가 직접고용을 위해 싸운 걸 아니까 잘됐다 축하한다는 말을 해주거든요. 제가 환경 정비를 하면서 적은 월급을 받고 있다는 속사정은 모르니까요.

졸음쉼터가 엄청 더러워요. 생각보다 이용자가 많거든요. 토, 일은 일을 안 하니까 월요일에 가면 쓰레기통 쪽은 이미 난장판이에요. 직무가 정해지지 않은 상황이니까 도로공사에서 시키는 일을 대충할 수도 있잖아요. 근데 사람 마음이 참 이상해요. 깨끗하지 않은 졸음쉼터를 보면 시민들이 싫어할 걸 아니까 열심히 청소를 하게 돼요. 졸음쉼터가 깨끗해지니까 도로공사는 계속 이 일을 저희에게 시키려고 하는 거죠. 저희가 이 일을 맡기 전에 지사에서 계약을 한 졸음쉼터 청소 노동자들이 이미 있었어요. 이제 저희가 하니까 전에 일하던 사람들은 해고를 당한 거죠. 우리에게 다른 업무를 주면 될 텐데 굳이 일하던 사람들을 해고시키고 우리를 그 자리에 앉힌 거예요. 저희가 남의 자리를 뺏은 셈이 된 거죠. 해고된 노동자들은 당연히 우리를 싫어하겠죠. 다른 지사에 있는 동료에게 들었는데 '왜 우리 일을 빼앗냐'고 해고된 노동자가 얘길 했다고 하더라고요. 미안하고 마음이 복잡해요.

어느 날 우리가 먼저 밥을 먹었는데 나중에 보니 없던 계란말이가 일반직 반찬에는 있더라고요. 반찬이 없어서 급하게 달걀말이 준 거라고 말은 하는데 아니 그래도 그렇지 같이 줘야지. 열 받은 동료 중 한 명이 계란 세 판을 사서 식당에 갖다줬어요. 우리도 계란말이 좋아하니까 해달라고. 별것 아닌 것 같지만 사실 이런 게 치사한 거잖아요. 몇몇 일반직 직원의 시선이 불편해요. 뭐랄까 하찮은 사람들? 우리를 보는 게 딱 그런 것 같아요. 저만의 생각인지 모르겠는데 쎄한 느낌…. "시험 봐서 들어온 거 아니잖아요?" "하실 수 있는 일이 뭔데요?" 일반직 직원이 말하는데 말투가 무시하는 거잖아요. 이 사람들이 우리를 속으로 욕하고 있나. 우리가 자기들과 다르다고 생각하는 것 같아요. 직접고용은 됐지만 대우는 '비정규직'인 거예요. 우리와 그들 사이엔 여전히 차별이 존재해요. 정규직이 보기에 자기들은 열심히 스펙 쌓고 시험 보고 어렵게 들어온 사람들인 거죠. 근데 너희는 잠깐 투쟁했다고 정규직이 되냐. 떼를 써서 들어온 거 아니냐. 우리가 자기들 밥그릇을 뺏은 게 아니잖아요. 오히려 우리가 그들이 안 하는 일을 하는 거잖아요. 그들이 공부했던 시간이나 우리가 힘들게 비정규직으로 살았던 시간이 뭐가 다른가. 우리도 힘들게 많은 일을 했는데 전혀 알아주지 않아요. 왜 그러는지 이해를 못 하겠어요. 솔직히 같이 가자고 하는 게 맞잖아요.

니들끼리 싸워봐라, 바란다고 해도

참자. 참자. 조금만 더 참자. 2, 3년은 고생하겠구나 마음을 먹었어요. 휴게소 관리나 이동식 과적 단속반 신설 등 새로운 직무를 발굴하는데 2, 3년은 더 있어야 할 것 같아요. 그전까지는 월급도 적고 청소만 하겠죠. 도로공사에서 앞으로 직무를 발굴해서 배치를 한다지만 무슨 일을 시킬지 모르니까 불안하죠. 쓰레기가 매일 많은 것도 아니니까 쉴 때는 미안한 마음도 있어요. 월급을 적게 받지만 도로공사는 공기업이니까 국민 세금이잖아요. 근데 미안한 마음은 잠시 접어두려고요. 버티다 보면 좋아지지 않을까 싶다가도 화가 날 때도 있어요. 지금이라도 투쟁을 해서 임금도 제대로 받고 업무도 빨리 달라고 해야 하는 거 아닌가? 노동조합은 왜 가만히 있지? 왜 아무것도 안 하고 있을까? 우리는 준비되어 있는데 가만히 있는 게 너무 싫은 거지. 답답한 거죠.

　　도로공사 입장에서 보면 우리는 부딪히기 싫은 필요 없는 인력인 거죠. 컨테이너가 사무실 겸 쉬는 공간이에요. 수용소 같은 곳에 우리를 가둬놓은 느낌이랄까. 일반직 직원들이 우리와 마주치기 싫으니까 공간을 분리해서 우리를 여기에 보내놓은 것 같아요. 서로 터치하지 않고 신경을 안 쓰고 지내는 거죠. 저희가 알아서 출근하고 알아서 청소하고 끝나면 사진 찍어서 소장에게 보내고 일지 쓰고 알아서 퇴근하는 거죠. 처음엔 컨테이너에 에어컨도 컴퓨터도 없었어요. 에어컨, 청소기, 정수기도 저희가 회사에 요구해서 생겼거든요. 남성들은 민주연합과 한국노총, 두 노조가 같은 컨테이너에서 지내요. 여성들은 숫자가 많아서 먼저 와 있던 한국노총 조합원들과 나중에 온 민주연합 조합원들이 각각 다른 컨테이너를 쓰는 바람에 친해질 기회가 없었어요. 서로 잘 지내보자고 하지만 속으로는 벽을 쌓고 있는 거지. 남성들은 두 노조가 같은 컨테이너 생활을 하니까 잘 지내려고 노력하고 있어요. 이제는 같이 일을 해야 하고 부당한 것이 있으면 25명이 한목소리를 내서 싸워야 하니까요. 우리가 지금 하고 있는 직무를 계속하려는 것도 아니고 해야 되기 때문에 어쩔 수 없이 하는 것이니까. 우리끼리 얼굴 붉히고 싸우기를 도로공사가 바라고 있을 수도 있어요. 니들끼리 싸워봐라. 서로 다른 목소리를 내는 건 보기 안 좋죠. 모이는 숫자가 중요하잖아요. 여기 있는 사람들이 힘을 합쳐서 싸워야 협상력을 높일 수 있고 더 발전이 있지 않을까. 우리가 끌어안고 가야 된다. 한 명 한 명 친해져야지. 격조해지면 조직 사업이 안 된다. 힘들겠지만 같이 가는 게 맞아요.

　　태풍 속에서 꿋꿋하게 버틴 시간이 있잖아요. 무조건 서로 믿고 가자며 뭉쳐서 함께했던 우리의 시간을 생각하면서 지금은 다시 싸움을 준비 중이라고 믿고 있어요. 지금 서로 예민해져 있고 힘들고 지친 사람도 있지만 조금만 더 버티다 보면 모든 게 잘될 거다. 우리가 원하는 직무를 하면서 제대로 된 임금을 받을 수 있을 거다. 환경 정비 업무보다는 당연히 더 좋은 일을 하고 싶죠. 과적 단속 업무가 재밌고 자부심도 있었으니까. 언제 생길지 모르지만 나중에 교통안전반이 생기면 과적 단속 업무로 가고 싶다고 주위 사람에게 얘기도 했어요. 하지만 싸우기 전으로 돌아가고 싶지는 않아요. 업무를 떠나서 지금은 비정규직이 아니니까. 직접고용이 안 됐다면 허무하고 화가 났을 거예요. 추억이 안 되고 생각하기 싫은 기억이 됐을 거예요. 지금도 회사에서 우리가 함께 싸웠던 얘길 많이 하거든요. 재밌게 투쟁을 했던 거 같아. 빡세지만 투쟁은 재밌다.

토 다는 사람으로 산다는 것

얼마 전에 태풍이 왔거든요. 회사에서 쌓인 낙엽도 청소하고 풀도 뽑으라고 하는 거예요. 청소 구역에 갔는데 모기가 엄청 많았어요. 부지회장이 가서 말을 했어요. 다른데는 하겠는데 여기는 못하겠다. 왜 못하겠냐. 예방 주사도 안 맞았고 작업복 지급도 안 됐는데 풀은 우거지고 모기도 많다. 그럼 거기 빼고 다른 데 해라. 전에 같으면 그냥 했을 거예요. 근데 이제 모든 걸 하나하나 짚고 넘어가요. 이 업무가 부당하다, 안전이 확보가 되지 않은 업무다. 안전을 확보해 주든지 어떤 조치를 취해야 시작을 하겠다. "이걸 왜 해야 돼요?" 회사에서 일을 시키면 먼저 물어보는 거죠. 예전에는 시키면 시키는 대로 했어요. 이게 맞는 건지 아닌지도 모르고 회사에서 시키니까 해야 되는 거라고 생각했어요. 지금은 이게 맞는 일인지 아닌지 먼저 생각해요. 아니라고 판단하면 바로 말을 해요. 미운털 박혀도 상관없어요. 우리가 잘못을 지적해야 바뀌는 거잖아요. 누군가는 말대꾸한다고 생각하겠지만 토다는 사람이 많아져야 사회가 바뀐다고 생각해요.

　원래 저는 회사에서 해야 할 말이 있어도 못 하는 사람이었어요. 내성적이고 소극적이었어요. 왜 우리에게 이런 업무만 주냐. 원래 이런 말은 못 하는 스타일이에요. 근데 이제 부당하다고 느끼면 말을 하고 있더라고요.

제 목소리를 낼 수 있는 사람이 된 거죠. 참지 않고 얘기할 수 있는 자신감이 생겼다고 할까. 이런 나 자신을 볼 때 너무 좋은 것 같아요. 노조 활동을 하고 투쟁을 하면서 바뀐 거죠. 내 인생의 전환점이에요. 철이 늦게 들었다고 할까? 이 시간을 보내면서 제가 철이 들었다고 생각해요. 모든 게 새롭게 느껴져요.

단지 삶의 가능성을 열고 싶은
간절한 마음

그가 겪어온 시간 속에 요동쳤던 마음의 흐름을 상상해 보았다. 그는 처음에 직접고용을 위한 투쟁이 아닌 자회사를 선택한 사람이었다. 정년 보장과 임금 인상을 내세운 홍보에 많은 젊은 노동자들이 자회사에 끌렸고, 최교일 님도 그중 한 명이었다. 하지만 그는 마음을 바꿔 직접고용을 위한 싸움에 뛰어들었다. 그는 어떤 다른 가능성을 보았기에 선택을 바꾼 것일까? 그는 자동화로 인해 수납 업무가 사라질 수도 있다고 예측했고, 그에 따른 판단을 했다. 자회사에 대한 홍보가 겉보기엔 그럴싸해 보이지만 자신의 노동 조건을 더 열악하게 만들 수도 있다는 진실을 간파했다. 회사가 노동자들을 위해 그렇게 좋은 일을 할 리가 없다는 경험적 사실에 근거해 무엇을 믿고 삶을 설계해야 하는지 심사숙고했다. 민원에 시달리면서도 자부심을 가지고 했던 과적 업무의 경험은 재밌는 일을 꿈꾸게 만들었다. 그는 30대 노동자로서 삶을 재생산하기 위해 지속 가능한 일을 계획했다. 누구나 그러하듯 그는 '단지' 삶의 다른 가능성을 열고 싶은 간절한 마음을 가졌을 뿐이다. 누구나 그러하듯 그는 좋은 삶을 살기 위해 가능성에 대한 희망을 놓지 않으려 했을 뿐이다.

투쟁의 과정에서 그가 만난 다른 가능성은 무엇이었을까? 자신을 포함해 우리가, 세상이 바뀌지 않으면 노동자에 대한 부당한 대우가 지속될 것이라는 가능성을 보았다. 자신뿐만 아니라 비정규직 노동자들이 차별과 해고로 인해 버거운 일상을 보내면서, 이러지도 저러지도 못하는 삶의 닫힌 가능성 앞에 놓여 있음을 그는 알았다. 변화를 위해 함께 하는 싸움이 나뿐만 아니라 우리 삶의 다른 가능성을 여는 길이라는 것을 깨달았다.

회사에 복귀한 후 최교일 님은 어떤 가능성을 만나게 되었을까? "제가 앞으로 결혼을 하고 아이가 있어도 이 일을 계속할 수 있을까요?" 인터뷰의 마지막에 그는 자신이 생각하는 삶의 가능성에 대한 질문을 나에게 던졌다. 나는 아무 말도 할 수 없었다. 집으로 돌아오면서 생각했다. 우리의 노동 세계는 좋은 삶에 대한 기대가 헛되지 않도록 어떤 가능성의 문을 열고 있을까? 우리의 삶은 끊임없이 가능성을 만들고 그것에 기대어 사는 것이 아닐까?

우리의 투쟁이 부당한가요 ?

☞ 구술, 김경남   ☞ 글, 랑희

10장

고공농성 최후의 3인, 투쟁의 경험이 준 확신과 용기

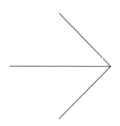

2019년 6월 30일 새벽 톨게이트 요금수납 노동자 41명이 '대량해고 철회'와 '정규직 전환'을 요구하며 경부고속도로 상행선 서울 톨게이트 캐노피에 올랐다. 서울 톨게이트는 경부고속도로의 서울 관문으로 전국에서 가장 많은 왕복 차로(25차로)가 있다. 자회사를 거부한 톨게이트 노동자 1,500명의 직접고용 공동투쟁은 고공농성과 함께 시작되었다. 이렇게 많은 노동자가 함께 고공농성을 한 역사가 있을까? 2박 3일 정도로 끝날 것이라 예상하고 캐노피에 오르며 시작된 고공농성은 98일까지 이어졌고 가장 마지막까지 고공농성을 벌였던 민주연합의 3인 중 한 명인 김경남 씨를 만났다.

　　그녀가 이 투쟁을 자신에게 있어 어떤 의미였다고 말해줄지 궁금했다. 어떤 마음으로 싸움을 이어왔을까, 투쟁 이후 그녀의 삶은 어떻게 변했을까 궁금한 것이 많았다. 그녀가 지회장이었다는 것을 알고 난 뒤에는 간부라는 자리의 무게가 어땠는지도 묻고 싶었다. 두 번의 만남 모두 그녀의 생활공간에서 이루어졌다. 처음은 가족들과 함께 사는 평택의 집이었고, 두 번째는 새 일터인 보은에서 혼자 생활하는 원룸이었다. 두 번째 만났을 때 그녀는 좀 더 자유롭고 유쾌해 보였다. 일터와 삶터의 변화가 가져온 효과인 것 같았다.

그녀는 '쎈언니'다. 욕도 찰지게 해서 그녀가 발언을 할 때면 사람들이 시원하게 욕을 해달라고 요청할 정도다. 그녀는 자신이 '막 자라서' 욕도 잘하고 투쟁도 잘할 수 있었다고 말한다. 강원도 태백 탄광촌에서 자란 그녀는 말썽을 피워서 고등학교를 5년 다녔다고 한다. 태백에서 고등학교 2년을 다니고 청주로 전학 가서 다시 1학년부터 시작하니 동급생들은 그녀를 언니라고 불렀고 금세 '되게 무서운 언니'로 소문이 났다.

　　'되게 무서운 언니'는 청북 톨게이트 노동자들이 노동조합에 가입하면서 지회장이 되었다. 자신이 아니면 할 사람이 없었을 거 같다며 호탕하게 웃는 그녀를 보고 지회장이 아니었어도 투쟁을 하면서 눈에 띄었을 거라고 생각했다. 동료들은 그녀를 재밌는 사람이면서 카리스마가 있는 사람으로 보지만 청북의 여성노동자들은 모두 '쎈언니'들이었다. 맞춤형 최적화된 지회장과 청북의 쎈언니들은 함께 217일의 투쟁을 끝까지 이어갔다.

　　그녀는 고등학교를 졸업하고 5년 정도 직장 생활을 하다가 스물여섯 살에 결혼하면서 퇴사를 했다. 아이들을 어느 정도 키우고 나서는 다양한 자영업(의류, 도서 대여, 주류 판매 등)을 했지만 잘되지 않았다. 사업의 실패와 경제적 위기가 그녀를 힘들게 할 때쯤 톨게이트 영업소에 입사를 했다. 냉장고에 붙여둔 근무표에 하루하루 줄을 그으며 지나온 수납노동자로서의 10년은 그녀에게는 경제적으로, 정서적으로 회복의 시간이었다. 하지만 외향적인 그녀에게는 새로운 걸 배울 기회가 없었던 아쉬운 시간이기도 했다. 자회사를 선택하고 투쟁을 하지 않았다면 그 시간이 그대로 이어졌겠지만 직접고용 투쟁은 그녀의 삶을 변화시켰다. 투쟁을 통해 자존감이 높아지고 세상을 바라보는 눈이 달라졌다는 그녀는 이제 또 다른 변화를 만들기 위한 시간 앞에 서 있다.

수납노동자로 10년, 도로공사의 업무를 하지만 도로공사 소속의 노동자는 아니었던 지난 시간을 뒤로 하고 이제 당당하게 정규직이 되었다. 정규직이 되기까지 길어지는 싸움에 불안하기도 했고 냉대하는 시선에 상처받기도 했다. 이 싸움의 상대는 도로공사만이 아니었다. 수납/여성 노동에 대한 멸시와 공정성을 내세우는 능력주의와도 맞서야 했다. 그녀와 동료들이 함께 한 투쟁의 성취는 '정규직'만이 아니다. 일터에서 주방으로, 잡일의 공간으로 호출되었던 여성노동자들이 이제는 부당한 노동의 호출을 거부하고 싸울 용기를 가졌다. 용기는 새로운 일터를 변화시킬 수 있다는 자신감이 되어 언제든지 다시 싸울 수 있다는 마음으로 이어졌다. 이들은 이제 당당하게 도로공사 노동자로 노동하며 살아갈 10년을 꿈꾼다. '감히 시험도 안 보고 정규직이 된' 이들은 이제 '현장보조직이라도 감사'하라는 세상과 맞서려고 한다. 직접고용을 스스로 선택하고 시작한 싸움의 경험이 이제는 내가 원하는 노동을 만드는 싸움으로 나아갈 힘이 되리라 믿는다.

센 데로 가자, 민주노총으로

"다 같이 가자. 센 데로, 민주노총으로 가자!" 그렇게 다 온 거지. 자회사 가는 사람 네 명 정도 남겨놓고. 그렇게 2019년 2월에 다 노조 가입을 했어요. 처음에는 나이가 있으니까 편하게 가자, 우리는 다 같이 자회사 가자, 그랬죠. 그런데 고용 불안을 느끼고 갑자기 돌아섰어요. 그렇게 14명이 의기투합한 투쟁이 시작된 거죠. 처음이라 무서울 게 없었고 물불 안 가린 거죠.

자회사로 넘어가기 전에 법인 외주회사가 계약 종료로 나가고 남은 4개월 15일 동안 운영할 개인사업자가 들어왔어요. 그런 사람들은 돈을 벌기 위해서 영업소 몇 군데를 맡아요. 우리 영업소에 온 사장이 악명 높은 사람이었어요. 14명 중에 7명은 자회사 사인을 했고, 나도 자회사에 사인을 했어요. 왜냐면 나이도 있는데 편하게 몇 년 있다가 나가는 게 나을 거 같고, 자회사가 답이라는 얘기들도 있고 해서 같이 자회사로 가자고 했거든요. 그런데 새 사장이 온 첫날 인사하면서 최저임금 운운하고는 게시판에 구인 광고를 붙이고 가더라고요. 형식적인 거라고 했지만 기분이 나빴어요. 아직 자회사 설립도 안 된 상황에서 만약에 잘리면 우리는 갈 데도 없고… 아니 그냥 기분이 나빴어요. '설마 잘리겠어?' 그런 생각은 했는데 기분이 나빴어. 아니 우리가 자회사 사인까지 하고 시키는 대로 했는데 구인 광고를 붙이는 것을 보니까 막 억울하고 화가 나더라고요.

송탄영업소에 우리보다 먼저 가입한 민주연합 동지들이 있었어요. 거기 친한 사람들이 있어서 얘기를 많이 들었죠. 듣고 나서 "아이씨! 우리 노조 가입해야 하는 거 아니냐?" 그랬어요. 진짜 문외한이었지. 그러면 자회사 철회를 해야 하는데 고민이 되더라고요. 자회사 사인 안 한 동료가 자회사 철회하고 같이 직접고용 가자고 저녁 내내 따라다니면서 얘기하더라고요. 그때만 해도 가고 싶은 마음 없었는데 그 친구가 도부(도명화 지부장)한테 얘기를 했나 봐. 도부가 그전에도 우리한테 노조 가입을 설명하러 왔었어요. 도부가 엄청 긴 문자를 보냈는데 지워버렸어. 나는 직접고용 안 갈 거니까 신경 쓰기 싫어서 좀 읽다가 다 안 읽은 거 같아요. 근데 고민은 엄청 되더라고요. 그다음 날 출근을 하면서 자회사 철회해야겠다는 생각이 든 거야. 직접고용 가는 게 맞는 건가… 사장 때문에 기분도 나쁘고. 출근하면서 같이 일하는 언니한테 "나 자회사 철회할래. 직접고용 갈 거야" 그랬더니 "그럼 나도 갈래" 그러더라고. 사무실 가서도 "나 자회사 철회하기로 했어. 직접고용 갈래" 그랬더니 다들 "그럼 나도 갈래" 그러는 거야. 그래서 그날 저녁에 다 같이 자회사 철회 내용증명 그거를 컴퓨터로 치고, 그다음 날 우체국에서 보내고 바로 제가 도부한테 전화했어요. 노조 가입 한다고.

톨게이트니까 톨게이트 노조(한국노총)로 가야 하는 거 아니냐 했는데 센 데로 가자고 해서 민주노총으로 간 거죠. 자회사 철회하고 같이 직접고용 가자던 그 친구가 기뻐했어요. 그리고 투쟁하면서 제일 많이 도와줬고. 그 친구는 다른 영업소에 다니다가 왔는데, 우리보다 들은 것도 많고 노조나 직접고용에 대해서 아는 게 많았지. 나도 조금씩 조금씩 알아가면서 노조 가입하기를 잘했구나, 그동안 너무 우물 안의 개구리로 살았다는 생각이 들었어요. 다른 영업소하고 차단된 생활을 하고 있으니까 우리는 근로자지위확인소송 그런 것도 몰랐고요. 그래서 나중에 2018년에 했어요. 그때는 별로 관심도 없었고 소송한다고 뭐 되겠냐 싶고 그랬죠. 매송에서 파업한다는 소문도 나고 그랬는데 무감각하게 있었고 노조 들어가면 큰일 나는 줄 알았어요.

10년 다닌 일터에서의
처음이자 마지막 투쟁

우리는 1,500명 해고(6월 30일) 되기 전에 자회사 시범 영업소라고 다른 영업소보다 15일 먼저 해고당했어요. 6월 1일에 해고된 곳도 있고 우리처럼 6월 15일에 된 곳도 있어요. 설마 우리가 잘릴까? 일하는 당일까지도 그렇게 생각했는데 미리 해고돼서 이틀 동안 출근 투쟁을 했어요. 직접고용을 선택한 우리를 마지막 날 근무에서 빼려고 한 거예요. 자회사 사람들 넣으려고. 그거를 싸워서 우리가 다시 하기로 했어. '우리 마지막 근무 안 시키면 출근하지 않겠다. 다 연차 내겠다. 너네끼리 일하려면 일해라. 잘리는 마당에 무서울 게 없다.' 이렇게 싸운 거야. 사무장하고 엄청 싸우고 다시 우리가 그 근무를 탈환했어. 우리 근무까지 이렇게 빼앗았는데 조용히 나갈 수는 없고, 겁대가리 없이 14명이나 자르는데 우리도 가만히 있을 수 없다고 생각했어. 그래서 다른 영업소 출근투쟁 집회할 때 내가 나가서 "우리는 마지막 날이고 근무를 다시 빼앗았고 그냥 가오 빠지게 물러서지 않겠다. 마지막 날 우리한테 와줄 수 있는 동지들은 와달라." 이렇게 얘기를 한 거야. 그랬더니 민주연합 사람들이 다 왔지. 박순향 부지부장이 투쟁가를 울리며 방송차 가지고 들어오고. 방송차에 퍼지는 투쟁가만으로도 힘이 막 났고 지부장, 부지부장의 존재감만으로도 막강하게 느껴졌어요. 우리 편인게 얼마나 든든했는지 몰라. 다른 영업소에서 퇴근하고 다 오고 그래서 집회가 막 커진 거야.

집회 중에 지사장이 딱 왔는데 열 받더라고. 진짜 너를 그냥 보내면 안 되겠다 싶어서 내가 지사장한테 다가갔어. "너 왜 왔냐? 우리 해고한 거 구경하러 왔냐?" "무슨 낯짝으로 여기 왔냐?" 반말로 막 이랬어. 지사장이 자기는 해고하지 않았대. 우리보고 셀프 해고라는 거야. 자회사 안 갔으니까 자기는 해고한 적이 없대. 그러면 우리는 아가리 닥치라고 하면서 지사장이고 뭐고 도로공사 놈들만 보면 이틀 동안 싸우고 막 난리도 아니었어. 그러고 해고되고 나서 우리가 매일 출근 도장 찍으러 영업소로 출근하고 다 같이 출근 인증 사진도 찍었어요. 그리고 2~3개월 뒤에 고소당했잖아. 걔네가 CCTV를 다 떠 간 거야. 우리가 투쟁을 해봤으면 그 CCTV를 가렸을 텐데 몰랐던 거지. 그래서 화성지사가 나까지 다섯 명 고소했는데 경찰 조사 받고 무혐의처분을 받았죠.

우리 지회가 최초로 투쟁한 거였는데 그전에 (다른 영업소) 출근 투쟁을 다니면서 우리가 훈련됐죠. 조금 전투력이 생겼던 거지. 6월 1일 출근 투쟁 시작하면서 노조 활동을 안 빠지고 다녔어요. 왜냐하면 우리가 노조에 좀 늦게 가입했거든요. 이게 미안하더라고요. 그래서 우리가 늦게 온 만큼 열심히 하자 이러면서 다들 막 연차 내고 출근 투쟁을 다녔어요. 도부가 이렇게 열심히 하는 사람들이 어떻게 자회사 갈 생각을 했냐고 그러더라고요. 출근 마지막 날 사복 투쟁을 했어요. 내가 유니폼에 하얀 테이프로 '우리는 일하고 싶다' '해고는 살인이다' 글씨를 만들어서 걸자고 했어요. 회사에 이걸 걸면서 '우리가 정말 잘리는 건가' 하면서 막 분노가 끓어오르기 시작했지. 너희가 자처해서 그만두지 않았냐고 하니까, 10년 동안 일했던 여기를 못 온다고 하고 사무실도 못 들어오게 하고 하니까 너무 열 받는 거예요. 우리 자리에 다른 누가 앉아 있다? 이 분노를 이틀 동안 집회를 하면서 다 쏟아냈어요. 근데 그게 14명이 있었기 때문에 가능했던 거예요. 14명이 뭉쳤기 때문에 가능한 거였어요.

캐노피에 오르다

캐노피에 올라간 거? 내가 외향적이라고 그랬잖아요. 저는 전화 왔을 때 단박에 올라간다고 그랬어요. 시범영업소 투쟁할 때 캐노피에 올라간다는 말이 있었어요. 그때 우리끼리 그러면 우리가 올라가자고 했는데 그땐 막연하게 그랬던 거죠. 근데 진짜 캐노피 투쟁을 하기로 했을 때 전화를 받았어요. 1초의 망설임 없이 올라간다고 했죠. 캐노피 소통방이 만들어지고 그날 새벽 약속 장소에서 만나자고 그러더라고요. 소통방에 한 명 두 명 늘어나는데 내가 처음에 초대됐더라고요. 나한테 제일 먼저 전화를 한 것 같아 괜시리 좋았어요. 노동조합의 일원으로 인정받은 거 같았어요. 나는 두 번 생각할 것도 없이 무조건 올라간다고 했어요. 그 위에 올라가는데 좀 높고 무섭겠구나 이 생각만 했지 뒷생각은 안 했던 것 같아요. 의욕만 충만해서 그냥 올라간 것 같아.

올라가서 나랑 다른 동지(김승화)랑 변 치우는 담당을 했어요. 올라가 보니까 내가 거기서 제일 왕언니인 거예요. 그리고 다른 사람들은 다 뭘 잘해요. 글도 잘 쓰고 온라인 댓글도 잘 달고, 글씨 같은 거도 잘 파고 다 소질이 있어요. 영상 잘 만드는 사람도 있고, 머리도 잘라주고 파마도 해줘요. 도부도 미용사 자격증이 있고 POP 글씨 자격증도 있어요. 나는 잘할 수 있는 게 없더라고요. 그래서 내가 나이도 있고 그러니까 차라리 그런 걸 맡자 했죠. 사람들이 노래도 잘하고 율동도 잘하는데 나는 그런 거라도 안 하면 진짜 거기서 뭐 할 수 있는 게 없었어요. (웃음) 그런데 다들 쓰레기도 서로 치우려고 하고 뭐든 열심히 하는 거예요. 왜 이렇게 열심히 하는지 모르겠어. 글씨 하나 파면 다 달라붙어서 파고. 그런데 빨래는 빨래방으로 보내자고 해서 빨래는 밑으로 내려보냈죠. 투쟁하러 올라간 캐노피에서 빨래까지 하면 너무 모양 빠지니까요. 처음에는 사람이 많으니까 진짜 변 자루도 엄청 많이 나와요. 금방 한 자루 쌓이고 금방 한 자루 쌓이고. 그러다 나중에 이제 세 명, 승화랑 도부랑 나랑 세 명 남고, 공공연대 세 명 남았어요. 한 20일 여섯 명이 식사랑 간식도 나눠 먹으면서 지냈어요.

커피믹스 노란 거 큰 통이 올라와요. 처음에 이거 한 통 다 먹으면 내려가겠지 생각했어요. 그런데 또 한 통이 올라오고 그러면 또 저거 다 먹으면 내려가겠지. 또 한 통, 또 한 통. 그거 진짜 열몇 통이 뭐야 한 스무 통은 먹고 내려왔나 봐요. 김천 본사 점거할 때 우리 내려가야 하는 거 아니냐, 여기서 이러는 거 낭비다 그랬더니 도부가 "아니다. 여기 올라와 있는 것 자체가 투쟁이다. 아무것도 안 하는 게 아니다" 그래요. 나는 그때 영상으로 동지들이 경찰과 구사대에 맞서서 몸싸움을 치열하게 하고 다치는 걸 보니까 내려가서 함께해야 한다는 생각이 간절하더라고요. 그런데 날이 좀 지나서 도부가 "위에서보다 밑에 내려가서 할 일이 더 많고, 내려가서 싸우는 것이 지금은 맞겠다"고 해서 "그럼 먼저 내려가시라. 우리는 100일 채우겠다" 그랬더니 안 된다고 우리 놔두고 가면 자기 욕먹는다고 그랬죠. (웃음) 나는 투쟁하면서 별로 안 울었던 것 같은데 캐노피에서 내려가서 동지들 만나고는 많이 울었어요. 내려올 때 우리가 원했던 일이 해결되었으면 좋았겠다는 아쉬운 마음이 있었지만, 내려와 보니 본사 점거 투쟁을 하는 동지들이 엄청 멋있어 보였어요. 이 동지들과 함께 제대로 한번 투쟁해 보자는 마음을 먹게 되었어요.

준비된 지회장과 더 깊고 애틋해진 우리

(2019년) 2월인가 3월인가 지회장 되고 나서 나한테 그러더라고요. 어떻게 맞춤형 최적화된 사람이 지회장이 됐냐고. 특출하게 잘하는 것은 아니고 성향이 약간 외향적이라고 할까? 학교 다닐 때도 실장 같은 것도 계속했었고 총학생회장도 했었고, 회사 다녔을 때 거기서 여직원회장도 했었고. 어릴 때부터 리더 역할을 하는 그런 성격이 자리 잡고 있었나 봐요. 자랑 같지만 나는 준비돼

있던 사람. 사람들도 (내가) 잘 싸울 거 같으니까 추천한 거 같아요. 그래서 저는 투쟁하는데 잘한 건 없고 그냥 내 자리만 지킨 거 같아. 내 자리를 열심히 지키면 사람들이 나를 봤을 때 '저 사람은 자리에 항상 있구나' 그러면서 잘 따라와 줄 거고, 내가 안 보이면 '마음이 변했나?' 그런 생각 하면서 불안해할 거 같았어요. 그래서 열심히만 했어요. 14명 지회 사람 다 끝까지 왔어요. 끝까지 오고 투쟁하기 전보다 더 돈독해졌다고 할까, 끈끈해지고. 그전에 일할 때는 성격이 다 다르니까 견제하고 그런 것들도 있었는데, 투쟁하면서는 서로를 더 많이 이해하게 되고 돈독해진 거 같아요.

영업소 시절에는 그냥 재밌는 얘기만 하면서 지냈는데, 투쟁하면서 그리고 지회장이 되면서 갑자기 내 중심으로 상황이 바뀌었어요. 그냥 직원으로 일했었는데 이제는 동료들이 나한테 막 '대장'이라고 하니까 책임감도 생기고, 그래서 나도 더 잘해야겠다는 생각이 들었던 거죠. 또 열심히 해야겠다는 생각이 드는 게 우리 영업소 사람들은 자회사 철회를 했잖아요. 그러니까 자회사 가면 투쟁 안 하고 몸 편하게 마음 편하게 다닐 수 있었는데, 같이 (직접고용) 가자고 해서 다 같이 왔잖아요. 내가 뭔가 좀 더 열심히 해야 할 것 같은, 책임감 같은 것도 있었어요. 몇 명은 너무 힘들어서 투쟁을 그만두고 싶었대요. 여름에 길바닥에서 행진하고 자고, 해보지도 않은 걸 하니까 몸도 힘들고 성향상 맞지 않는 사람도 있을 거고.

며칠 전에 다 같이 모여서 밥 먹었는데 그러더라고요. 때려치우고 싶을 때 진짜 많았다고. 그런데 내가 캐노피에 있으니까 나를 쳐다보면 해야겠더래요. 안 내려오고 있으니까 더 열심히 해야겠다 해서 나 때문에 못 그만뒀다고 그러더라고요. 저번에 밥 먹을 때도 고생했다고 청북 동년배 친구가 꽃화분을 주더라고요. 다 같이 고생했는데, 나만 고생한 게 아닌데… 다들 열심히 잘해줘서, 진짜 투쟁한 보람이 있는 것 같아요. 그때 난 캐노피에 잘 올라간 거 같아.

투쟁하면서 교대로 집에 다녀오잖아요. 너무 힘드니까 집에 가면 안 오겠다는 사람도 있고. 점 본 사람도 있었어요. 근처 사는 언니는 너무 힘들어서 타로점을 봤대요. (투쟁이 잘) 되긴 되는데 시간이 좀 걸린다고 그러더래요. 그래서 자기는 안 접었다고 그러더라고. 지회 사람들이 뭔 일이 있어서 집에 간다고 나한테 얘기를 다 해요. 그럼 나는 싫은 소리 절대 안 했어. 가서 일 보고 와라, 엄마 잘해드리고 와라 이렇게 얘기하고 오면 또 반갑게 맞아주고. 그래서 우리가 분열이 없었다고 하더라고요. 가면서 미안하다고 하고 가잖아요. 빨리 와라 소리도 안 했어. 그냥 오면 되게 반갑게 맞았어. "왔냐?" 그러고 "밥 먹었냐?" 그러고 같이 밥 먹고 그랬어요. 그런 게 나중에 시너지 효과가 많이 나더라고요. 사람들이 그러더라고. 만약에 내가 거기서 못되게 하고 지회장이랍시고 막 "너 왜 안 와?" 이랬으면 열 받았을 거래. 근데 내가 말없이 그냥 오면 반갑게 맞아주고 잘 갔다 와라 이렇게 해주고 그런 게 너무 고마웠다고 하더라고. 나도 속이 타죠. 근데 내가 뭐라고 사람을 힘들게 하면 안 되잖아. 그래서 '내가 뭐라고' 이렇게 생각하면서 그냥 할 거 하고 편안해지면 오라고 했어요. 부모님 아파서 병원 간다고 그러면 돌봐드리고 와라, 너 할 만큼 하고 꼭 와라. 그러면 꼭 오더라고요. 그러니까 계속 그렇게 했어요. 그래서 나쁜 감정들이 하나도 안 생겼던 것 같아요.

　　진짜 우리처럼 이렇게 단합해서 오는 게 힘들어요. 분열이 있는 곳도 있을 수 있어요. 근데 우리는 진짜 다 같이 친해지고 왔거든요. 나이가 있는 사람들이라 다 성숙했어요. 우리 나이가 52, 53, 55, 56 이렇거든요. 다 이해하고 이랬던 것 같아. 내가 잘했다는 거는 뻥이고 다들 원래 성숙한 사람들인 거죠. 영업소에서 일할 때보다 (관계가) 훨씬 더 좋아졌어요. 사무실에서 일하던 사람, 부스에서 일하던 사람, 나이가 많은 사람, 적은 사람 그런 거 상관없이 단합이 너무 잘됐어요. 투쟁할 때 선전전하려면 전단지 들고 서너 명이 같이 다녀요. 그러면 배고파지고 밥 먹어야 하는데 좀 여유 있는 사람들이 먼저 '내가 밥 살게, 국수 먹고 가자' 이렇게 말하고, '내가 커피 살게' 이렇게 하면서 각자 사정이 다른 것도 잘 융화됐던 것 같아. 아, 우리끼리 따로 밥 먹은 것은 비밀이에요. (웃음) 투쟁하면서 속속들이 더 많이 알게 된 거지. 각자 사정도 얘기하면서 더 애틋해지고 이런 거죠.

인간답게 살게 하는 노동

지금은 보은지사에서 졸음쉼터 휴지통 비우고, 담배꽁초 줍고, 화장실 청소하고 있죠. 원래는 연간단가라고 하는 일용직 노동자들이 했었어요. 그 사람들은 일자리를 잃은 거죠. 그분들은 주말에 와서 일을 하고 가는 거 같더라고. 쓰레기가 비어 있는 걸 보면.

사실 우리도 투쟁 끝나고 나니까 조금 지친 거 있잖아요. 일부러 싸우고 싶지 않은 이런 거 있어요. 우리가 먼저 시비는 안 거는데 부당한 일 시킬 때는 절대 하지 말자 이렇게 하고 있거든요. 싸워본 사람들이기 때문에 부당하면 소통방에 올려요. 우리는 이런 일 있는데 다른데 어떻게 하고 있냐 이런 식으로 공유해요. 대응하는 방법을 서로 소통해서 배우는 거지. 우리가 경험했던 거는 어떻게 하면 좋겠다고 얘기하고, 우리가 할 수 없는 것은 집행부에 물어봐서 할 수 있는 만큼 또 하고. 나는 항상 얘기하는 게 그래요. 지사마다 있는 부지회장이 잘 싸워줘야 한다. 싸울 때는 다 같이 들어가서 들었다 놔라 이렇게 얘기해요. 한번 싸울 때 대차게 싸워야 다음부터 안 그러니까. 지금 보면 부당하게 안 하는 데가 없는 거 같아. 그래도 싸워봤기 때문에 지사장 면담이라던가 이런걸 하더라고요. 만약에 투쟁 안 했으면 그런 거 못 했겠죠. 내가 있는 곳은 잘 싸우는 거 같아요. 다른 데도 싸우는 거 보면, 면담했다, 거부했다 그런 거 보면 잘하는 거 같아요. 내가 볼 때 노동조합도, 집행부도 중요하지만 각자 흩어져 있는 지사도 엄청 중요해. 그 사람들이 최일선에서 싸워야 하니까. 거기서 잘 싸워줬으면 좋겠어.

　우리 조합원들 엄청나게 자존감 떨어지죠. 특히 청주에 사는 분들은 지나가다 아는 사람 만날까봐…. 주위 사람들이 '정규직이니까 밥 사라' 그러면서 무슨 일 하냐고 물어봐. 한 분은 "일급비밀이라 말 못 한다. 기밀이기 때문에 함부로 누설하면 안 된다." 이렇게 얘기했다 하더라고. 나는 친정 식구들한테 청소 업무하고 있다고 솔직히 얘기했어요. 남편이 전화해서 뭐 하냐고 물으면 "나 변소 청소했어" 그러는 게 마음이 편해요. 지금은 먼저 화장실 청소했냐고 물어봐. 다른 분들은 얘기 안 했다고 그러더라고요. 속상하니까. 월급 받으면 뭐든지 해야 하는 거 아니냐 하는 사람도 있는데 제대로 된 일을 하고 싶다는 거지. 시간이 지날수록 다들 더 마음이 안 좋아지는 거 같아요. 이 일을 언제까지 해야 되나, 혹시 이 일이 굳어지는 건 아닌가…. 지사에 가서도 우리는 차에서 우르르 내려서 사무실하고 분리돼서 있는데 뭐라 그럴까… 사무직들이 우리를 벌레 보듯이 하지 않나 그런 생각도 들고. 사실 그 사람들이 우리한테 막 그렇게 하진 않거든. 우리가 괜히… 주황색 옷 입고 차에 우르르 탔다가 우르르 내리고, 그게 일이니까 좀 그렇지. 마음이 그런 거 같아.

이런 말 해도 될지 모르겠는데, 우리가 '직접고용 원직복직' 구호를 외치긴 했는데 사실 지금은 3교대는 하고 싶지 않아요. 밤에 졸다가 과적 울리면 나와서 처리하고 그런 거 안 하는 게 너무 좋은 거야. 그리고 우리가 휴일에 쉬는 맛을 알았잖아요. 도로공사가 평일에 이틀 쉬고 주말에 일을 할 수 있겠는지 조사한 적이 있어요. 회사가 비용을 아끼려고 그런 건데 다 거절했지. 우리는 아예 그런 거 물어보지 말라고 했어요. 우리 구호가 '인간답게 살자'였는데. 월급은 줄었지만 정규직이 돼서 좋은 건 공휴일에 쉬는 것, 도로공사 다닌다고 말할 수 있고 칼퇴근하는 거예요. 연차 내려면 눈치 보이고 그랬는데, 노동자로 누릴 수 있는 권리가 이렇게 많은 거를 몰랐는데 와보니까 다른 거지. 생각해 보면 3교대가 참 힘들었더라고요. 그때는 3교대 힘들다고 말도 안 하고 시키면 시키는 대로 하는 게 미덕인 줄 알고. 이게 시간이 흐르니까 참…. 우리가 지금은 '쉬는 날이다, 일찍 집에 가는 날이다' 이러면서 "우리가 외친 구호가 뭐였냐? '인간답게 살자'인데 우리는 절대 이런 거 양보 못 한다." 이제 그렇게 얘기해요. '인간답게 살자'에 가까이 가고 있는 것 같아요.

우리의 투쟁이 부당하다는 시선도

투쟁하면서 제일 많이 했던 말이 '그놈의 정규직이 뭐라고'였거든요. 힘들 때마다 "아유 씨 정규직이 뭐라고" 잠자리 들 때마다 허리 아파서 "아유 아유" 이러면서 얼굴에 팩 붙이고 의원실에서 누워서 "이놈의 정규직이 뭐라고" 이런 말을 참 많이 했었어요.

제가 사우나를 자주 가거든요. 몇 달 동안 제가 안 보이니까 투쟁 끝나고 사람들이 왜 이렇게 안 보였냐고 물으면 나 투쟁하러 갔다 왔다고, 톨게이트 투쟁 얘기했거든요. 그러면 사람들이 "아 그거 뭐 다 정리되지 않았어?" 이러면서 아직 취업 못 하는 젊은 사람들도 많은데 우리가 약간, 뭐라 그럴까… 부당하다고 할까? 그런 식으로 말하더라고요. 말로는 고생했다 이러는데 뉘앙스는 좀 이기적으로 욕심 챙기는 거 아니냐 이런…. 그러면 설득하고 싶은데 막 큰소리 나고 할까 봐 조금만 얘기하죠. 며칠 전에도 남편 친구가 고생했다고 하는데, 약간 그런 뉘앙스로 얘기를 하더라고요. 우리가 이기적이고, 요구가 좀 과하다. 공공기관이 뭐 이렇게 떼쓰면 들어갈 수 있는 데냐, 이런 식으로 얘기하는데 더 말 안 했어요. 그 사람 이제 내가 안 봐요. 그 사람은 현대 다니는 정규직이거든요. 그래서 남편한테 짜증 나니까 그 사람 있는 데는 절대 날 데려가지 말라 했어요. 캐노피에 있을 때 남편이 전화하면 남편한테 막 그랬어요. "너 정규직이라 좋냐?" 정규직이라는 말만 들어도 짜증 나고 꼴 보기 싫더라고요. 그러니까 남편이 그러더라고요. 자기도 마음 아프다고. 아들도 그때 기사 댓글 읽었나 보더라고요. "엄마, 시험 보고 들어오라고 그러는데 그렇게 시험 안 보고 들어가도 되나?" 이런 식으로 물어보더라고요.

지금은 그렇게 떠들어도 그러든지 말든지, 우리는 정규직 됐는데 뭐. 우리는 어차피 처음부터 정규직이었고 안 잘랐으면, 그대로 놔뒀으면 우리는 그냥 판결받고 정규직 가는 건데 공사가 잘못해 놓고 왜 그러냐고요. 지금 공사가 돈 낭비하는 거 어마어마하잖아요. 자회사 만들어서 사람들 따로 뽑고 우리한테 집 얻어다 준 것부터 봐요. 자회사 안 만들었으면 이런 데도 돈 안 쓰지. (웃음)

우리는 사무실이랑 분리되어 있으니까 원래 지사에서 일하던 정규직(사무직)하고 같이 있을 일이 없죠. 사무실 들어가면 한 명씩 들어오라고 그런 사람도 있어. 우리가 톨게이트비 면제받아야 하니까 차량번호 등록하려고 무더기로 들어간 적이 있는데 한 사람씩 들어오라고, 정신 사납다고. 아니, 볼일 있으니까 들어왔지 왜 그러냐고 그랬어요. 우리는 대접을 안 하는 거지. 도로공사 정규직(사무직)을 보는 건 아직 좀 불편해요. 우리한테 부당한 걸 요구하면 그때는 또 우리가 눈빛이 변하면서 항의하는데 저 사람들은 '저것들이 뭐 얻어먹으려고 저렇게 하나' 싶은 그런 거… 그냥 혼자만의 생각일 수도 있어요. 자존감이 떨어져서 그럴까? 마음이 그래요. 저 사람들한테 비굴해 보이기 싫은 거지. 저 사람들은 그렇게 안 보는데 괜히 그렇게 보이기 싫어서 그럴 수도 있어요. 다른 사람들은 사무실에도 잘 들어가요. 나중에 그런 게 좀 없어졌으면 좋겠어. 서로 시선이 좀 자유로웠으면 좋겠어. 아직 좀 더 있어야겠지.

지금 일이 나쁜 일은 아닌데 자존감이 떨어진다고. 원래 있던 인력을 안 쓰고 우리를 쓰려고 하는 거고, 우리가 남는 인원이라 쓸 데가 없으니까 이렇게 시키다가 자연 감소하면 그냥 없어지는. 현장지원직은 우리만 있는 거고 더 이상 뽑지 않는다고 하더라고요. 공사는 너희가 이 일을 안 하면 뭘 할 거냐 그래요. 그럼 우리는 너희가 만들어야지 왜 우리한테 물어보냐. 너희가 해고했으니 너희가 만들어 내라고 얘기를 하거든요. 제대로 된 업무가 어느 정도까지 올 건가… 불확실한 것 같아요. 어떤 업무가 주어지느냐, 어떤 업무를 발굴하느냐가 최고 과제인 것 같아요. 그거에 따라 사람들도 못 견디면 나갈 거고. 정규직으로서 어떤 일? 음… 뭐 그렇게 좋은 일은 바라지 않아요. 적어도 자존감 떨어지지 않는 일?

— 자존감이 떨어지지 않는 일이란 어떤 걸까요?

뭐 그런 거죠. 풀 뽑고 그런 거 안 하는 거겠죠. 화장실 청소하고 이런 거 안 하는 거. 입구에서 과적 잡는 단속 업무라던가 스마트톨링 업무라든가 그런 거 정도는 괜찮지 않을까. 그런데 나는 힘들고 남한테 말하기 좀 그런 일이더라도 우리가 뭉쳐 있는 게 중요하다고 생각해요. 소수만 괜찮은 일을 줘서 갈라치기가 되는 것보다는 뭉쳐서 같이 가는 게 맞는다고 생각해요. 다른 사람들 생각은 모르겠어. 사람 생각이 다 같을 순 없으니까요. 모든 인원이 다 수용이 되지 않으면 우리 안에서 분란이 있지 않을까… 그런 것도 걱정이야. 만약에 모두 업무를 받지 못하게 되면 내가 나이가 있으니까 젊은 친구 가게 하고 난 그냥 여기에 남아 있어야겠다는 마음이 있거든요. 우리가 같이 결정해서 이런 일로 간다면 나보다 어린 사람들한테 양보해 줄 수 있어요. 어린 사람들이 가야 자리를 더 잡을 거 같아요.

스마트톨링이 들어오면 스마트톨링 업무, 영상판독 하는 이런 일은 우리가 목숨 걸고 가져오자 그렇게 얘기하죠. 우리가 정말 가져와야 할 업무, 다 같이 갈 수 있는 업무가 생기면 또 투쟁을 빡세게 해야겠지. 우리가 여기 들어올 때 했던 투쟁보다 더 힘든 투쟁이 될지는 몰라도 꼭 쟁취해야지. 한 번 투쟁해 봤으니까 잘할 수 있지 않을까?

내가 정년을 마치고 나가더라도 남은 사람들은 지금 업무보다 좀 더 나은 일을 했으면 하는 바람이 있어요. 근데 그게 잘될지 모르겠어. 그래서 젊은 사람들한테는 컴퓨터도 배워놓고 준비를 열심히 해놔라 그래요. 근데 사무실에 들어가기 싫다는 사람도 있어요. 차라리 입구에서 과적 단속하는 게 낫다는 거지. 사실 두렵기도 해요. 무슨 일을 줬을 때 우리가 감당할 수 있을까? 사람들이 어려워하는 그런 일을 주지 않을까? 젊은 사람들은 문제가 아니겠지만 나이 많은 사람들은 기계를 다룬다든가 하는 일은 좀… 반복적으로 하면 괜찮겠지만 그래도 두려워하는 사람도 있는 거 같아. 새로운 일을 준다면 어떤 일을 줄지….

나만의 공간과 시간이 있는 삶

지사 발령이 나기 전에 가고 싶은 지역을 쓰라고 했어요. 선택권이 주어졌지만 선택할 수 없는 그런 거지만요. 우리는 내비게이션을 찍어서 집에서 한 시간 정도 거리를 무조건 쓰자 했는데 천안 같은 경우는 딱 49킬로미터 나오더라고요. 50킬로미터 넘으면 공사에서 방을 얻어주게 돼 있어요. 사십몇 킬로미터면 출퇴근하기가 너무 힘들 거 같아서 차라리 우리는 멀리 가자고 했어요. 그래도 다른 사람에 비하면 조금 가까운 데로 간 거죠. 청북에서 같이 일했던 사람 중에 세 명은 같이 보은으로 왔고, 진천지사에 두 명, 충주지사에 두 명 있고 공주지사에 두 명 있고 한 명은 경북까지 갔죠.

보은지사에 민주연합 사람들이 일곱 명 있어요. 투쟁하면서 다른 지역 영업소 사람들하고 같이 먹고 자고 했잖아요. 국회의원 사무실 점거할 때 같이 했던 사람들 지금 만나면 애틋한 거야. 근데 캐노피에 올라갔을 때 청와대에서 투쟁했던 사람들은 잘 모르기도 해요. 치열하게 투쟁했는데 우리는 캐노피에서 바라보고만 있었잖아. 그러니까 같이 못 해서 그런 추억이 없다는 것이 아쉬워요. 남자들 군대 얘기하는 것처럼 두고두고 얘기해요. 9월 9일은 본사 점거했는데, 그때 어떻게 했는데, 이런 얘기. 전국에 흩어져 있는 영업소끼리 만나서 언제 이렇게 같이 해보겠어요. 그런 사람들하고 다 친해진 거지. 우리 소통방 있잖아요. 거기에 반가워, 보고 싶어, 이렇게 올라와요.

사원증 받고 좋아서 청북 식구들 모여서 사원증 사진 찍었어요. 그걸 카톡 대문 사진에 싹 올렸어요. 우리는 3개월에 한 번씩 만나요. 만나면 서로 자기 지사 얘기하느라 엄청 목소리 높여야 해요. 결혼식이라든가 행사 있으면 다 같이 모이기도 하고, 지난번엔 다 진천에서 모였어요. 진천지사에서는 아파트를 얻어줬더라고요. 거기서 저녁 먹으면서 놀고 잘 수 있는 사람은 자고요. 청북 식구 중에 상이 있어서 우리가 문상 가서 다 만났어요. 다 정규직 됐잖아요, 때깔이 틀리더라니까. (웃음) 정규직 되니까 느낌이 다르더라고요. 사람들이 괜찮아졌다? 나만 그런 것도 아니고 다들 그렇게 생각하더라고요. 분위기가 달라진 거야. 투쟁할 때 꼬질꼬질한 모습은 하나도 없고 다 사람들이 귀티 난다고 그럴까? (웃음)

직장 다니는 거, 아침에 일어나서 갈 데가 있고, 가서 믹스 커피지만 한 잔 먹으면서 같이 모여서 얘기도 하고 그런 게 좋아요. 우리 옛날에는 유니폼 입고 다녔잖아요. 지금은 사복 입고 다니니까 그동안 못 입었던 옷들도 입고, 신발도 사고. 그때는 집에서 차 가지고 출근하고 바로 톨게이트 부스 들어가서 일할 테니까 아예 유니폼을 집에서 입고 갔어요. 근데 사놨던 예쁜 옷도 입고 쇼핑도 하는데 말하자면 이런 것도 내 개발이잖아요. 내가 만약에 영업직이나 사무직이면 투피스도 입고 더 멋있게 하고 다녔을 텐데 그런 생각도 해요. 그리고 집에만 있으면 미용실에도 가겠어요? 지금은 돈 들여서 머리 스파도 받아요. 내가 머리가 좀 많이 빠졌더라고요. 이게 머리 스케일링인데요. 하고 나서 머리도 많이 났어요. 남들은 파마해도 15만 원인데 나는 파마 안 하고 거기에다가 투자하겠다는 거죠. 그런 것도 너무 좋아요. 내가 직장 안 다녔으면 그런 거 신경도 안 썼겠지. 돈 아껴야 한다고 생각했을 거고요. 근데 나중에 이런 것 때문에 스트레스로 머리 빠지고 그래서 또 스트레스 받는 것보다 돈 좀 써서 엔돌핀이 솟으면 좋겠다 싶어서 나도 하고 같이 있는 언니도 하고 그래요. 직장 다니는 거 좋아요. 월급이 적거나 많거나.

원룸에서 혼자 지내는 거 기분이 이제 뭐라고 그럴까? 좀 평화롭다고 그럴까? 퇴근 후에는 내 시간이니까 뭘 하든 간에 평화로워요. 남편하고도 싸울 일도 별로 없고 밥 먹고 오는지 확인하는 이런 것도 안 하니까요. 다들 그래요. 집에 오는 시간이 (기분이) 딱 좋대요. 퇴근하고 오는 거, 여기가 좋다는 거야. 가면 혼자 쉴 수 있으니까. 혼자 먹고 싶은 거 먹고 쉴 수 있으니까 되게 좋다고 그러더라고요. 제일 좋대, 그 시간이. 이제 집에 가면 집이 좀 어색하겠죠? 그래서 그냥 여기 있고 싶어요. 나만 그런 게 아니라 사람들이 다 이제는 여기가 좋다는 거지 혼자 평화로우니까. 이제 나이가 54살이거든요. 지금쯤 이렇게 혼자 지내는 것도 괜찮은 것 같아요. 이 생각 저 생각할 수 있고 (자격증) 시험에 떨어지더라도 한번 시도해 보면서 이런 것도 있구나 그런 것도 느끼고요. 그래서 원거리 발령이 오히려 고맙잖아. 지금은.

지나온 10년 앞으로 10년

근무표가 있었어요. 오늘은 내가 몇 시에 1번 부스 들어가고 내일은 2번 부스에 들어가는 그런 근무표. 그걸 냉장고에 붙여놔요. 그리고 하루 지나면 빗금을 그어요. 빗금 긋다가 10년 지난 거 같아. 그것밖에 생각 안 나. 일하면서 여기서 너무 시간을 죽이는 거 아닌가 그런 생각도 들었어요. 이렇게 반복되는 생활에 3교대니까 뭘 배울 수도 없고 뭘 할 수가 없는 거예요. 조리사 자격증 같은 거 따고 싶은데 할 수 없으니까 여기서 시간 죽이다가 다

늙는 거 아닌가…. 야근할 때 졸다가 새벽 5시쯤에 교대하러 나오면 너무 비참한 거야. 잠이 덜 깬 상태에서 처량하게 지하로 이렇게 걸어가잖아요. 나는 그때마다 너무 비참한 거예요. 잠을 자지도 못하고 밤을 새우고 밤샘한 상태에서 이제 좀 있으면 퇴근하는데 이렇게 졸린 상태로 언제까지 일하지 이렇게 생각할 때도 많았어요. 그리고 좀 나쁘게 하고 가는 고객이 있잖아요, 그럼 고객 차 안 보일 때까지 완전 욕을… 그거 풀어버려야 되잖아요. 그런데 또 어떤 날은 일하다가 먼동이 트잖아요. 그럼 막 가슴이 부풀고 그러기도 했어요. 감정이 막 교차하더라고요.

나는 뭐 끝까지 가야지. 10년 이상 정년까지 다녀야죠. 앞으로 바라는 게 있다면 스트레스 안 받을 수는 없겠지만 스트레스도 덜 받고 정년퇴직할 때쯤 되면 '그래도 10년 동안 이거 하기 잘했다, 정규직 하기를 잘했다' 이런 마음이 좀 들었으면 좋겠어요. 지긋지긋하다 이렇게 말고 내가 그래도 잘 버텼다 할 수 있는, 정규직 돼서 보람 있는 일을 좀 하다가 나갔으면 좋겠어. 그때쯤이면 도로공사 정규직 사람들하고 격차도 조금 줄어들고.

나는 투쟁이 끝나는 날 엄청 울었는데 그때 제일 많이 울었던 거 같아. 사람들하고 헤어지기 싫어서. 개인적으로는 투쟁하면서 사람을 많이 얻었고, 성숙해졌다고 할까요. 화를 낼 수도 있는데 이 사람 입장에서도 생각해 보고 저 사람 입장에서 생각해 보고 이런 것. 투쟁하면서 화도 났었죠. 근데 이 사람이 투쟁 때 나를 보고 와줬던 사람이구나 이렇게 생각하면서 내가 참기도 하고 그러면서 사람을 많이 얻었어요. 그리고 지식도 많이 생긴 것 같아요. 왜냐면 사람들한테 답변을 해주려면 내가 막 찾아봐야 하니까. 투쟁이나 소송이나 이런 거 물어봤을 때 대답도 해줘야 하니까 찾아서 읽어보고 그랬어요. 또 도로공사 사장이 와도 안 무서울 것 같은, 잘 싸울 수 있을 것 같은 그런 자신감도 생겼고. 이제 무서운 게 없죠. 할 말은 딱딱 할 수 있을 거 같고.

　투쟁은 진짜 짜릿한 경험이었어요. 내 인생에서 뭔가를 이렇게 열심히 한 거는 처음이에요. 생에서 제일 열심히 한 거 같아요.

톨게이트 노동 정규직화를 바라보는 부당한 시선들

"떼쓰면 다 해주는 나라, 공정·공평이 무너진다." "표 끊는 아줌마." "단순한 노동이라 기계로 대체되는데 정규직 시켜주면 혈세 낭비." 이 말들은 톨게이트 노동자 투쟁 기사에 달린 댓글이다. 이미 법원이 도로공사는 수납노동자를 직접고용하라는 판결을 했기 때문에(1심 2015년, 2심 2017년) 노동자들은 도로공사에 직접고용을 요구할 수 있었다. 정당하기 때문에 당당하게 투쟁했던 김경남 씨도 주변 사람들에게서 이런 시선을 받을 때면 화도 나고 야속했다고 한다. 편파적인 언론도 시민들에게 톨게이트 정규직화에 대한 부정적인 인식을 심어주는 데 한몫했다.[34] 직무 자체가 달라서 공채를 준비를 하던 청년의 일자리를 뺏는 것도 아니고 떼를 써서 정규직이 된 것도 아니다. 오히려 이들은 도로공사가 신설한 현장지원직으로 직

---

[34] 단순히 노동자들의 농성을 보도하는 것에 그치지 않고 구조적인 문제를 짚어줄 수 있어야 한다. 하지만 대부분의 언론은 파업과 농성에 초점을 두어 보도했다. 가장 특이한 것은 정부 정책에 대한 비판 기사가 적었다는 점이다. 그 와중에 시민들의 불편함을 부각해 농성의 폭력성을 강조하는 기사가 등장했다. (참고: 민주언론시민연합, "톨게이트 노동자 농성, 외면하거나 단순화하거나", 2019.9.23.)

접고용이 되어 청소를 담당했던 노동자의 일자리가 사라진 것에 대한 미안함이 크다. 그리고 이런 수납노동자를 비난하는 말에는 톨게이트 수납 업무에 대한 멸시도 담겨 있다. '단순히 통행료만 받는' 노동이 도로공사의 정규직이 될 수 없다는 말은 정규직 노동과 비정규직 노동 사이에 위계가 있고 가치(임금)가 다르다는 생각에서 기인하기 때문이다. 이런 류의 주장이 처음은 아니다. 비정규직의 정규직 전환 때마다, 비정규직 노동자들의 투쟁 때마다 비정규직 노동자에 대한 공격적인 비난의 근거로 등장했다.

이런 노동의 위계에 대한 인식은 차치하더라도 사람들은 톨게이트 노동자의 노동에 대해서 제대로 알지 못한 채 평가절하한다. 나도 톨게이트 노동자 인터뷰를 하기 전에는 그들이 어떤 노동을 하고 있는지 잘 알지 못했다. 수납 업무뿐만 아니라 과적 단속, 미납 수금, 하이패스 판매 및 관리 등 도로의 관문에서 필요한 노동은 다양했다. 그런데 이호승 청와대 경제수석이 톨게이트 수납원을 겨냥하며 '없어질 직업' 발언을 하면서 그들의 노동은 더 폄하받았다. 톨게이트 노동자들은 자신이 10~20년 동안 해왔던 노동을 존중하지 않는 정부 때문에 더욱 상처받았다. 우리는 종종 타인의 노동에 대해 잘 알지 못한 채, 직장이 어디인지, 직업이 무엇인지에 따라 노동자를 바라보는 시선을 달리한다. 그리고 이것을 '차별'이 아니라 정당한 '차이'라고 말한다. 지금은 정규직/비정규직 구분이 당연한 것처럼 여겨진다. 하지만 1996년 노동법 개악 이후에 전체 노동자에서 비정규직의 비율이 증가하기 시작했다. 김경남

1969 ~ 1995	공사 정규직(영업직)
1995 ~ 1998	공사 정규직(영업직) + 공사 비정규직(기간제) + 외주업체 직원
1999 ~ 2009	공사 비정규직(기간제) + 외주업체 직원
2009 ~ 2019. 6	외주업체 직원(전면 외주화)
2019. 7 ~	공사 자회사(한국도로공사서비스) 정규직

씨가 청북영업소에 상주해 있던 도로공사 직원들이 원래는 영업소 출신 정규직이었다고 얘기하는 것처럼 도로공사도 처음에는 영업소를 직영으로 운영했다.

도로공사는 1995년부터 조직의 비대화를 방지하고 경영의 효율성을 제고한다는 이유로 신설 영업소의 통행료 수납 업무를 외주화하기 시작했고, 1998년 공기업 경영혁신 계획에 따라 서울 관문 영업소 10개를 제외한 나머지 영업소의 통행료 수납 업무에 대한 외주화를 단계적으로 진행했다. 2008년 12월경 이명박 정부의 '공공기관 선진화 방안'에 따라 서울 관문 영업소 10개의 통행료 수납 업무도 외주화되어 전국 모든 영업소의 통행료 수납 업무가 외주화되었다. 이때 한국도로공사 정규직노조는 도로공사의 공공기관 선진화조치에 합의를 했다. 동시에 도로공사는 구조조정으로 정원을 감축하는데, 조기퇴직을 유도하기 위해 상당수의 퇴직자를 외주용역업체 간부로 재취업시키고 톨게이트 운영권 등을 수의계약 형태로 제공해 결국 전직 직원들에게 이익을 몰아주었다. 톨게이트 용역 계약을 맺은 대부분의 업체 사장은 도로공사 희망퇴직자였고, 영업소 사무실에서 도로공사 직원인 소장, 과장, 대리가 실질적인 현장관리를 했다. 수납노동자들은 도로공사의 지침에 따라 일하고 도로공사 로고가 새겨진 근무복과 명찰을 착용했다. 그러니 노동자들은 자신이 도로공사 소속이라고 생각할 수밖에 없었다. 바로 이런 점들이 재판에 반영되어 도로공사와 외주업체 사이에 체결된 용역 계약은 실질적으로 근로자 파견 계약이었음이 인정되었고, 파견법에 따라 도로공사의 직접고용 의무 또한 인정되었다.

법원이 직접고용 의무를 인정했음에도 사람들은 왜 톨게이트 노동자들이 '욕심'을 부리고 '떼'를 쓴다고 할까? 결코 정규직이 되어서는 안 되는 수납노동에 대한 멸시 이면에는 능력주의가 자리하고 있다. 2017년 문재인 대통령의 공공부문 비정규직 제로화 프로젝트 발표 이후 '공정'한 능력 평가와 노력의 결실을 훼손하는 '무임승차'는 '역차별'이라는 말이 나왔고 이는 소위 '인국공 사태'를 비롯해 공공부문 비정규직 정규직 전환 때마다 반복되었다. 비정규직이 겪는 차별이 시험의 공정성 앞에선 받아들여야 하는 개인의 능력 문제로 전환된다. 박권일은 《한국의 능력주의》에서 사람들은 불의한 구조 자체를 의심하기보다는 타인이 '공정한 룰'을 어겼는지 여부에만 촉각을 곤두세워 그 결과 불평등은 더 악화되고 사회적 신뢰는 점점 허물어진다고 분석했다. 구조적 차별에 맞설 수 있는 평등의 감각과 연대의 힘을 우리는 어떻게 키울 수 있을까?

불평등을 문제 삼지 않는 '공정'은 정의가 아님을 더 많이 얘기해야 할 것 같다. 공정성 논란 속의 '공정'은 능력으로 지위(신분)의 경계를 가른다. 정규직과 비정규직은 다른 지위이고, 이 지위는 능력의 차이니 임금도, 신분도 달라야 한다는 의미다. 결국 공정은 정규직과 비정규직의 차별을 유지하는 도구가 된다. 삶의 결 틈틈이 스며든 차별과 불공정을 드러내 평등하고 정의로운 세계를 만들기 위해 다른 관계, 다른 원칙을 세울 때 공정의 의미도 달라질 수 있을 것이다.

누구
하나
남기고
간다고요
?
어림도
없지

☞구술, 도명화   ☞글, 기선

11장

한국도로공사 역사 첫 파업, 투쟁과 자리의 무게

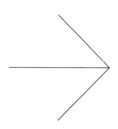

고속도로 톨게이트를 통과할 때 목소리와 함께 내민 손을 보고 마는 게 대부분이던 사람들. 그나마도 하이패스가 생기고 나서는 드문 일이었다. 2019년 여름, 톨게이트 요금수납 노동자들이 서울 톨게이트 지붕 위, 청와대 앞 아스팔트 바닥, 한국도로공사 본사 로비에 몸을 드러냈다. 아니, 굳이 마주치려 하지 않았던 얼굴들을 눈 돌려 보고, 목소리를 귀담아듣게 되었다고 해야겠다. 공공부문 비정규직 정규직화를 공언하던 정부가 발표한 가이드라인이 결국 간접고용과 다름없는, 자회사라는 편법이라며 이를 거부하는 거센 싸움, 그 속에서 기세 좋게 싸우는 비정규직 여성노동자들이어서만은 아니었다. 어떤 취급을 받든 '고용안정'이 일터 최고의 가치로 등극한 이 시대, 하이패스를 거쳐 스마트톨링이라는 기계와 기술에 밀려 노동의 자리를 내줘야만 했던 사람들이기 때문이었다. 외주화할 만하다 여기게 되어버린 일들을 맡아온 비정규직-여성노동자이자 장애인, 한부모 가정, 북한이탈주민이기도 한 다양한 사회적 소수자들이 서로를 동료 삼아 지내온 이야기를 담고 싶었다. 고된 노동의 시간, 자긍심을 잃지 않으려 끊임없이 말을 걸며 싸우는 몸들을 닮고 싶기 때문이었다.

　도명화를 만났다. 삶의 궤적을 따라가다 보니 늘 서로의 옆을 지키는 소울메이트이자 웬수, 동지인 박순향의 귀한 이야기도 절로 담긴다. 주목받은 싸움이었던 만큼 많은 발언을 해온 노동조합 집행부는 이 톨게이트 여성노동자 생애구술 기록팀의 1차 대상은 아니었다. 그러나 말할 때보다 들을 때 더 깊어지는 눈빛이 마음에 들었다. 팔목에 새긴 타투가 궁금해졌다. 마이크 없이 가만히 이야기하는 목소리가 듣고 싶어졌다. 어느 문화제 사회를 보며 자신의 살아온 이야기를 인상 깊게 소개하더라는 동료의 전언에 '아, 놓치고 싶지 않다'는 생각에 사로잡혔다. 서둘러 인터뷰 날을 잡았다. 여러 날에 걸쳐 만나야 했는데, '전국에 흩뿌려진' 조합원 순회 간담회를 돌고 또 도는 그녀의 바늘 꽂아놓을 틈도 없는 일정 때문이었다. 덕분에 서로를 진심으로 환대하는 다른 조합원들과 만나는 행운을 얻기도 했다.

거침없어 매일 동네 사람들의 하소연을 자아내던 별난 아이, 세상을 향해 '우리가 옳다!' 외치는 그 당당함을 오랫동안 가만히 그리고 단단히 키워준 엄마를 귀히 여기는 사람, 그 당당함을 잠시 유보할 수밖에 없었던 가족사를 안겨준 아버지의 사과를 기다리던 딸, 가족에게 안정감을 주고 싶지만 자신의 의지를 숨기지 않는 엄마 그리고 카리스마라 하기엔 한 땀 한 땀 엮듯 조합원을 만나 얽히는 게 가장 중요한 일상인 노동조합의 집행부…. 일정만큼이나 빼곡한 이름으로 사는 이 사람이 조곤조곤 풀어낸 이야기를 그 매력 그대로 담지 못하는 아쉬움이 너무나도 크다.

할 말은 하는 사람이 되기까지

'명화 봐라, 자 봐라. 너거 애 좀 봐라, 저칸다.'

    동네에서 우리 엄마가 매일 귀에 박히도록 듣던 말이 바로 이 말이었는데, 니 딸 어떻게 좀 해보라는 말이죠. 나 정말 별난 아이었거든, 샘도 많고, 욕심도 많고. 아들 없는 집, 아들처럼 키운다며 장만한 남자아이 옷, 구두, 모자를 차려입고 동네 웬만한 남자애하고는 싸워 지는 법이 없었어요. 작아진 내 옷을 물려받은 동네 아이를 길에서 만나면 그 옷 난짝 벗겨 들고 집에 돌아오던 별난 아이이었어요.

    가족은 아버지 엄마 언니, 나. 아버지하고 계속 같이 산 건 아니었어요. 엄마가 과일 도매상을 하다가 망해가지고 고향 강원도를 떠나 대구로 왔죠. 이때 언니는 아빠하고 난 엄마하고 살게 되었어요. 초등학교 때, 집이 가장 어려웠는데 아버지가 경제적 지원을 중단하고 엄마는 되게 아팠거든요. 그쯤 언니가 돌아왔어요. 맨날 언니랑 다녔죠. 학교도 같은 학교, 두 살 차이지만 학년 차는 하나뿐이었죠. 내가 1년 늦게 들어갔기 때문이에요. 왜냐고요? 아버지가 또 딸이라며 집을 나가 2년 만에 돌아왔거든. 그동안 출생신고를 미뤘던 거죠. 우리 언니는 엄청 조용해. 엄청 얌전해. 그런데 여자가 얌전하면 또 얕보는 게 있잖아요. 누가 언니에게 뭐라 한마디 하면 내가 달려

들곤 했어요.

엄마가 아파 직장을 다닐 수 없으니 궁여지책으로 집 앞에서 호떡을 뽑았어요. 사실 창피해할 만도 하잖아요. 근데 난 우리 반 친구들 모아 와서는 이거 사 먹으라고 했죠. 그런 내가 우리 언니는 정말 신기했대요. 그때는 집이 너무 힘들어서 아침마다 엄마가 누룽지를 삶아 줬어요. 그것도 오래돼서 쩐 내 나는 누룽지. 그걸 매일 아침 군말 없이 먹고 학교 가서는 맛있는 도시락 반찬 가져온 애들에게 내 좀 나눠 먹자고 했죠. 자신감, 자존감도 엄청 높아서 당장 집에선 밥도 못 먹으면서 학교에서 할 건 다해야 돼. 반장도 하게 되고 불의를 보면 못 참는 성격이라 애들 괴롭히는 남자애들이랑 치고받고 싸우기도 했죠.

우리 엄마는 되게 여성스러워, 조용하고. 아버지는 완전히 가부장적인 그런 남자였어요. 한 번씩 이래 싸우잖아요. 아버진 엄마 잠도 안 재우고 밤새 잔소리를 하죠. 그럼 엄마는 아침에 출근도 해야 하는 사람이 말 한마디 없이 가만히 듣고 있어. 그걸 보면서 '나는 절대로 저래 안 살아야지' 했어요. 매일 다짐했던 것 같아. 할 말은 다 하고 살 거라고.

그치만 엄마는 내게 너무나도 귀한 사람이에요. 나를 엄청 믿고 지지하는 사람이었어요. 내가 동네 남자애들 다치게 하거나 말썽을 부리면 그 집에 사과하러 다니시곤 했는데 무조건 혼부터 내시지는 않았어요. 한번은 며칠을 학교도 집에도 가지 않은 적이 있는데 버스에서 엄마를 딱 만난 거예요. 큰소리로 야단을 치며 집으로 끌고 갈만도 한데 내 손에 만 원을 쥐어주면서 '놀다 들어 오래이' 그러고 마시는 거예요. 그날로 집에 돌아갔죠. 그때 이야기를 꺼내니 엄마는 나를 믿는 마음이 컸다고 이야기 해주더라고요.

엄마 용돈 떳떳하게 드리고 싶어서

어느 날, 언니와 이야기하다가 우리 가족이 예사롭지 않다는 걸 알게 되었어요. 그거 알면서 나 성격이 많이 변했어요. 방황도 좀 하고 엄청 조용한 아이로. 생각할 게 너무 많아져서인지 소심해지고. 부끄럽기도 하고 이런 상황이 싫기도 해서 친한 친구한테도 이야기를 못 했어요. 남편에게도 결혼 앞두고서야 이야기했을 정도죠.

　소심해진 중학교 때, 그저 공부만 해서인지 잘했어요. 근데 나보다 언니가 훨씬 잘했거든요. 아무리 생각해도 엄마 혼자 벌어서 우리 둘 대학은 도저히 다닐 수 있는 상황이 아닌 거예요. 그래서 난 여상에 가겠다고 했어요. 그런데 가보니 나하고 너무 안 맞는 거예요. 공부에 손을 놨죠. 그래서 학교를 빠지기 시작했던 거예요. 졸업하고 백화점을 비롯해서 직장도 겁나 많이 바꿨는데 버는 만큼 잘 쓰고 잘 놀았어요. 그러다가 화장품 회사에서 괜찮은 급여를 받으면서 안정적으로 일하게 되었어요. 몇 년을 일하다가 지금 남편을 만났고 그렇게 일을 그만두게 되었죠.

결혼하고 육아도 하게 되니 엄마가 여자로서 안됐다는 생각을 더 많이 하게 되었던 거 같아요. 엄마한테 정말 잘하고 싶어졌죠. 한 번도 떨어져서 지내본 적이 없다가 결혼해서 첨 떨어졌을 때 엄마가 우울증이 온 거예요. 엄마네 근처로 이사하고 남편이 출근하면 엄마가 우리 집에 와서 지냈어요. 아이들 다 키워주셨거든요. 그러니 우리 애들도 우리 엄마에 대한 애착이 되게 커요. 이렇게 엄마에 대해서 말하니, 좀 더 잘해줄걸 그런 생각이 또 드네요.

사실은 내가 다시 직장, 서산 톨게이트로 들어간 것도 엄마 때문이에요. 결혼하고는 남편한테 돈을 받아 쓰게 되었는데 월 단위 말고 그때그때요. 진짜 치사한 마음이 들고 짜증이 났죠. 목돈으로 주면 내가 알아서 쓸 건데, 엄마에게 용돈을 주고 싶은데 못 주는 거예요. 그 돈을 달라고 말하는 것도 엄청 자존심 상하는 거예요. 그래 취직을 결심했어. 처음에 남편은 애들 핑계에다 '옷 사 입고, 화장품 사고, 차 끌고 다니고 그러면 뭐 남는 게 있겠냐'면서 반대했죠. 그런데 그때는 내가 확고했던 것 같아요. 내가 벌어 우리 엄마 용돈 떳떳하게 드리고 싶은 마음 말이에요.

톨게이트 사람들을 봤죠. 사람들이 엄청 괜찮은 것

같아. 나는 좀 독립되게 그래 혼자 일하는 게 하고 싶었거든요. 오가면서 보니, 딱이었어요. 물론 도로공사 소속인 줄로만 알았지 간접고용이라는 건 알 수 없었죠. 인터넷을 뒤져 전화하고 면접 보니까 생각보다 너무 쉽게 들어가는 거예요. 엄마는 '무조건 해라, 아이들은 내 잘 봐줄게' 이카고, 남편에게 거기서 일해서 엄마 용돈도 드리고 내 원하는 것도 하고 싶다니까 '그럼 해라. 니 해봐야 뭐 얼마 하겠냐.' 이리 오래 다닐 줄 몰랐겠죠?

　음, 그런데 너무너무 재미있는 거예요, 일이. 일단은 독립된 공간에서 내 알아서만 잘하면 되고, 아직 아이들이 어린 나 같은 사람에게 3교대가 은근 시간 활용도 좋다 생각이 들었어요.

일터에서 할 말을 다 하고 산다는 것

들어가서 처음에는 교육을 받는데 보름씩 이래 받아요. 그 기간에는 월급이 없어. 사람들은 그걸 당연하다고 생각하는 것 같았어요. 그런데 나는 '아니 내가 월급도 못받는데 보름이나 이걸 해야 해? 굳이 아침 9시까지 와서 저녁 6시까지?' 그때는 그 돈을 받아야 되겠다 생각까진 못했죠. 나는 그냥 자유롭게 와서 교육받고 가겠다고 말하니까 다들 당황해요. "저는 애들 학교 보내려면 9시까지 못 오니 10시까지 와서 4시까지 하고 갈게요." 교육받다가 눈 오면, "난 눈 올 때 운전을 잘 못하니 갈게요"라고 사무실에 얘기했죠. 그러고는 그때그때 집에 갔는데 아무도 잡지는 않았어요. 나중에 도대체 날 채용해야하나 말아야 하나 고민했다고 하더라고요. 그러면서 하는 말이 '서산 톨게이트서 니 가튼 애는 처음이었다.' 그렇게 5일 정도 교육받고는 그냥 바로 근무에 투입해 달라고 했어요. 더 이상 배울 것 없고 월급 없이 일하기 싫으니 실전으로 익히겠다고 했죠. 차근차근 배우니까 되던데요. 어차피 사고 치면 물어내야 하는 것도 나인데요뭐. 들어가니 제일 막내죠, 나이도 경력도. 동네 경찰서장 부인도 같이 일했고 지역에 큰 공단이 있으니 남편 직장이 좋은 이들도 되게 많았고. 근데 그런 사람들이 나더러 '명화 니는 좋겠다'라는 거예요. 할 말을 다 하고 살아서 그렇다고. 아직 할 말 반도 못 한 거라고 했더니 언니들 입이 떡 벌어지며 말했죠. "아니 그럼 니는 도대체 할말을 어느 만큼 해야 되는 거고."

외주화, 간접고용이라는 게 그렇잖아요. 도로공사에서 우리에게 직접 임금을 주는 것이 아니라 외주업체에게 일정한 비용만 주고 다른 책임은 안 지는 구조. 업체사장들은 중간에서 돈으로 장난치고 가로채는 게 겁나 많았거든요. 계속 우리더러 뭐에 사인을 하래. 당연히언니들은 이게 뭐냐고 물어봐. 그럼 아 그냥 하라고 하는거예요. 근데 들여다보면 자꾸 뭘 줬대. 어버이날 선물로뭐 안마기도 줬대, 받은 게 없는 우리한테. 서명 받고 돈 받아서 자기들 경비 처리 하는 거죠. 그것까진 참았어. 월급 통장에 40만 원 더 들어왔어요, 상여금이라고. 그걸 다시 사장 통장으로 보내래. 아 그건 진짜 못 참겠더라고. 내가 언니들 이거 가만히 있냐고, 내 입에 들어온 걸 다시 뺏어 가는데 왜 가만히들 있냐고 하니까 '원래 그렇다'라고. 그렇게 말 잘하고 똑 부러진 사람들이 말이죠. 처음엔 나도 '왜 이거 가져가요' 했지. 그러면 사장 인상이 확 바뀌죠. 그런데 그런 세월이요, 나도 그냥 젖어 들더라고요. '응, 안 자르고 월급 안 떼먹고 주는 게 어디냐' 하면서 그냥 넘어가게 되었어요. 그때만 해도 난 최저임금이 뭔지도 모르고 그래 살았던 사람이라서 안 미루고 주는 거나 감사하게 생각한 거예요. 그런데 이게 사장이 바뀌어도 똑같은 방법으로 계속되는 거예요. 아니, 다들 교육받고 오나 싶었죠. 업체에는 도로공사 퇴직자들이 사장으로 오고 운영자협의회로 모이거든요.

사람이 한없이 낮아지는 시간

나는요, 톨게이트에 근무하면서 태어나 처음으로 김장을 해봤어요. 사무실에서 직원들 먹어야 한다며 김장을 하죠. 한 200~300포기의 배추가 와요. 그걸 다 쪼개서 소금 치면, 야간 근무 나온 사람이 뒤집고. 다음 날 출근하는 사람이 씻고 휴무인 사람들도 나와서 양념을 버무려야 돼요. 물론 모여 김장하면 재미도 있죠. 그런데 그렇게 아낀 부식비가 누구에게 가겠어요. 게다가 손 한 번 거들지 않던 실장이나 사장이 와서는 예쁜 것만 골라 통에 담아놔요. 그럼 그 사람들 아들딸, 며느리가 오후에 와서 들고 가죠. 이뿐인가요, 사장 부인이 실장으로 있었는데 사람들은 사모라 불러요. 그 사모가 "명화, 이 옷도 이쁘다" 하면서 내 옷을 입어봐요. "어 뭐 입기까지 해요 남의 옷을" 이카면 "예뻐서" 이러고 쓰윽 가죠. 그럼 언니들이 "야, 그냥 준다 해라." 아, 나 지금 생각해도 어이가 없네. 언니들은 그카면 주고 그랬던 거지. 농사짓는 언니들은 먹을 거도 갖다주고. 뿐만 아니라 사장하고 가깝게 얘기라도 하면 사모는 난리가 나죠. 고객이 준 사탕이나 과자를 나눠 먹어도 난리 난리. 그런데 사장은 자기 심복 심듯 한 명씩 친밀히 지내죠. 동료를 배신한 사람들은 대부분 사장이나 관리자들의 애인이 되어 있듯이. '바람피우는' 걸 잡고 잡히는 웃지 못할 일도 벌어져요. 정말 우리를 뭐로 보는 건지.

　부장에게 결제 받으러 가면 나를 한 시간 넘게 세워놓고 잔소리를 시작해요. 같이 일하는 사람들 욕이죠. 앞뒤는 '중학교도 졸업 못 한 것들이, 어? 고등학교도 졸업 못 한 것들이 말이야, 여기 와서 이 정도 직장이면 감지덕지지' 이런 식이죠. 듣다 못 참고 한마디 하면 난리가 나요. 이간질도 시키고, 자신이 맘에 안 드는 사람은 얼토당토 않는 걸 뒤집어씌워 사표를 받아내기도 하죠.

그래도 그때까진 월급 받는 만큼은 일을 열심히 해야 된다 이런 게 있었어요. 지금은 그런 맘 없지만 그때는 엄청 그랬네요. 그런데 점점 더 너무해지는 거예요. 하이패스가 도입되기 전부터 모니터링은 있었어요. 모니터링은 고객인 척 몰래 와서 평가하고 가는 거예요. 외부 리서치에 맡기죠. 업무 시트가 있어요. 말하자면 매뉴얼인데 그대로 다하면 고객도 민망하고 일도 진행이 제대로 안 되죠. 친절을 팔기 위해 사람을 낮춘다고 할까. 고객이 차를 몰고 들어서면 그전에 두 손을 모으고 이래 앉아 있어야 되고, 밖을 향해 90도로 고개 숙여 인사해야 되죠. 물론 90도에서 45도로 그리고는 15도로 바뀌었죠. 노동조합이 계속 싸우면서요. 고객이 물을 때가 있잖아요. '안면도 어떻게 가요' 하면 이때 곧바로 길을 알려주면 안 돼요. '안면도, 고객님 안면도 말씀이십니까' 이카면서. 그것대로 다 하면 하염없이 기다려야 하죠. 물론 노동조합이 만들어지고서는 두 손을 모으는 것도 그런 멘트도 안 하게 되었죠.

하이패스 미납률과 오차 찾기

하이패스 생기면서 미납이 발생하잖아요. 그 미납을 최소화하는 평가도 있어요. 하이패스 위반이 울릴 때, 그 자리에서 처리하면 미납률이 0이 돼요. 그래서 하이패스

장치 가까이에 사람을 세워놓는 거예요. 땡볕이든 칼바람이든 세워놓고 위반신호 삥삥 울리면 쫓아가서 그 차를 몸으로 막으라는 거죠. 그렇게 미납 발생량도 줄여야 하지만 이미 발생된 미납을 받아내는 게 중요하다고 해요. 그래서 아예 전화만 돌리는 미납 담당이 생겨요. 할당량이 있어서 채우기 전엔 퇴근도 못 하고 일해야 하죠. 이걸 경쟁에 붙여서 급여도 차등 지급해요. 전국 지사별, 톨게이트별 순위 나올 때 상위권 아니면 안 되죠. 1등은 200만 원인가 지급되거든요. 그것도 '당연히' 사장이 가져가요. 그쯤 톨게이트 바깥 근무 3년 하던 내가 미납을 잘 잡아서 내근직이 되었어요.

업무 심사라는 것도 있어요. 차가 1,000대 들어왔는데 천몇 대가 처리되었다면 그 몇 대의 오차 이유를 찾아내는 거예요. 이게 복잡한데 내가 그걸 잘했어요. 수학 문제처럼. 하이패스 차로로 들어오지 않았는데 하이패스에 잡혀서 강제로 처리된 예라든지 평택서 왔는데 서산으로 처리되었다든지. 게다가 미납하고 가버린 차량 번호를 행정까지 찾아 알아낸다든지요. 이런 오차를 못 잡으면 그래서 부과되는 최장 거리 요금을 내가 내야 해요.

회사가 노동조합 활동한다고 나를 괴롭히고 해고하려 할 때, 부담도 되고 경쟁 압박도 있으니 업무 시험에서 다른 사람들에게 커닝 시켜주기 위해서라도 공부를 열심히 해야 했어요. 영업 실무 편람이라는 두꺼운 책을 새카맣게 읽었다니까요. 다른 공부를 이렇게 하면 뭘 해도 하겠다 싶을 정도로. 주말이나 공휴일을 비롯해서 한 번도 제대로 쉬어본 적이 없어요. 영업소가 잘 굴러가는지 수시로 확인하고 미납 고객 찾아가서 돈도 받아와야 하는 지경에 이르렀죠. 정말 그거는 죽어도 못 하겠는 거예요. 그 고객 주소 들고 나서는데…. 출근은 30분 일찍, 퇴근은 1시간 늦게 하면서 고객들 민원 전화 돌리라고 하죠. 하이패스가 도입되는 2007년 이후부터 이런 일이 계속 생기고 심해졌어요.

이대로는 안 되겠다. 노조에 들자

2014년 어느 날, 같은 회사가 맡고 있는 인천의 민자도로, 한국도로공사 소유가 아닌 민간자본도로요. 거기 톨게이트에서 파업이 벌어졌어요. 내가 뭐 파업을 알았나요. 나더러 잘 안 돌아가는 곳이 있으니 가보래. 도와줄 수 있는 거 있으면 하고 오라며. 그래서 아무 생각 없이 갔죠. 어머, 근데 가서 보니 파업 대체 인력이 필요했던 거죠. 수납 업무를 보래. 근데 우리랑 너무 다른 시스템이라 처리 오차 겁나 나고 정신이 하나도 없는 거야. 아니 왜 날 여기서 이걸 시키지 싶고, 보아하니 밤 10시까지 시킬 작정인 거죠. 그래서 나는 이거 못하겠다, 가겠다 했죠. 거기 차장이 얼굴이 굳어지면서 그럼 가시라 했고 그 길로 귀가했죠. 한참 운전 중인데 서산 사무실에서 전화로 난리를 부리는 거예요. 곧장 가서 들어보니 어떻게 그럴 수 있냐며 마구 뭐라 하는 거예요. 도저히 참을 수 없어서 그럼 난 그만두겠다고 했죠. 그랬더니 돌변해서 사정하고 휴가까지 주면서 달래요. 그래서 다시 출근했는데 이젠 말도 안 되는 거 엮어가면서 사람을 잡기 시작해. 이대로는 안 되겠다 싶어서 감사 띄우자고 도로공사 게시판에 글을 써서 올렸죠. 그러고도 안 되겠다는 마음에 노조를 들자 그랬죠. 반나절 만에 회사 측 사람 몇 명 빼고 거의 가입했어요. 그땐 톨게이트 노조가 한국노총 소속이었어요. 가입서 출력해서 팩스 보내고 노조 가입이 딱 되었는데 회사에서 알고선 난리가 났어요. 지사에서 나와서 날 붙들고 오만 협박 다 하고. 12년 다닌 내가 자기들 편인 줄 알았다며 나더러 '니가 이럴 줄 몰랐다'던가.

박순향이 노조 발대식을 하자마자 1번으로 가입했어요. 심지어 시키지도 않았는데 막 사람들을 조직하러 다녀. 우리는 그런 것도 안 했는데. 그땐 그냥, '쟤 뭐냐' 이랬죠.

박순향 왜 그랬냐고요? 참을 수 없는 문제들도 그렇지만 이게 한두 명으로는 택도 없고 인원이 좀 되어야 될 일이다 싶은 생각이 들었어요.

노조가 만들어지니 대우가 달라졌지만 밉보인 나는 서무

에서 다시 요금소로 쫓겨났어요. 하, 누가 봐도 노조 때문인데 노조가 아무것도 해줄 수가 없다는 거야. 그래서 직접 노무사를 찾아 부당 징계, 부당 전보 소송을 했어요. 임금을 계산하고 필요한 자료들을 다 챙겨야 했어요. 그 결과 다 이겼죠. 서산 톨게이트 전체 30명 중 몇 명 빼고 다 조합원이었죠. 힘들지만 신나게 지냈는데, 업체가 변경되면서 나, 지부장, 회계감사인 조합원 이렇게 해고당했죠.

한국도로공사 49년, 첫 파업

그동안 해고된 사람은 그만 나오라면 다 그만 나와. 근데 난 도저히 용납이 안 되는 거예요. 그래서 한국도로공사 49년, 처음으로 파업을 하게 된 거죠. 회사와 교섭하고 파업권, 쟁의권을 만들었어요. 알아야 할 것이 너무 많아서 지역의 인권센터를 찾아가기도 했어요. 파업하기까지 정말 많은 것을 배웠네요.

　　파업 출정식 하는 날, 나 그날 정말 잊지 못해요. 전날 밤 11시 되어서야 쟁의권을 받았어요. 그러고 나서 우리 새벽 4시부터 파업한다고 붙였거든. 야간 근무 하던 우리 조합원이 새벽 4시에 집에 가니까 혼자 남은 비조합원이 사무실에서 사람 다 나오라 난리가 나고. 한국노총 소속 사업장에서 민주노총 공공노조 중앙의 천막, 음

향 총동원해서 빵빵하게 시작했어요. 음악도 민주노총
가 틀고요. 차이를 모르니까. 그리고 막 이거 있잖아요.
'흩어지면 죽는다아!' 이카면서 (몸짓 —〈파업가〉에 맞
춘). 뭔지도 몰랐던 이거 연습해가지고 우리끼리 15명이
파업을 해. 파업 그거 절차도 중요하다고 해서 찬반 투표
다 하고. 천막 딱 친 거 보고 한국노총에서 와서는 걷으
라는 거예요. 한국노총에서 천막농성은 안 된다 이카면
서. 걷어라, 못 걷는다. 옥신각신하다가 고성까지 오가는
데 이번엔 한국노총 위원장이 왔어요. 위원장 왈 톨게이
트 앞 아파트에서 민원이 겁나 들어오고 내용증명을 보
냈다는 거예요. 니가 다 책임질 거냐, 이카며 아주 난리
난리를. 욕설도 오가면서 싸우는데 '아 이 사람들하고는
같이 못 하겠다. 민주노총으로 가야 되겠다' 싶었지.

　　15명이 천막에서 밥을 해 먹으며 파업을 이어갔어
요. 유일하게 아는 몸짓 하나로 아침 점심 저녁 한 시간
씩 땀을 뻘뻘 흘리면서. 민주노총으로 조직 변경 하려고
하니까 파업권이 있어가지고 이중 가입이었어요. 쟁의권
을 들고 가야 하니까. 많은 것을 알려주던 인권센터 사람
은 성폭력 사건으로 활동을 중단하게 되었어요. 아아, 우
린 정말 일도 많죠? 그때쯤 제 활동의 탄탄한 디딤돌인
구재보 씨가 조합 담당이 되었어요.

　　민주노총에 가입한 그때부터 연대가 쏟아지는데, 그
전엔 우리끼리 외롭게 했거든요. 한 달을 음악만 틀고
북 치고 이것만(파업가 몸짓) 했다니까. 피켓이나 발언

이 어딨겠어요. 팔 떨어져 나가는 줄 알았지. 3교대라서 우리 인원이 빠지면 나머지 사람들로 운영하긴 힘들 테니 오래가진 않을 거다 생각하며 버티고 있었어요. 그런데 이 독한 것들이 사람들을 12시간씩 교대근무를 시키는 거예요. 24시간도 시키고. 아예 거기서 먹고 자며 다들 체력이 달리니까 수납하다 나와서 줄넘기도 뛰고 난리야. 그래서 톨게이트에 사람 몰리는 추석만 기다렸는데, 그해부터 명절에 톨게이트 통행료 무료가 되었잖아요. 그렇게 또 꾸역꾸역 넘어가며 힘이 빠질 때였는데 민주노총 가입하면서 힘이 확 올라왔죠. 신이 났죠. 특히 첫 문화제를 잊을 수 없어요. 연대가 피부에 착착 와닿았다고 할까. 사람들이 와준다는데 뭐라도 해야지 싶어 생전 처음 율동 연습도 했어요. 첫 문화제 날, 퇴근 시간이 되니까 톨게이트에 버스들이 막 서는 거예요. 거기서 사람들이 끝도 없이 내려. 200여 명의 사람들이 우리를 찾아온 거예요. 나 진짜 그때 그 기억으로 지금까지 하는 것 같아요.

작은 승리,
알리고 긁어주면서 전국을 돌자

그러다가 근로자지위확인, 불법파견 소송이 1심에서 이겼어요. 구재보 동지가 이런 건 모두에게 알려야 되지 않겠냐고 해요. 망설이다가 순회투쟁을 시작했어요. '우린 1심에서 승소했고 파업을 이어가고 있다. 함께 소송에 참여하자' 이래 선전하고 전단을 돌리면서 전국의 톨게이트를 다녔어요. 너무 재밌었지. 순회투쟁 하면서 답답하고 가려운 곳을 다 긁어주는 거예요. '우리가 왜 나와서 밥을 해야 되고, 저거 밥상 차려줘야 되냐. 술 처먹으면 우리가 저거 도우미냐' 막 이런 얘기 하면 엄청 좋아하죠. 나중에 조합원들이 소리만으로도 너무 통쾌했다고 하더라고요.

박순향 회사가 전단 받지 말고 대화도 하지 마라고 지시를 내려서 우리 가면 커튼 다 치고 문도 안 열어줬거든요. 그래도 전국을 돌았어요. 가보자! 우리가 괴롭힘을 당하고 있었잖아요. 그리고 막 열 받고 화가 나잖아요. 이게 하다 보니까 용기가 생기는 거야. 저 바지사장? 별거 아니네. 그리고 그렇게 할 필요를 느낀 거예요.

나는 해고자이지만 순향은 연차 쓰고 일하면서 낮밤을 여유를 쪼개가지고 하는 거죠. 나는 막 내가 좋아서 신나서 힘차게 하진 않았어. 그런데 순향은 나보다 더 힘이, 아주 그냥 힘이!

박순향 하하, 사람들이 다들 내가 해고된 줄 아는 거예요. 이분은 고상해. 항상 옆에서 예쁘게 립스틱 바르고 빨간 바지 입고 앉아 있고. 저는요, 꼬질꼬질해갖고는 분노에 차서 막 발언하고. 이러니 사람들이 제가 해고자인 줄 알았다는 거예요. 아, 맨 처음에는 막 창피하죠. 이거 피켓만 들고 뭐가 되려나 싶다가도 그다음부터 마이크를 잡게 되고. 하면 스트레스가 막 풀리는 거야. 어디 사장에게는 '당신은 바지사장도 아니고 반바지 사장이다'라고 했다가 항의받기도 했죠.

회사는 덩치 큰 용역을 동원해서 시비를 계속 걸어왔고, 도로공사의 방해도 심했어요. 우리 싸움은 그때 다 배운 것 같아. 시비 걸지? 그러면 그 자리에 눌러앉아 버려요. 사과할 때까지 하루 종일 거기서 시위를 해. 그렇게 다니다가 금요일이 되면 서산으로 돌아와서 서산 톨게이트 문화제를 열어요. 연대가 끊이지 않아 항상 사람이 북적북적했죠.

　우리는 국정감사라는 게 있는지도 그때 알았어요. 도로공사 국감에 맞춰서 본사 가서 집회하면서 '너거가 책임져라, 원청이 책임져라'카고. 매일 그렇게 살았어. 신났어요. 난 의심이 되게 많아서 종교도 없거든요. 근데 노조는 아주 짧은 시간에 푹 빠져버렸어요.

회사는 쓰레기 안,
위원장은 몰래 직권조인

그렇게 싸우는 가운데 한국도로공사도 거의 손을 들기 직전이 되었어요. 변경했던 업체와 계약 해지에 위약금까지 물게 생긴 거죠. 추석 연휴 막 시작하는데 회사에서 처음으로 안을 던져요. 한꺼번에 말고 순차적으로 들어오라고. 회사가 내놓은 안을 본 순간 고민을 많이 했죠. 누가 먼저 들어갈 것이며, 이때까지 고생하고 싸웠는데 이걸(제안을) 받는다고 하면 어떡하지. 그런데 조합원들이 하나같이 이거 할 바에는 안 한다는 거예요. '이게 바로 쓰레기 안이야!' 이카면서. 와, 이 정도면 우리가 어떻게 하느냐에 따라 제대로 이길 수 있겠다 싶고. 싸움을 계속할 수 있게 후원 주점도 계획했어요. 그런데 말도 안 되는 일이 벌어져요. 몸이 아파 수술해야 한다며 나오지 않던 지부장이 사무실에 떡하니 출근한 거예요. 순향이가 눈이 뒤집어져서는 몸싸움을 하고 침 뱉으며 싸우고 난리가 났죠. 나는 말라꼬 저런 인간 같지도 않은 거 상대하노 하면서 말렸죠. 저거 뭐 있다 싶었는데 직권조인이었어요. 지부장에다 한국노총 위원장까지 서명한 걸 조합원들만 몰랐던 거죠. 복귀를 할 수 밖에 없잖아요. 82일 동안의 첫 파업이 그렇게 끝났어요. 남은 12명이 마지막 수련회를 하면서 엄청 울었어요. 분하잖아요.

들어가면 단단히 준비하자고 약속했죠. 지부장은 조합원들이 탄핵하고 민주노총에서는 긴급제명 했어요. 그리고 들어가서 본격적으로 싸웠어요. 2015년부터 5년 동안 우리랑 회사랑 고소 고발이 장난 아니게 많았거든요. 회사에 압수수색이 들어왔는데 보령 노동청 생긴 이래로 처음이었다고. 이쯤 되니 회사도 돈 버는 거 소송비로 다 날리고 있었죠. 이때 회사가 어용노조를 만들었어요. 정말, 우리에게 그동안의 싸움의 경험이 없었다면 정말 버티기 힘들었을 거예요.

　　나는 해고 상태로 현장에 복귀하지 못했죠. 그렇게 4년의 해고자 생활이 시작되었어요. 그 4년… 다른 어느 때보다도 힘들었어요. 정말 힘들었지.

해고자로 살다

파업은 끝났지만 복직은 아직인데 사람들은 정리하는 느낌이어서 나 혼자만의 분노가 있었죠. 그런데 제일 친한 언니가 전화를 했네. 나 그때 막 집회 신고 하러 가고 있었거든요. 언니도 힘들게 입을 뗐겠죠. '너 그만하면 안 되겠냐, 니가 계속하면 우리도 계속해야 되니까. 먼저 결단 내려서 안 하면 안 되겠냐'고 하는데, 안 된다 했어요. 파업하는 석 달 동안 정말 많은 걸 배웠거든요. 정말 많은 것을 깨달았고 그러면서 내 인생도 따라 바뀌었잖아요. 그런데 어떻게 그래요. 경찰서 앞에서 집회 신고 하러 들어가지도 못하고 엄청 울었어요. 속상해서.

　파업에 연대하던 시민사회단체들이 복직 투쟁도 함께 했어요. 회사는 결원이 생기면 우선 넣어주겠다고 해놓고선 결원 생겨도 무시하는 거예요. 약속을 이행하라면서 시민사회단체가 서산 톨게이트 앞에다 천막을 쳤죠. 그러면 어디 또 내가 가만히 있노. 김천 도로공사 본사 앞에다 천막을 쳤죠. 회사는 도저히 안 되겠는지 어디든 넣으려고 예산 수덕사 톨게이트로 가라더군요. 겨우 자리를 만들었다면서. 내는 못 간다 했지, 당연하지. 그래서 우리가 현수막 걸었잖아. 이렇게.

　'니가 가라, 예산 수덕사.' 나중에 회사관계자가 자기네는 정말 생각한다고 애를 써서 만든 자리인데 그랬다며 너무했다 하더라고요. 회사에게, 노동자들 생각해서 애를 쓴다는 건 뭘까요.

　그래서 또 몇 달을 천막농성이 이어져요. 파업이 아니니까 조합원들이 매일을 그 새벽에 와가 선전전하고 오후에 출근하곤 했어요. 외로울까 봐 그랬는지 순향이가 자주 왔지만 그때는 그렇게 즐겁지만은 않았어요. 무더운 여름이기도 했고요. 힘들었어. 그렇지, 너무너무.

가족, 안정감을 주고 싶기는 하지

해고자로 산 4년, 가족들은 2년 동안은 전혀 몰랐고 3년째에는 긴가민가했다가 복직한다고 하니 그때서야 너 해고된 거 맞구나 했어요. 하지만 나도 그렇고 남편도 잔소리는 안 해요. 서로 최고의 외조는 무관심이라고 하죠. 그냥 같이 산다고 할까. 근데 착해. 절절하거나 첫눈에 반한 건 아니지만 내가 만났던 남자 중 제일 친절했어. 예의도 바르고. 근데 결혼하고 보니 다 속았어. 배신감 엄청 들었죠. 매일 맹렬히 싸웠어요. 임신한 내가 집 나가버릴까 봐 엄마가 전전긍긍하실 정도로. 그러다가 둘째 낳고 나서 함께 잠든 셋의 모습을 보는데 아, 지금 여기가 내가 있는 자리구나 싶은 맘이 드는 거예요. 그때부터 싸움을 멈췄어요. 잘 모르겠어요. 아무튼 나는 조금 문제가 있는 거 같아요. 다만 아이들에게 안정감을 주고 싶긴 해요.

2019년 싸움도 말이죠, 온 식구들이 명절날에 다 같이 TV 보는데 갑자기 내가 뉴스에 딱 나와서 다들 깜짝 놀랐대요. 노동조합 활동하는 것도 모르다가 캐노피 농성 장면을 뉴스로 본 거죠. 나는 시댁 가도 내 할 일 그냥 하며 말 없고 그렇거든. 조카가 '진짜 숙모의 다른 모습을 할매는 너무 모른다' 카면서 이중적이라고 맨날 말하죠. 그치 우리 어머니는 상상 못 할 일이지. 내가 남편

보다 좋아하는 우리 시어머니 내 좋아하는 건, 조곤조곤 해서 좋다고 하거든. 그런 분이 내 단식할 땐 그리 걱정을 하는데 그게 참…. 싸울 때 다른 조합원들도 마찬가지죠. 우리 조합원들이 점거농성 할 때 돌아가면서 집에 다녀왔잖아요. 그게 쉬러 가기만 한 일이겠어요? 가족들 얼굴 보고 달래주러 간 셈이기도 하죠. 집안일도 정리하고… 집으로 출근이라는 말도 있을 정도였죠.

정서적으로 안정감이나 충족감을 느끼게 해주고 싶지만, 내 혼자 따지거나 승질을 너무 많이 내게 돼요. 아이들이 엄마는 너무 독선적이라고도 하죠. 우리 집의 모든 결정을 엄마가 다 한 번에 끝내버린다고 맨날 그래요. 그러면 나는 '그래서 잘못된 거 있나? 뭐 나빠진 거 있나?' 이카죠.

딸은 엄마 싫어해. 아기 때는 완전 엄마 껌딱지였는데 떨어져 있는 시간은 늘고 대화는 줄었으니 노조에 대한 반감도 생기는 것 같아요. 한번은 노조는 너무 편파적인 것 같다고 하기에 '근데 난 이게 맞다 생각한다'고 했죠, 그러면 '틀린 건 아닌데 엄만 너무 세상을 한 면만 보는 것 같다'고. 그럼 난 '넓게 보니까 잘못된 게 보이는 거다'라고 하죠. 그런데 이쯤 되면 더 이상 깊게 이야기하는 것을 멈춰요. 아들은 엄마가 하는 일이니까 하면서 관심을 갖는 편인데 반대 입장을 내기도 하죠. 유튜브도 엄청 보더니 정치나 사회 쪽으로 관심이 생겼는지 뭘 자꾸 물어봐요. 한번은 '엄마가 페미가 아니면 좋겠다'는 거예요. '아니, 왜?' 그카니까 엄마 주위에 페미가 많냐해서 엄청 많다고 했죠. '엄마는 여성주의가 어떤 거라고생각하냐' '여성주의가 여성우월이라서 싫다'고 하면 나는 '우월이 아니고 평등이라고 생각하는데' 이카고. 그런이야기를 주고받으면 또 그건 맞는 말이다 하기도 하고.확실히 아들딸은 이야기해 보면 요즘 젊은 사람이 맞는것 같아요. 자기가 부정적으로 봤던 부분에 대해서도 이야기하면서 인정할 건 인정하고.

아, 이 팔의 타투요? 아들과 딸의 이름을 새겼죠. 남편 이름은 없다고요? 아, 뭐. (웃음)

누구나 마주 보고 충분히 이야기할 수 있어야 해요

우리끼리 얘기하고 맨날 많아봐야 20여 명, 몇 년을 그랬거든요. '어느 날 자고 일어났는데 삼사백 명 되면 어떡하지?' 했더니 순향이가 '언니는 너무 희망적이다. 뭐가그렇게 긍정적이고?' 이래 말했어요. 그런데 2018년에직접고용과 자회사 중 선택해야만 하는 상황이 오니까,이때 사람들이 폭발적으로 노동조합에 들어오기 시작했죠. 20명 남짓이었던 인원이 2017년 말에 거의 70명 그다음 해에는 400명을 넘게 된 거예요. 규모가 커지면서고민이 많았겠다고요? 민주적 소통, 노동조합 특유의 수

직적 관계 이런 것 말이죠? 그건 몇백 명이 되든 한 명 한 명 만나서 조직했기 때문에 문제가 되지 않았어요. 그러다가 호흡이 잘 맞는 사람들도 생기고, 점점 만나는 사람들이 많아지고. 이게 실제로는 다른 기회도 생기는 거잖아요. 그렇게 저는 또 달라지는 거잖아요.

박순향　끊임없이 순회투쟁, 순회간담회를 하고, 한 달에 한 번은 반드시 전 조합원 모임을 열어 이야기를 나눴어요. 필요하다고 하면 조합원들이 있는 곳에 가서 무조건 회의하겠다, 하면 누구든지 다 와도 된다고 했죠. 회의는 정해진 안만을 두고 하진 않았어요.

일단 다 모여, 나름 고민했던 내용이 있으면 서로 전달하고 만약에 그 안에서 논의를 하자고 하면 칠판에 적어가면서 이야기했어요. 그냥 모든 사람이 다 말하고 듣게 되는 거죠. 옆길로 새도 갔다가 다시 왔어. 그러다가 저쪽에서 얘기가 나오면 그걸 또다시 듣고 그러면서 결정을 해요. 서로의 생각을 알아가면서.

박순향　누군가는 톨게이트 지회는 한 시간 회의할 걸 하루 종일 한다며 웃었어요.

그렇게 다니면 몸은 힘들지만 우리들이 뭔가를 정하고 하면 결실이 있다는 걸 보게 되는 게 좋았어요. 금전적으로 나아지는 것도 있지만 처우가 달라지기도 하고. 해도 괜찮을까 했던 말을 해도 사장이 반박 못 하는 것을 보고. 무엇보다 '노사'가 되니까 대등하게 이야기할 수 있다는 게 가장 컸어요.

박순향 이게 마주 보는 거잖아요. 그전까지는 이렇게 내려다보고 올려다보는 관계였는데. 조합원들은 이런 점이 좋았대요.

사회적 소수자요? 평소에는 별다르게 느끼며 지내지 않았어요. 싸우면서 톨게이트 노동자 중에는 북한이탈주민, 장애인, 한부모 가정 이런 분들이 많다는 말을 많이 들었어요. 그런데 그게 우리만의 이야기인가요. 일단, 다른 일터에 비해 장애인 노동자가 많은 편이긴 해요.
　　이전부터 노조에서 요구했던 게 있어요. 장애인이 다니는 통로나 길이 아직까지는 제대로 갖춰져 있지 않죠. 그래서 적어도 지사 내에선 편하게 다닐 수 있게 공간을 구조적으로 바꾸라고. 현장지원직은 실외에서 일을 하잖아요. 그런데 밖에서 일하기는 힘든 장애인도 있어요. 같이 일하는 사람들이 배려라고 생각했던 게 자기 손해처럼 느껴질 수도 있고, 괜히 이 사람들이 자기 몸이 불편하다는 이유만으로 계속 눈치 봐야 되고. 이런 부분이 발생하면 안 되죠. 그래서 회사에 장애인 조합원의 복귀를 생각해서 관련 업무도 마련해라 요구했죠. 복귀

후 최근까지도 장애가 심한 편인데 회사에서 자꾸 밖으로 보내거나 하기 힘든 업무에 배치하는 거예요. 그럼 가서 함께 해결하고 있어요. 정말 괴롭힘마냥 막 배치하는 것에 대해 엄청나게 분노한 적도 많아요. 그런 일이 있나 물어보고 수시로 확인도 해요. 이런 게 오히려 불편하려나요? 그래서 우리는 본인의 의사와 선택을 중요시하긴 하죠.

배제와 불신을 부르는 갈라치기

우리 싸움 마지막 시점쯤 저도 많이 지쳤었거든요. 실망도 많았고. 대법 판결이 났는데도 도로공사가 2015년 이후 입사자들을 물고 늘어져요. 내가 봤을 땐 이건 논쟁거리가 아닌데 도로공사에서 툭 던져놓는 순간부터 우리 안에서 갈등이 생기는 거예요. 우습게도 2015년 이후 입사자들 때문에 해결을 못 보고 있다고 생각을 하는 사람들까지 생기고. 이쯤 되면 2015년 이후 입사자들은 심란해져서 싸움에 집중하기 힘들어지고. 이런 갈등, 난 도로공사가 의도한 대로 굴러갔다고 생각해요.

또 하나 시련은, 마지막엔 광화문 농성과 김천 본사 농성으로 나뉘어 있었는데 집행부는 김천의 대오를 빼서 하나로 합쳐야 한다고 생각해서 먼저 김천 조합원들을 만났어요. 이야기를 나누다 보니 '아, 이 사람들은 그냥

369

여기서 계속 싸워야겠다' 싶더라고요. 고민고민하다가
'그러면 여기에 계속 있자' 하고 돌아왔어요. 뼈저리게
도 점거 투쟁 동안 그 안에서 우리 집행부의 영향력, 함
께 결정하던 힘은 계속 줄고 있었던 거죠. 그래서 조합원
들 전체 토론을 시작했어요. 솔직한 마음을 모아보고 싶
어서 적어서도 달라 했죠. 그것들을 공개하지 않아서 문
제가 되었는데, 2015년도 이후 입사자들과는 별도로 들
어가자는 의견이 사실상 많았어요. 김천에서도 말이죠.
차라리 공개를 하고 다 같이 결정을 했으면 좋았을 건데.
엄청나게 고민했죠. 이걸 그대로 공개했다가는 분명히
상처 입는 사람이 많을 것 같아서 공개하지 말자고 나름
판단한 게 실수라면 실수죠. 그 와중에 집행부가 맘대로
김천을 빼려 한다는 헛소문이 퍼졌어요. 김천이 발칵 뒤
집혔고 다시 김천으로 가 조합원들과 토론했죠. 15년 이
후 입사자들을 놔두고 간다고 결정 내린 것도 없었어요.
그게 진짜 화가 났죠. 교섭에서 어떤 안이라도 나오면,
내가, 집행부가 조합원에게 찬반도 묻지 않고 가겠나. 믿
지 못하는 건가. 노동조합이 누구 하나 남기고 가겠냐고
요. 어림없지.

누구 하나 떼어놓고 갈 생각하지 마시라

포기하고 싶었던 순간요? 없었어요.

박순향　언제냐면….

헉, 있어?

박순향　5월 14일 우리 조합원들 모두 들어오고 난 후에는 다 내려놓고 싶었어요. 제가 대법자(대법 판결자)로 먼저 들어갔잖아요. 캐노피와 김천으로 나눠 싸울 때, 조합원 대부분과 주로 소통하는 건 저였는데, 대법 선고 받은 이들이 판결 따라 들어가야 되는 상황이 왔어요. 믿던 사람이 갑자기 없어진다는 것에 대한 조합원의 실망도 컸을 거라 생각해요. 그전까지는 흔들림 없던 김천 대오가 많이 흔들렸어요. 사실 내가 대법 판결자가 아니었다면 판결자들을 좀 더 당당히 현장으로 밀어 넣었을 것 같아요. 승소해서 현장에 들어가는 의미, 그 힘을 조합원들도 알고 있는데. 나한테는 언니가 해고된 상황에서 힘들게 싸우던 기억이 있잖아요. 둘 다 해고된 상태로 버틸 수 있을까. 열심히 하게 된 계기가 조합원들을 버리고 가버린 사람 때문이 큰데, 그런 내가 이런 상황이라니. 함께 들어가니 힘이 된다고 말해주는 대법자 조합원도 있었지만 비난을 하는 이들도 있었죠. 그 부분이 나한테는 상처고 지금까지도 회복이 필요한 단계예요. 당시에는 정말 어디 나설 수가 없고 실망한 사람들에 대한 미안함도 많았어요. 지부장 맡은 지금도 '또 우리를 버릴 수 있다' 이런 식으로 생각하는 사람이 있을까 위축되기도 해요. 아무리 열심히 말하고 움직여도 신뢰받지 못한다면 끝장이라 생각하거든요.

그때 진짜 우리가 그동안 뭘 잘못했구나, 우리가 이래 만들어 놨구나, 라고 하면서 고민이 많았어요. 그래서 복귀하고서 다시 엄청 조합원들을 만나고 있는 거예요.

　　포기라고 하니까 생각나는 게 있네요. 싸움 끝날 때쯤 협상에서 한국도로공사가 '다 들어와도 도명화는 못 받는다' 이러는 거예요. 그 후 4개 노조 연맹 대표자와 위원장들까지 다 모였는데, 눈치가 마치 나 때문에 합의 못 해 들어갈 수 없는 상황, 그런 분위기인 거예요. 우리 요구 중 제대로 진척된 것도 없는데, 몇몇은 대의를 위해서 포기했으면 좋겠다고 내게 말했어요. 그래서 '나 들어갈 수 있을 것 같아요. 그러니 미리 포기하지 마시라'고. 갑자기 모든 게 부담스러워지더라고요. 그래도 말했죠. '누구 하나 떼어놓고 갈 생각하지 마시라.'

어떤 노동의 자리에서든
잊지 않는 목소리

지금은 우리 상황이 좋지만은 않아서 어떻게 움직일까 함께 결정하는 것이 가장 큰 숙제예요. 복귀 후 하고 있는 현장지원직, 이 업무는 직접고용을 해야만 하는 도로공사가 임시방편으로 만든 자리죠. 어떤 합의나 동의 없이. 어디까지가 조합원들의 업무인지 본사도 잘 몰라요. 우리는 암묵적으로 졸음쉼터와 그 고속도로 주변, 본선이 아닌 쉼터 주변 쓰레기 수거까지는 하고 있죠. 그런데 회사는 그 이상의 업무 지시를 내리면서 불응하면 징계하겠다고 해요. 일하는 데 필요한 물품을 비롯한 우리의 요구는 예산 핑계 대며 우선 거부죠. 이런 식으로 모욕을 주고 괴롭히는 일이 계속 일어나요. 협박일 뿐 징계할 수도 없는데도 말이죠.

박순향 　자존심이 상하기도 하죠. 우리가 쓰레기 줍고 화장실 청소하는 게 말이 되냐고도 하고. 그럴 때면 이야기해요. 화장실 청소 자체가 자존심 상하는 일이 아니라 입사할 때부터 해온 우리의 일이 있는데도 괴롭히려고 전혀 다른 일을 시킨다는 것, 우린 또 그걸 하고 있다는 것, 딱 거기까지다. 그리고 우리도 괴롭힘과 부당한 일에는 맞서면 된다고.

한탄만 하던 시기는 지났어요. 물론 지금 이 자리에서 그 냥 이렇게 지낼까 생각도 들고, 지금의 처지를 비관하는 순간도 있고, 이러려고 그리 싸웠나 싶은 마음도, 정말 웬만큼 상처받고 풀리지 않는 고민도 있지만요. 하지만 어쩔 수 없이 지키고 있더라도 지금 자리에서 어떤 부당 한 일이 벌어질 때, 아무리 작은 일이라도 회사에 '너희 가 잘못했어'라고 이야기할 수 있어야 된다고 생각해요. 이런 것에 대해 자꾸자꾸 새겨주고 싶어요. (가슴을 짚으며) 여기에, 서로. 어떤 노동의 자리에서도 자신의 권 리라고 하는 것들, 잘못된 거면 타협하지 않고 당당히 얘 기해야지 않겠냐 하고 말이죠. 그게 노동조합이라고. 우 리가 싸우고 또 싸우잖아요. 그러면서 바뀐 게 많거든요. 병가만 해도 우리가 작년에 싸워 정리했어요. 기존의 정 규직들이 '그동안 병가 못 쓰다가 너희가 싸우고 난 후부 터는 쓴다'고 말해요. 이런 게 당연하다고 우리가 계속 알려주는 것, 이런 것이 나는 우리 조합원들이 큰일 하는 거라고 봐요. 한국도로공사의 문화를 바꾸고 있잖아요.

'사람'에게 외주화, 간접고용이란

한국도로공사가 우리와 이야기를 풀지 않은 상태에서 톨 게이트 수납 업무를 자회사로 전환하고 거기에 다른 사람들을 채용했잖아요. 너희를 대신할 수 있는 사람은 얼마든지 있다며. 그렇게 우리의 원직복직을 다른 사람을 밀어내야만 가능한 일처럼 만들어 버렸죠. 게다가 도로공사는 현장지원직은 직고용 대상인 우리가 임시로 할 뿐 계속할 업무가 아니기 때문에 더 이상 신규채용도 없다고 하죠. 지난 국감에서 밝혔듯이 외주화하겠다는 거예요. 결국 남아 있는 사람들의 노동 강도만 높아져요. 외주화가 얼마나 부당한지, 어떻게 사람을 쥐어짜는지 잘 아는 우리가 임시로 하는 일이라 해도 외주화를 그냥 두고 볼 순 없잖아요. 더 괘씸한 게 도로공사는 지금 일이 임시라고 하면서도 다른 일자리를 만들 의지도 없어요. 이런 평행선 상황에서 다들 퇴직하고 직접고용 의무자가 아주 소수로 남았을 때 어떤 일이 벌어질까. 앞으로 계속 일할 수 있는 남은 20, 30대 조합원, 그 사람들은 소수의 힘 없는 상황에서 또다시 어딘가로 떠밀리겠죠.

박순향 그전에 퇴직하는 사람도 많겠죠. 조합원들은 '지난 투쟁 때 들어오면 금방 퇴직할 거 알면서도 싸운 그분들은 왜 투쟁했겠냐. 그런 거 생각하면서 지금 여기 있는 우리가 앞으로 오래 일할 조합원들 보면서 가자' 이런 이야기를 하죠.

그렇게 우리는 나만을 위해, 지금만을 위해 싸우진 않을 거라고.

일자리가 없어진다고 사람이 없어지나

우리가 기술이나 기계화에 밀려나는 것에 대한 고민을 투쟁할 때 정말 많이 나누긴 했어요. 지금 하고 있는 업무를 보면 우리는 이제 스마트톨링하고는 상관없어 보이긴 하죠. 그게 다일까요? 하이패스 도입하고 생겨난, 우리가 해왔던 일들처럼 우리 할 일이 있다고 생각해요. '하이패스 무인화가 되었을 때, 그와 관련된 업무들은 모두 직접고용으로 이루어져야 한다. 이런 식으로 만들어지는 일을 우리와 같은 사람들이 맡으면 되는 거다'라고 주장해 왔어요. 관련 업무를 잘 보던 사람들이기도 해요. 그렇게 되면 직고용 신규 채용도 생기겠죠. 도로공사에 영업팀이란 게 있어요. 우리처럼 휴게소 업무도 하고 미납관리도 하는. 이 역시 더 이상 신규채용을 안 하고 있어요. 외주화를 하겠죠. 게다가 현재 수납 업무를 하고 있는 자회사도 일할 수 있는 인원이 엄청 줄어드는 거잖아요. 스마트톨링과 관련된 업무는 직접고용으로, 그리고 그 자리들은 일하던 사람들로 연결되는 것. 이런 것들을 놓치지 않으려면 매의 눈으로 지켜봐야 해요.

　어떤 노동, 어떤 일자리요? 도로공사는 우리가 어느 직군에 편중되어 들어가는 게 아니라 어디고 결원이 생길 때 우리들이 보충하는 방식을 내놓고 있어요. 이에 대해 우리가 '8급, 7급이 하던 일 중 결원된다면 그 일, 우리 다 할 수 있는 사람이 있다. 그 정도의 직군까지 바꿀 의사가 있냐'니까 그건 또 아니라고 하죠. 그냥 던지는 말일 뿐. 그럼 어차피 우리한테 직군을 변경시켜 가면서까지 줄 수 있는 업무가 아니라면 우리는 다 같이 할 수 있는 업무에 집단적으로 들어가길 원한다고 했어요. 안 흩어지고 이 인원 그대로 할 수 있는 일 말이죠. '그렇게 밀어내고선 만든, 더 이상 채용 없고 결국 없어질 업무' 말고요. 소속감을 느낄 수 있는 관계, 자긍심을 느끼며 할 수 있는 업무를 같이 만들어 보자고 계속 이야기하고 있어요.

톨게이트 여성노동자들의 싸움이 어떻게 기억되길 바라냐고요? 음, 당연히 싸워야 될 거, 잘 싸웠다. 정말 잘 싸웠지. 이정도?

박순향 우리가 그때 한참 직접고용 투쟁했듯이 여러 사업장에서도 계속 터졌어요. 그런 싸움을 끝까지 해서 비록 반토막 같고, 완전한 업무를 쟁취하지는 못했지만 직접고용에 골인한 투쟁은 아직은 몇 군데 없어요. 그런 투쟁의 현장에서 우리 톨게이트 싸움이 이야기되면 좋겠어요. 정말 멋있게. 음, 나와 같은 사람들이 싸울 때 힘이 나는 본보기가 되고 싶다, 이런 맘.

아니 그런데 사람들이 자꾸 우리 투쟁에 대한 얘기를 저

렇게 약한 사람들도 모여서 싸울 수 있다는 걸 보여준다
고 말하는 거예요.

박순향　우리가 약해?

그런데, 알고 보면 우리가 제일 무서운 사람 아닌가요?

대체 가능한 존재에서
존엄과 평등의 구체적 얼굴로

소중히 여기거나, 중요하다 생각하는 단어나 문장은 뒤로 빼내 말하곤 한다. 누군가를 설명하거나 되새기고 싶은 말은 한 번 더 발음하며 곱씹는다. 확신을 이야기할 때면 '~이지 않는가' 묻는 것으로 시작한다. 그런 도명화가 일하고 싶다고 말한다. 할 말은 하면서, '누군가보다 더' 높아지기보다는 지금까지 함께해 온 이들과 '관계를 맺고, 자긍심을 가지며', 다른 내일을 위해 싸우는 오늘의 고단함과 일상의 즐거움을 잊지 않으며 말이다. 그렇게 더 나은 내일을 바라는 사람들이 모여 '정규직화'보다는 '직접고용'이라는 단어를 힘주어 말하며 기업과 국가와 사회의 책임을 묻는다.

'우리가 약한가, 알고 보면 정말 무서운 사람들이지 않겠는가' 되묻는다. 우리 모두에게.

대부분의 사람이 누군가에게 고용되어 받는 임금 또는 직접 무언가를 팔거나 제공하여 남긴 이윤과 같이 오로지 자기 노동의 대가를 통해서만 삶의 기반을 만들고 이어갈 수 있는 이 사회. 이런 사회에서 '직접고용'이 갖는 의미는 무엇일까.

일터에서 언젠가는 폐기될 수 있는 노동을 하는, 언제든지 대체 가능한 사람으로 대접받는 매 순간, 자신이 '누구나 평등하다'라는 말에서 '누구나'에 속하지 않는다는 것을 끊임없이 확인하게 되는 잔인한 시간들은 언제까지 계속될까. 톨게이트 요금수납 노동자들이 하이패스, 스마트톨링이라는 기술에 '밀려난' 순간처럼 자동화, 인공지능 같은 새로운 기술에 의해 노동의 자리를 무조건 내줘야 하는 '운명'의 탄식들은 어디까지 이어질까.

비정규직, 간접고용이 불러오는 사회문제를 이야기할 때는 공정하지 못한 임금과 노동조건 악화, 고용 불안정, 위험업무의 외주화, 노동권 제약 등을 문제로 든다. 간접고용은 임금, 노동시간, 노동환경과 같이 노동자에게 영향을 미치는 노동조건을 결정하는 '실질적인 권한'을 가진 주체(원청)와 노동자 사이에 한 단계 이상의 계약을 더 둔다. 이렇게 해서 필요한 노동을 취하면서도 권한에 따른 책임은 회피하고, 노동자들의 능력을 증진하고 경험을 제공하는 데 들이는 비용을 '절감'한다. 중간 단계가 취할 이윤을 위해 줄어든 임금, 안전과 같은 필수적 노동조건 보장의 축소는 오롯이 노동자의 몫으로 남아 이들의 노동과 삶을 불안정하게 만든다.

고용노동부가 2023년 5월 23일 발표한 〈2022년 6월 기준 고용형태별 근로실태조사 결과〉를 보면, 지난해 정규직 대비 비정규직의 시간당 임금 수준은 평균 70.6%이다. 이마저도 업종과 규모에 따라 약 55%까지도 떨어진다. 2019년 근로복지공단의 산재승인자료에 따르면, 시공능력평가 기준 10대

건설에서 사망 및 부상 재해를 승인받은 1,678명 중 비정규직은 1,471명으로 전체의 87.7%, 즉 10명 중 9명이 비정규직 노동자이다.

무엇보다도 심각한 문제는 간접고용화된 노동이 하위노동으로 여겨지고 그 노동을 수행하는 사람들마저 열등한, 나태한 존재로 '정상', '표준'의 범주에서 밀려난다는 것이다. 적용되는 노동권의 영역도 좁아져 이를 보장할 의무가 있는 국가의 책임도 줄어든다.

모든 노동자(임금노동, 비임금노동 혹은 무급노동 모두)는 한 사회가 필요로 하는 전체 노동의 일부를 담지하고 있기 때문에 적정한 사회적 보호를 받을 권리를 갖게 된다. 또한 자신의 자유를 행사할 구체적인 수단을 갖지 못한 자에게 그 운명에 대한 책임을 떠맡기지 않는 것, 이 두 가지가 전 세계 노동권과 노동을 둘러싼 사회제도의 핵심적인 근거이다. 그래서 취약성을 지닌 이들에 대한 사회의 적극적인 조치로서, 한국 헌법에 노동삼권과 같이 노동조합으로 모여 목소리를 내고 협상하거나 이를 위해 힘을 행사할 권리보장을 명시하고 있는 것이다. 그러나 사회 불평등, 빈곤의 양극화가 심해진 현대사회에서 이러한 사회의 역할과 약속들은 휴지 조각이 되어버린 듯하다.

특히나 한국 사회에서 한 정부가 출범하며 공약으로 내건 '공공부문(부터) 비정규직 정규직화'라는 정책이 어떻게 펼쳐지고 있는가를 살피고 있자면 '이번 생은 글렀어'라는 한탄 섞인 말에 고개를 절로 끄덕이게 된다. 그러다 부단히 터져 나오는 목소리, '평등에 나중은 없다'는 노동자들의 쩌렁쩌렁한 외침에 화들짝 놀라게 된다. 2017년 5월 문재인 대통령 취임 직후 첫 행보, 1호 업무 지시는 1만 명(공항 내 노동자의 84.2%)에 달하는 인천국제공항공사 비정규직의 정규직화였다. 노동자들은 정규직 전환 방식에 따른 차별에 맞서 싸웠으나 3,000여 명의 생명·안전 관련 업무에 한해 공사 소속 정규직(무기계약직)으로 전환하고, 나머지 7,000명은 공사가 설립하는 별도의 자회사에 소속된 정규직으로 전환하는 데에 합의하며 일하게 된다. 2018년 고용노동부 산하 국립직업체험관인 한국잡월드 노동자들은 직접고용을 요구하며 집단단식까지 이르렀지만 집단해고라는 정부의 초강수에 자회사 전환에 합의한다. 2019년 1,500명 집단해고 사태에도 끄떡없이 직접고용을 요구하며 파업을 이어갔던 한국도로공사의 톨게이트 노동자들은 직접고용을 쟁취하고 한국도로공사의 현장지원직으로 복귀했으나, 이는 공사가 마련한 기약 없는 임시상태의 일자리로 노동자들은 사실상 무기계약직으로 일하고 있다. 2020년에는 정규직 전환 과정을 밟던 인천공항공사 비정규직 노동자들이 이른바 '인국공 사태'의 주인공이 되며 공정성 논란과 함께 차별과 편견에 맞서게 된다.

시장경쟁을 따르지 않고 공공성을 담보해야 할 공공부문부터 정규직화를 추진하겠다는 국가의 선언은 공공부문 민영화에 다름없는 민간위탁, 간접고용의 구조를 직접고용으로 바꿔나가겠다는 것이었다. 하지만 실제로는 간접고용을, 특정 직군으로 편성해 계약 기간만을 보장하면서 임금, 복지를 비롯한 노동환경이 이전과 다를 바 없이 무기계약직(그래서 '중규직'이라고도 불린다)으로 전환하거나, 모회사인 공공기관에서 수의계약이 가능한데도 입찰 경쟁의 하한선 이상으로 자원 배분을 하지 않는 관행 속에 운영되는 자회사나 소속기관으로 이름만 바꿀 뿐이었다. 정규직 전환의 핵심인 원청(공공기관)과 자회사와 노동자로 구성되는 협의체 운영은 매해 실시하는 공공기관 자회사 평가에서 대부분 낙제점이나 기준 이하 등급을 받고 있다. 불안정한 노동과 차별을 가져오는 구조는 그대로인 것이다. 노동의 사회적 필요보다는 그 귀천을 따지는 위계만이 우선되고 일터에서 이윤과 비용 절감을 위한 경쟁이 일상이 되면 노동환경이 갖추어야 할 보편적인 선마저 무너진다. 이렇게 존엄을 지킬 수 있는 인간적인 노동과 보편적 권리는 여전히 공백 상태에 머물러 있다.

간접고용의 가장 심각한 문제는 노동자의 삶에 빈곤과 같은 경제 불안정, 건강하고 안전하게 일하기 어렵게 하는 심신 불안정을 가져올 뿐 아니라 이를 정당화하기 위해 타인에 대한 차별을 당연시하게 한다는 점이다. 간접고용은 노동자로 하여금 일터에서 자신의 목소리를 충분히 내지 못하게 하고 그 힘을 소용없게 만든다. 불평등을 가리기 위해 끊임없이 노동에 부차적, 비숙련이라는 꼬리표를 달며 그 노동을 하는 사람에 대해 '평등의 자격'을 논하고 부당한 대우를 감내해도 되는 이로 여기게 한다. 어떤 형태의 노동이든 사회에 필요하기에 수행된다는 전제는 실종된다. 이렇게 노동에 위계가 생기고 노동자 사이, 동료시민 사이에서도 신분의 위계가 새겨진

다. 노동의 위계에는 반드시 '불평등이 당연한 사람'이 등장하게 되는데 이는 대부분 다양한 정체성, 그중에 취약성, 소수자성과 짝을 이룬다. 이렇게 불평등은 사회구조 속에 단단히 자리 잡게 되는 것이다.

불안정한 노동을 담당하고 있는 노동자들의 삶을 흔드는 또 하나의 큰 변수는 기술이다. 기술의 발전은 인간에게 편의를 제공하며 고된 노동의 종말을 속삭인다. 그러나 기술이 발달할수록 기술과 인간 사이를 채우는 노동이 필요하다. 새로운 기술이 등장할 때면 그 기술을 개발하고 실현한 노동만이 무대에 잠깐 등장한다. 톨게이트 요금수납 노동자들이 하이패스의 오차를 잡아내며 기술을 보정하고 빈틈을 채워왔던 것처럼 기술과 인간이 공존하기 위해서는 그 사이를 잇는 노동이 필요하다. 뿐만 아니라 키오스크와 같은 서비스 노동자를 대신하는 기술 역시 노인, 아동, 장애인, 다른 언어사용자와 같이 이용 정보와 동작이 더 필요한 이들의 접근성을 위해 대면 노동이 반드시 함께 준비되어야 한다. 그러나 이는 '돈이 안 되는' 노동으로 취급받거나 보이지 않는 노동이 되곤 한다. 이렇게 잇는 노동은 노동의 위계에서 밀려난다. 편리하고 완벽한 기술이라는 상품성을 위해, 혹은 기술 개발과 기계화를 멈추지 않고 더 발전시키며 이를 위한 비용절감을 사람의 노동에서 구하기 위해서. 단순하고 낮은 노동, 기술이 발전할수록 언제든지 폐기될 수 있는 노동을 하는, 얼마든지 대체 가능한 노동자로 취급하는 것은 그 일을 하는 사람의 존엄과 노동의 가치를 지우고 낮추는 일이다. 그 일에 필요한 기술을 습득하거나 그것에 익숙해지기 위해 들여야 하는 시간과 노력을 지우는 것이다. 이렇게 노동자는 적정한 대가와 '소속감을 가지고 자긍심을 느낄 수 있는 노동'에서 멀어지게 된다.

도명화는 우리가 할 수 있는 일이 있다고, 매의 눈으로 지켜볼 것이라 했다. 사람 귀한 줄 알고 서로 엮여 사는 기쁨을 흠뻑 느끼게 해준 그이들이라면 후회 없이 싸우고, 남은 후회마저 살아가는 힘으로 가꾸고야 말 것이라는 믿음이 솟는다. 세상 살 만한 이유를 선사한다. 그런데, 과연 쉽지만은 않을 그 시간의 무게가 오롯이 톨게이트 수납노동자들만의 몫일까 하는 의문이 들었다. 프랑스는 노동환경이 디지털화되고, 노동자의 스마트기기의 활용으로 생산성이 높아진 가운데, 노동시간과 업무량으로부터 노동자의 휴식을 보장하기 위해 노동시간 외 연락과 접속을 규제하는 연결차단권과 그것을 실현하기 위한 규칙을 노동법으로 명시해 시행하고 있다. 지속 가능한 노동을 위한 것이라지만 이와 같이 어떤 이유에서든 인간다운 노동과 삶을 위해 기술이 가져다주는 무한 생산을 조절하는 것이 얼마든지 가능하다는 걸 우리 모두는 알고 있다. 고용여부에 상관없이 모두가 원하는 삶과 자유를 실현할 수 있을 만큼 이미 많은 것이 생산되고 있다는 사실과 함께.

과잉착취가 만드는 취약한 삶, 취약한 삶들이 만든 여정

해제

☞ 전주희(서교인문사회연구실)

압축 불가능한 질문, 왜 싸우는가

2019년 7월, 한국도로공사는 자회사 고용을 거부하는 톨게이트 요금수납 노동자 1,500명을 해고했다. 그해 여름 해고된 노동자들은 한국에서 가장 넓은 왕복 25차로 톨게이트의 지붕(캐노피) 위로 올랐다. 처음에는 2박 3일, '커피믹스 대용량 한 박스'를 다 먹으면 내려가겠거니 했던 고공농성은 98일까지 이어졌다. 노동자들의 요구는 간명했다. 정규직 전환.

기존 용역업체 소속이던 요금수납 노동자에게 도로공사의 자회사 소속 노동자가 되는 것은 기회일 수 있었다. 실제로 6,500여 명의 요금수납 노동자 중 5,000명가량이 도로공사 측의 제안대로 자회사로 옮겨 갔고, 자회사 전환을 거부한 1,500명은 해고되었다. 그들은 해고가 되었음에도 불구하고 자회사가 아닌 도로공사 정규직 전환을 집요하게 요구했다.

싸움을 하는 동안 언론보도는 충실하지도 친절하지도 않았다. 왜 싸우는지에 대한 심층보도는 드물고 귀했다. 소란스럽고 폭력적인 시위 현장과 시민의 불편을 다루는 기사가 대부분이었고 심각한 비난과 악성 댓글이 달렸다. '떼쓰면 다 해주는 나라, 공정·공평이 무너진다' '표 끊는 아줌마' '단순한 노동이라 기계로 대체되는데 정규직 시켜주면 혈세 낭비'(김경남의 구술 중. 본문 334쪽)

대부분 중장년층 여성인 톨게이트 요금수납 노동자들이 노동조합을 만들고 싸우는 과정을 따라가다 보면, 이 노동자들이 놓여 있는 거대한 세계와 마주하게 된다. 용역노동자로서 갖는 불안정성은 단지 그 일부분에 불과하다. '임금'노동자의 불안정성만으로, 다시 말해 표준적인 고용관계의 틀로는 파악하기 어려울 만큼 복잡한 세계. 톨게이트 노동자들이 경험하는 불안정성은 성, 연령, 계급, 지역, 가족 등과 복합적으로 얽혀 있다. 나는 이들이 노동하는 세계를 불안정할 뿐만 아니라 위태롭다는 의미를 포함한 '프레카리아스(precarious) 세계'로 이름 붙이고 싶다.

11명의 구술 기록은 98일간의 상징적이지만 위태로운 싸움의 결과─결국 도로공사는 해고를 철회하고 직접고용을 결정했다. 노동자는 승리했는가? 정규직이 된 노동자들에게는 요금수납 업무 대신 고속도로가의 졸음쉼터 주변에서 담배꽁초를 줍거나 풀을 뽑는 일 등이 주어졌다. '조경, 청소 업무'라는 다른 직무로의 전환이 아니라, 일종의 모욕이자 보복의 결과였다. 그래서 노동자들의 싸움은 실패했는가?─를 보다 커다란 프레카리아스 세계 안에 위치시킨다.

갑자기 톨게이트 지붕 위에서 자신의 존재를 세상에 드러낸 이들은 그들이 거주하는 세계 안에서 고투하며, 때로는 자신을 둘러싼 모순과 불합리의 구조 속에서 무지함을 버팀목 삼아 위태롭지만 안정적인 삶을 살아냈고, 그 연속선에서 보다 안정적인 삶을 위해 위태로운 선택을 감행한다. 이 같은 전체적인 조망 없이는 이들의 싸움이 어떤 의미를 가지는지, 그리고 '정규직화'라는 매우 단순하면서도 요즘 시대에 낯설어진 이 '구호'가 어떤 의미를 품고 있는지를 도저히 알 수 없다.

이 책은 톨게이트 노동자들의 이야기를 소재로 불안정노동이 일반화되고 불안정한 삶에 젖어 있는 우리 사회에서 노동자들은 '왜 싸우는가'에 대한 요약 불가능하고 압축할 수 없는 질문에 관한 책이다. 이들의 삶과 노동이 내놓는 다양한 대답들은 또다시 많은 질문을 불러일으키기 때문이다.

　간명한 답은 늘 생략을 동반하기 때문에 빈곤한 답이 될 수밖에 없다. 그것은 틀린 답이다. 그럼에도 이들의 세계를 보다 명료하게 이해하기 위해서 나는 이들이 내놓은 이야기를 구조화하는 위험을 감수할 수밖에 없다.

첫째, 톨게이트 노동자들은 왜 자회사를 거부했는가. 본격적인 투쟁 이전인 2013년부터 톨게이트 요금수납 노동자들은 소송을 진행하고 있었다. 이들은 자신들이 불법파견된 것이고, 사실상 원청인 도로공사가 직접적인 업무를 지휘하고 노동과정을 지배하고 있다는 점을 들어 직접고용을 요구하는 법적 싸움을 시작했고, 1심, 2심 재판부 모두 불법파견을 인정했다. 이에 원청인 도로공사는 불복했고 대법원 판결이 남아 있었다. 대법원 판결을 앞두고 도로공사는 2019년 7월 요금수납 업무 전담 자회사 '한국도로공사서비스(주)'를 출범시켰다. 요금수납 노동자 6,500여 명 중 5,000명가량이 자회사로 옮겨갔고 1,500명은 우리가 이미 알고 있듯이 더 큰 투쟁을 감행했다. 후에 대법원 판결에서도 불법파견을 인정하고 원청업체가 노동자들을 정규직으로 직접고용해야 한다는 결과가 나왔지만 자회사 설립과 인력 전환은 그대로 이뤄졌다.

그런데, 왜 도로공사는 직접고용 대신 자회사를 설립했을까? 이를 이해하기 위해서는 문재인 정부의 '공공부문 비정규직 정규직 전환 정책'을 들여다봐야 한다. 그뿐만 아니라 IMF 위기 이후 국가가 어떻게 체계적이고 합법적으로 불안정노동 인구를 양산해 왔는지를 이야기해야 한다.

　둘째, 요금수납 업무는 곧 당도할 미래에 사라질 노동인가. 자동화담론은 단순노동, 기계가 대체해도 아무런 문제가 되지 않는 노동이라는 범주를 생산한다. 신기술이 이끄는 자동화담론은 오랫동안 인간과 기계, 인간과 로봇, 인간과 AI라는 대결 구도를 생산하면서 기술혁신의 잣대를 인간을 대체하는 '무엇'으로 상정해 왔다. 그런데 문제는 자동화가 진정 노동을 지금보다 더 평평하고 납작한 탈숙련화로 이끄는지, 탈숙련화를 넘어 노동이 없는 사회를 예비하는지를 예측하는 것이 아니다. 이는 기술주의가 불러낸 진화론적 혹은 종말론적 예언에 불과하다. 더 중요한 것은 이러한 자동화 담론이 현재의 노동을 재구성한다는 점이다. 그런 점에서 미래를 예측하는 자동화 담론은 현재를 구성하며, 현실의 노동을 일회용 노동, 뽑아 쓰고 버리는 티슈노동으로 만든다. 투쟁이 한창이던 때, 요금수납원은 곧 '없어질 일자리'라는 이호승 청와대 경제수석의 발언은 자동화와 일의 가치라는 긴장을 수면 위로 올려놓았다.

　셋째, 노동자들의 취약성은 '역량의 감소'이자 '역량의 증대'로 이어질 수 있는가. 구술자 12명의 생애를 보자. 이들은 때로 중산층의 문턱에 진입하기도 했고, 결혼에 성공해 정상 가족의 일원이 되기도 했고, 번듯한 기업의 정규직이 된 적도 있었다. 그러나 IMF 이후 한국 사회는 불안정한 세계로 빠르게 재편되었고, 이 세계에 거주하는 한 이들의 안정은 위태로울 수밖에 없었다. 모두 각자의 생애를 살아내다가 드디어 톨게이트 요금수납 노동 앞에 당도했을 때, 노동자들 앞에는 공식적인 업무뿐만 아니라 비공식적인 잡일, 심부름을 포함해 권력의 위계가 작동하는 데 필요한 성희롱과 갑질이 버무려진 일의 세계가 펼쳐져 있었다. 이러한 세계에서 노동자는 일을 열심히 수행하면 수행할수록 취약한 존재가 된다. 따라서 이들의 활기 있고 슬기로운 직장 생활은 오히려 '탈역량화'를 촉진했으며, 이들은 본래 그런 일을 하도록 만들어진 존재처럼 오랫동안 그곳에 갇혀 있었다.

그런데 이렇게 취약한 존재들이 어떻게 세상 시끌벅적한 싸움을 벌여냈을까? '예속과 속박에서 벗어난 우리'라는 오랜 노랫말처럼 이들은 취약성을 극복하고 강한 인간으로, 곧 자본에 대항하는 노동계급으로 다시 태어난 것일까. 아니면 위태로운 안정을 쫓기보다는 취약성을 긍정하며, 위태로움 자체를 더 밀고 나가는 방식으로 또 다른 샛길을 찾아낸 것일까.

'비정규직 보호'라는 온정주의

문재인 전 대통령은 취임한 지 불과 이틀이 지난 2017년 5월 12일 파견·용역노동과 같은 간접고용 비정규직이 87.4%나

되는 인천국제공항공사를 방문해 '공공부문 비정규직 제로'를 선언했다. 이후 '공공부문 비정규직 정규직 전환'은 문재인 정부의 대표적인 노동정책이 되었다. 정규직 전환 정책은 집권 기간 지속되었고, 취임 4년 차가 되던 2021년, 그는 비정규직 정규직 전환 정책이 성공적이었다고 자평했다.

2020년 6월, 정규직으로 전환이 완료된 인원은 19만 2,698명이었다.[35] 공공부문 비정규직 대책은 노무현 정부부터 시작되어 이명박, 박근혜 정부, 문재인 정부까지 이어져 왔다. 역대 정부에서 이뤄진 정규직 전환 규모는 노무현 정부 7만여 명, 이명박 정부 13만여 명, 박근혜 정부 7만여 명. 숫자만 놓고 보더라도 문재인 정부에서 이뤄진 정규직 전환 규모가 가장 크다.[36] 과거 정부는 정규직 전환 대상을 직접고용으로 이뤄진 계약직 노동자로 한정했다. 이와 달리 문재인 정부는 간접고용, 즉 파견, 용역, 사내하청과 같이 원청 사용자가 직접고용하지 않고 민간 업체 소속으로 고용되는 노동자까지를 정규직 전환 대상에 포함했다. 우리 사회에 '위험의 외주화'에 대한 문제를 알린 2016년 구의역 김 군 사망사고와 2018년 태안화력 김용균 노동자 사망사고로 인해 떠오른 간접고용의 문제를 정책에 반영한 결과였다. 두 노동자 모두 원청인 서울메트로와 서부발전 소속이 아니라 민간 하청업체 소속의 노동자였다.

[35] 엄진령, 〈공공기관 자회사 임금실태 및 처우개선을 위한 방안〉, 〈공공기관 자회사 인건비 저가낙찰 근절 및 노동조건 개설을 위한 국회 토론회 자료집〉, 2022.3.31.
[36] 매일노동뉴스 편집부, "공공부문 비정규직 정규직 전환, 성과와 한계는", 〈매일노동뉴스〉, 2021.5.14.

문제는 정부가 규정한 '정규직화'가 갖는 의미이다. 정부는 원청 소속 노동자로 전환시키는 방식(직접고용 정규직 전환)뿐만 아니라, 별도의 자회사를 만들어 자회사 소속으로 전환시키는 방식 역시 정규직 전환이라고 결정했다. 그 결과 '정규직으로 전환되었다'고 셈해지는 19만 2,698명 중 직접고용이 14만 4,347명(73.0%), 자회사 전환이 5만 1,752명(26.2%), 제3섹터 전환이 1,767명(0.9%)이 되었다.[37] 이 과정에서 자회사로 전환된 공공기관은 80개, 신설된 자회사는 총 77개가 되면서 자회사가 공공부문 고용방식의 한 축으로 자리 잡았다. 이러한 자회사 전환 방식은 도로공사가 톨게이트 노동을 사용하는 방식에서 나타났던 문제, 즉 불법파견을 다투는 사업장에서 직접고용 대신 선택할 수 있는 우회적인 길을 열어준 것에 불과했다.

　　이렇게 만들어진 자회사는 파견·용역업체보다 나은 노동조건을 제공하고 있는가? '그래도' 공기업의 자회사이니 고용불안은 해소될 거라는 기대와 처우는 더 좋아질 거라는 희망, '그럼에도' 계약으로 이뤄지는 원·하청 구조와 다를 바 없을 거라는 우려, 여전히 원청이 직접고용하지 않는 유사 간접고용 형태에 불과하다는 불신 사이에서 수많은 비정규직 노동자들이 동요하고 갈등하고 반목했다. 톨게이트 요금수납 노동자들 앞에 '자회사로 갈 것인가, 직접고용을 위해 싸울 것인가'라는, 노동자 사이를 갈라놓는 강요된 선택지가 놓여 있었듯이 말이다.

---

[37] 고용노동부(2022), 공공부문 1단계 기관 정규직 전환 추진 실적자료(8차)

도로공사가 서둘러 설립한 한국도로공사서비스(주) 노동자들의 평균 임금은 220여만 원. 그쯤 설립된 자회사 노동자들의 평균 임금은 180만 원에서 230만 원 사이였고, 이는 원청 기관 평균 임금의 40퍼센트가량에 불과했다.[38] 자회사의 임금 설계는 차별적 임금구조를 개선하기보다는 기존 용역회사의 임금수준을 자회사로 옮겨오는 방식으로 이뤄졌다. 이는 '공공부문의 효율성 강화'라는 명목으로 IMF 위기 이후 지속되어 온, 공공부문의 상시적인 구조조정이라는 거대한 흐름을 거스르지 않는 선에서 비정규직 대책이 세워진 결과였다. 그 결과 자회사 전환 노동자들의 임금은 최저임금 수준에 머물렀고, 최저임금의 굴레 안에서 매년 임금 인상 폭이 결정되고 있다.

원·하청 구조의 가장 고질적인 문제인 원청의 강력한 지배력과 하청의 독립적인 권한의 부재 역시 해결되지 않은 채 자회사로 고스란히 이전되었다. 하청노동자들이 임금과 노동조건을 위해 싸운다고 할지라도 아무런 권한이 없는 하청업체는 어떤 결정도 내리지 못한다. 노동자의 실질적인 사용자인 원청은 자신이 고용한 노동자가 아니라는 이유로 어떠한 책임도 지지 않는다. 이러한 상황에서 각종 차별과 위험한 노동환경, 불합리한 업무 지시와 관행이 아래로 전가되는 문제가 자회사에서도 그대로 나타나고 있다. 톨게이트 용역업체의 '사장'이 원청 정규직 노동자들의 퇴직 후 일자리였던 것처럼, 자회사 사장 역시 마찬가지다. 원청과 하청 간의 합법적인 '계약'은 원청과 하청, 모회사와 자회사 간의 심각한 격차와 차별을 양산하고 있다.

　노무현 정부부터 이어져 온 '공공부문 비정규직 대책'의 본질은 불안정노동에 대한 차별을 해소하는 것도, 공공부문의 민간화, 시장화를 제어하고 공공성을 강화하기 위한 방안도 아니었다.

　이것은 일종의 온정주의적 통치에 불과한 것은 아닐까? 연말연시에 등장하는 자선냄비가 가난한 인구집단을 필요로 하는 것처럼, 자선과 온정은 취약한 집단을 전제하며 이를 재생산하는 데 일조한다. 문재인 정부의 비정규직 대책이 갖는 근본적인 문제는 비정규직 노동이야말로 저숙련 단순노동에 불과한 노동, 저임금으로 사용할 수 있는 노동이라는 인식을 '공공부문 자회사'라는 최종적 진화 형태로 확립했다는 점이다.[39] 이제 자회사 전환 노동자들은 '무늬만 공기업'에서 일하는 '유사 정규직'이 되어, 더는 '비정규직 차별'이라는 목소리조차 낼 수 없는 위치에 서게 되었다.

　수많은 비정규직 노동자들이 울며 겨자 먹기로 자회사를 선택했다. 반면 톨게이트 노동자들은 자회사 전환을 거부하고 '정규직 전환'과 '직접고용'을 주장했다. 역대 정부 중 가장 성공적인 비정규직 대책을 마련했다고 자평하는 문재인 정부에서, '정규직화'가 왜 이토록 받아들이기 어려운 요구였는지, 왜 노동자들은 고공농성을 감행해야 했는지, 정규직 전환 뒤에

[39] 권오성, "국가가 공역무(public service)를 공공단체에 위탁하고, 나아가 공공단체의 자회사를 만드는 방식으로 공역무 전달체계의 일부를 영리법인, 즉 회사(會社)로 하여금 운영하게 하는 방식, 즉 공공부문의 자회사 방식은 공무 민간화의 최종적 진화 형태라고 평가할 수 있을 것이다."(위의 토론회 토론문 중)

어떻게 멸시와 보복성 업무 배치가 이뤄질 수 있었는지를 이해하기 위해서는 김대중 정부부터 이어져 온 신자유주의적 노동 위계화와 비정규직 보호 정책이 양립할 수 있었던 비밀, '온정주의가 만들어낸 차별구조의 재생산'을 알아채야 한다. 또한 비정규직 노동자들이 끊임없이 싸워오며 요구했던 '정규직화'가 단지 고용안정을 의미하는 것이 아니라 비정규직으로 분할, 분리되는 순간 기다리고 있는 무시와 차별, 부조리한 상황이 가리키는 온갖 부정의(injustice)를 고발하는 것임을, 비정규직 보호 정책의 모순을 폭로하는 것임을 이해할 필요가 있다.

자동화가 몰려온다?
과잉착취의 메커니즘

톨게이트 노동자들이 본격적인 싸움을 시작하자 온갖 비난이 뒤따랐다. 모난 돌이 정 맞는 것일까? 그렇다기보다 노동자들의 싸움이 그동안 수면 아래서 작동해 온 불안정노동을 둘러싼 암묵적 규범들을 수면 위로 끌어올리기 때문일 것이다.

우리 사회가 비정규직 노동자들을 대하는 방식, 비정규직 노동자를 인식하는 구조, 차별이 정당화되는 논리의 한가운데에는 능력주의가 자리한다. 톨게이트 노동자들의 싸움은 그동안 온정주의에 가려져 있던 차별을 정당화하는 온갖 주장들, 가령 "차별은 나쁘지만 정규직과 비정규직의 구별은 필요하다"는 식의 주장이 갖는 허위와 위선을 드러냈다. '표 파는 아줌마들'이 공기업 정규직화라는 "과도한 요구"를 하고 있다는 비난은 비정규직은 비정규직에 걸맞은 능력을 지녔기에 비정규직으로서의 처우가 합당하다는 능력주의적 주장의 맨얼굴이다. 여기에 더해 청와대 경제수석의 톨게이트 요금수납 업무는 곧 '사라질 일자리'라는 확신에 찬 발언은 능력주의의 기치를 내건 비난들에 불을 붙였다.

'곧 없어질 일자리'라는 발언은 톨게이트 요금수납 업무 시스템이 스마트톨링(smart tolling) 시스템으로 전환되는 흐름을 염두에 둔 것이다. 스마트톨링은 수납원이 직접 요금을 징수하는 방식이나 별도의 단말기를 설치하는 하이패스와는 달리, 달리는 차량의 번호판을 자동으로 인식해 통행료를 결제하는 무정차 통행료 납부시스템이다. 통행료가 후불 고지되고 요금수납이 자동화, 무인화되어 운영비용이 절감되는 효과가 있다.[40]

자동화가 이뤄지면 일자리가 줄어든다는 통념은 그 근거가 불충분하다. 자동화는 실험실이나 연구자의 작업실에서 발명되는 것이 아니라 사회적 논의 속에서 점진적으로 진행되며 그에 따라 일의 성격과 배치가 변화한다. 요금수납 업무가 자동화되면서 그에 따르는 다른 성격의 노동이 필요하기도 하고, 기존 노동의 성격 자체가 변화하기도 한다. 하이패스가 보급될 당시에도 대대적인 일자리 감축론이 있었지만, 하이패스 운영에 따른 미납 단속 업무, 미납 차량 추적 및 고지서 발

[40] 국토연구원 전자도서관, 국토용어해설 중 '스마트톨링'
https://library.krihs.re.kr/bbs/content/2_215

송 등의 업무가 추가적으로 발생했다. 스마트톨링을 도입하는 경우에도 단순히 요금수납 노동이 사라질 것이라는 예측과 달리, 후불 고지 업무와 영상 판독 업무, 기계적 오류와 결함을 바로잡아 줄 콜센터 상담 업무의 변화 등이 추가로 뒤따를 수밖에 없다.

자동화 담론이 예측하는 노동의 미래는 극단적인 노동의 소멸을 필연적인 운명으로 간주한다. 그러나 자동화로 인한 노동의 변화가 무엇인지를 먼저 이야기해야 진실에 가까워질 수 있다. 그 변화는 노동시간과 작업방식, 노동강도, 고용형태, 기술변화에 따른 숙련과 탈숙련의 경계 등에 보다 광범위하게 자리하며, 이에 대한 사회보험과 같은 사회정책이 뒤따르게 된다. 가령, 자동화가 진전됨에 따라 대표적으로 없어질 일자리로 지목된 '콜센터 노동'의 경우 기존의 단순 업무 처리 건수는 줄었지만 자동화로 인한 시스템적 오류를 항의하는 악성 민원이 증가해 감정노동의 질은 더욱 악화되었다. 물류시스템의 자동화는 노동자의 동선과 작업시간을 데이터화해 일분 일초의 여유시간을 빼앗는 방식으로 노동강도를 높인다. 배달노동과 같은 전통적인 노동에서의 플랫폼 기술 도입은 전통적인 노사관계의 고용형식을 해체한다. 따라서 특정 업무의 노동이 줄어드는 것이 곧 전체적인 일자리 소멸로 이어지지는 않으며, 자동화는 무인 공장과 무인 운영과는 거리가 멀다.

그럼에도 불구하고 자동화 담론이 오늘날 각광받는 이유는 제조업 중심의 자본주의적 생산이 한계에 도달하면서 형성된 저임금 불안정 노동계급을 통한 이윤 증대, 즉 과잉착취를 통한 이윤의 보충을 정당화해 주기 때문이다. 전 세계 노동인구 가운데 제조업 노동자의 비중은 약 17%에 불과하며, 불안정 고용 상태에 있는 노동자 대다수는 서비스 부문에 속해 있다.[41] 전 세계적인 과잉생산은 한 국가의 경제성장률을 떨어뜨리고, 이는 보통 '경제위기' 담론으로 유포된다. 이 와중에도 일부 서비스 업종에서는 고용이 꾸준히 늘어났는데, 이는 법과 제도를 통해 저임금 불안정 노동자들을 이용했기 때문에 가능했다. 미국 경제사학자 아론 베나나브(Aaron Benanav)는 "불완전고용을 정당화하는 논리가 수면 위로 떠오르는 것은 바로 이 지점"[42]이라고 지적한다. 즉, 서비스 업종에 유달리 비정규직 노동자들이 많이 고용되는 것은 능력과 자동화의 문제가 아니다. 자본주의하에서 이미 과잉되어 있는 생산능력이 만들어낸 탈공업화와 저성장 흐름을 타개하기 위해 위험을 기업이 아닌 노동시민에게 전가하는 정치의 결과인 셈이다.

마르크스가 이야기했듯이, 자본주의 사회에서 기업이 노동자를 사용해 '적정한' 이윤을 확보하는 것은 '공정' 계약의 결과다. 노동자가 자기 노동력의 가치에 상응하는 임금을 받는 '정상적인' 착취는 법적, 도덕적 규범을 위반하는 것이 아니기 때문에 부정의한 결과가 아니다. 그러나 정상적인 '착취'와 그것을 초과하는 '과잉착취'를 구분하기란 매우 어렵다. 특히 오늘날 서비스업은 이러한 과잉착취를 만들어 내기 쉬운데, 착취가 단지 '계약'으로만 이뤄지는 것이 아니라 전략적으로 누군가의 취약성을 이용하기 때문이다. 이때 취약성은 개인

[41] 아론 베나나브, 《자동화와 노동의 미래》, 윤종은 옮김, 책세상, 2022, 111쪽.
[42] 위의 책, 116쪽.

의 자질, 능력, 기술의 여부와 상관없이 이미 사회적으로 구성된다. 가령 IMF 이후 불안정 노동자를 대량으로 양산하기 위해 마련된 '비정규직 보호법'[43]과 같은 노동법에 의해, 그리고 정부의 상시적인 구조조정을 위한 정책들에 의해, 나아가 노무현 정부부터 이어진 '공공부문 비정규직 정규직 전환' 정책들에 의해 저임금 불안정 고용구조는 고착화되며, 과잉착취는 정상화된다.

취약성들이 만든 여정

취약성은 단지 역량의 감소나 힘이 빠진 상태를 뜻하지 않는다. 업체 사장들은 노동자들의 점심값을 떼먹기 위해 노동자들에게 텃밭을 일구게 하고, 밥을 차리게 하는 등 '잡일'을 시켜왔다. 노동자들은 이러한 불합리에 무지한 채로, '나와 내 동료가 먹을 밥이기 때문에' 열심히도 밥을 짓는다. 집에서 김치를 담가 오기도 하고, 김장철에는 업체 사장 가족에게 내어줄 몫을 포함해 수백 포기의 김장을 협력해서 담그기도 한다. 어린 시절 '막 자라서' 호락호락하게 당하지만은 않은 것을 뿌듯해하기도 하고, 장애를 가진 노동자로, 싱글맘으로, 북한이탈주민으로 억척스럽게 살아왔던 것에 대한 자부심을 갖는다. 정규직 전환 이후 요금수납 업무로 복귀하지 못한 채 졸음쉼

[43] '비정규직 보호법'은 '기간제 및 단시간근로자 보호 등에 관한 법률' '파견근로자보호 등에 관한 법률' '노동위원회법' 등을 통틀어 이르는 말이다. 2006년 11월 30일에 비정규직보호 관련 3개 법안이 국회에서 통과되었다.

터 등을 전전하며 담배꽁초를 줍고 풀을 뽑으며 무시와 모욕
감을 느끼는 와중에도, 깨끗해진 쉼터를 보며 개운한 기분을
느끼는 것은 도로공사 측이 기대한 바는 아닐 것이다.

그러나 동시에 이들의 강인한 기질과 성실함, 동료애, 자
존심은 이들을 더욱 취약한 존재로 만든다. 상시적인 성희롱,
'애인만들기', 부당한 명령, 차마 입 떼기도 곤란한 '자잘하고
치사한' 차별들에 대항해 개인이 할 수 있는 일이란 외면하기,
즉 '의도된 무지'를 선택하거나, 퇴사하는 방법밖에 없을 것 같
다. 그 '의도된 무지'는 10년, 20년이 넘도록 요금수납 업무에
갇힌 상태로 버티게 한 힘이 되기도 했다.

노동자들이 이러한 취약성의 구조에 갇힌 채로 살아왔다
는 것을 깨닫는 순간, 정당한 노동이 아니라 퇴근 후 밤새워 보
충한 일상의 힘을 여지없이 탈취당하는 나날의 연속이었다는
것을 서로의 경험으로 나누는 순간, 이들은 과연 취약한 존재
에서 벗어나는 것일까?

노동자 투쟁에 대한 고전적인 서사대로 억압받는 피착취
자에서 자본에 대항하는 대자적 계급성을 획득하는 '단절'의
순간 이후에 이들은 강한 존재가 되었을까?

그렇게 결론 짓기보다는 미국의 페미니스트 주디스 버틀
러(Judith Butler)의 통찰을 따라 이들의 취약성이 갖는 이중
성 안에서 좀 더 머물며 생각해 보길 제안하고 싶다.

취약한 사람이라는 말은 곧 취약한 조건 속에서 버티고
있는 사람이라는 뜻 아닌가? 취약한 조건에 처해 있으면

서 그 취약한 조건에 저항하고 있는 사람들을 생각해 본
다면, 그 이중성을 어떻게 이해해야 하겠는가?[44]

구술에 참여한 12명의 노동자는 자신들이 감행한 '투쟁' 이전
으로 돌아갈 수 없음을 이야기한다. 그것은 단순히 '자회사냐
정규직화냐'를 둘러싼 전술상의 차이와 갈등, 선택의 정당성
을 말하는 게 아니다. 이들의 삶을 이전과 이후로 나누는 것은
무엇일까? 자회사로 전환해 기존의 요금수납 업무를 이어가
는 것과, 정규직이라지만 제대로 된 사무실과 휴게시설, 노동
의 할당 없이 보복성 업무 배치를 감내하는 것 사이에 대체 얼
마만큼의 차이가 있을까?

　　분명하게 달라진 것이 있다면 '노동자로서의 자질'이다.
'노동력의 자질'은 기업 안에서 고용관계의 성립 이전에 확립
된다. 가족 안에서, 학교에서, 그리고 앞서 서술했듯이 광범위
한 불안정 고용을 생산해 내고 있는 국가 안에서 도로공사의
용역업체 소속 요금수납 업무를 수행할 만한 '자질'은 이미 마
련된다. 결혼을 하고 아이를 양육하면서 발생한 '경력단절'은
서비스 불안정 노동자의 중요한 '자질'이 되었다. 이들이 각자
개인의 생애를 살아내는 동안 이미 세상은 '프레카리우스 세
계'로 재편되어 있었고, 이들은 이 세계에 자연스럽게 편입되
었다. 때로는 장애인이라는 '신분'이 적극적인 유인의 계기가
되기도 하고, 돌봄과 가사를 함께해야 하는 여성노동자라는
위치가 3교대라는 불규칙한 노동시간을 '일하기 좋은 조건'으

[44] 주디스 버틀러, 《비폭력의 힘》, 김정아 옮김, 문학동네, 2021,
234쪽.

로 받아들이고 선택하게 했다.

　'공채시험'이라는 제도를 확보한 공기업의 정규직 노동은 마치 전문적인 기술을 보유한 숙련된 노동력만이 수행할 수 있는 것처럼 여겨지고 독점화된다. 이에 비해 요금수납 업무는 딱히 전문성이 필요하다고 말할 수는 없지만 나름의 '노하우'를 체득해야 하는 일이라는 틀에 갇힌다.

　오늘날 노동의 분할은 특정 지식을 둘러싼 '독점과 가두기의 체계'[45]로 이뤄진다. 20년 넘게 일해도 도로공사 업무 전반의 지식과 전문성이 쌓이지 않도록 특정 노하우만 반복적으로 체득하게 하며, 그러한 노하우는 '몸에 익은 습관'처럼 여겨져 하나의 지식이자 기술로 인정되지 않는다. 엔지니어와 고위 간부, 관리자들 역시 수십 년간 일했다는 것만으로 전문성을 담보한다고 볼 수 없지만, 이들은 자신들이 보유한 노하우를 독점함으로써, 하나의 지식으로 인정받기 위한 제도와 체계를 수립함으로써 지식권력을 획득하게 된다.

　톨게이트 노동자들이 고공농성을 감행한 것은 이러한 '가두기'의 구조 바깥을 상상하기 시작했을 때이다. 이들은 그동안 '가두기'의 구조 안에서 재생산된 '노동자의 자질', 즉 밥하기, 참기, 모른 체 하기, 욕설 듣기와 같은 자질을 떼어내고, 동시에 그렇게 훈육된 자질을 바탕으로 투쟁하는 동료의 밥을, 해고의 두려움을 모른 체 하며, 졸음쉼터의 일을 참아낸다.

　결과적으로 이들의 노동은 더욱 불안정해지고 위태로워졌다. '기존 정규직들이 하던 사무업무를 똑같이 해낼 수 있을

---

[45] 루이 알튀세르, 《재생산에 대하여》, 김웅권 옮김, 동문선, 2007, 85쪽.

까' 하는 두려움과 '스마트톨링이 도입되면 그것을 제대로 해낼 사람은 우리'라는 자신감 사이를 오가며 과거의 용역노동자 시절보다 못한 임금과 처우를 받고 있기 때문이다. 그리고 이러한 상태를 언제까지 버텨낼 수 있을지 알 수 없을 뿐만 아니라 지금보다 더 나쁜 상황으로 내몰릴 수도 있다.

그럼에도 불구하고 이들은 기존의 안정적이지만 취약한 상태로 되돌아가길 원치 않는다. 뿐만 아니라 자신들 때문에 일터에서 쫓겨난 졸음쉼터 청소 노동자들에게 미안해하며, 자신들의 요금수납 업무를 대신하고 있는 자회사 노동자들을 원망하지 않는다. 마치 유배처럼 가족과 멀리 떨어진 타지로 발령받아 시작한 낯선 원룸 생활은 되레 중년 여성노동자에게 고유한 시간과 공간을 선물했고, 정년을 1, 2년 앞둔 노년의 여성에게는 인생에서 가장 멋진 해방의 경험을 안겨주었다. 이러한 경험은 당분간 취약성 안에서 생존할 수 있는 힘을 주었을 뿐만 아니라, 노동자들에게 이전과는 다른 '자질'을 부여해준 것 같다. 그것은 대책 없는 미래의 낙관으로 표현되기도 하고, 탐험가처럼 자신들의 투쟁서사를 밤새도록 반복하는 무용담으로 등장하기도 하는, 자신의 과거를 차별과 억압의 대상으로서가 아니라 자신이 얼마나 일상의 기예(art)를 잘 구사하는 사람이었는지로 서사화할 줄 아는 탁월함과 같은 '노동자의 자질'이다.

우리는 이 싸움의 끝에 무엇이 있을지를 예측하고 계산하기 전에 당분간은 톨게이트 노동자들의 취약성이 열어낸 저항의 공간에 함께 거주하며 이들의 여정에 충실한 목격자가 될 수 있을 것이다. 이미 구획되고 정리된 '지도'가 아니라 여행 이야기에 따라 길을 그려내는 톨게이트 노동자의 '여정'은 아직 끝나지 않았을 뿐만 아니라, 지금까지 한 번도 멈춘 적이 없다.

캐노피에 매달린 말들
: 톨게이트 투쟁 그 후, 불안정노동의 실제

ⓒ 기선, 랑희, 슬기, 이호연, 타리, 희정, 전주희, 치명타, 2023

초판 1쇄 인쇄   2023년 10월 20일
초판 1쇄 발행   2023년 10월 30일

지은이   기선, 랑희, 슬기, 이호연, 타리, 희정, 전주희, 치명타
펴낸이   이상훈
편집2팀   원아연 허유진
마케팅   김한성 조재성 박신영 김효진 김애린 오민정

펴낸곳   (주)한겨레엔 www.hanibook.co.kr
등록   2006년 1월 4일 제313-2006-00003호
주소   서울시 마포구 창전로70(신수동) 5층
전화   02-6383-1602~3
팩스   02-6383-1610
대표메일   book@hanien.co.kr

ISBN 979-11-6040-595-8 (03300)